民法學說彙纂
總則編〔第一分冊〕

三藤久吉
須藤兵助 合纂

明治三十九年再版

民法學説彙纂

總則編〔第一分冊〕

日本立法資料全集 別巻 1167

信山社

民法學說彙纂

總則編

三藤久吉
須藤兵助
合纂

自序

輓近法學ノ勃興殆ト其極ニ達シ法理ノ精華燦然トシテ燿發セリ博士雲ノ如ク學士林ノ如シ若夫レ之ニ從フノ學者ニ至リテハ豈啻ニガンヂス河ノ砂ノミナラン今ヤ民法ニ關スル著書正ニ十指ヲ屈スヘシ縱令專門ノ學者ト雖モ悉ク之ヲ通讀スルコトハ洵ニ容易ノ業ニアラス況ンヤ實務家ヲヤ

此等著名ノ著書ニ就キ英ヲ含ミ華ヲ咀ヒ提要鈎玄、題シテ「民法學說彙纂」ト謂フ

余夙ニ此著ヲ成サントスルニ意アリ然レトモ囏難事、中途ノ挫敗ヲ恐レテ輙ク手ヲ著ケサリキ

甲辰ノ冬余日本大學編輯局ニ投ス翁山須藤亦余ト時ヲ

同ウシテ入ル君ヤ篤學眞摯ノ人、鴻燕三春秋交漸ク熟シ今ヤ余ト斷金莫逆ノ友タリ

客春余翁山ニ諍クルニ宿志ヲ以テス翁山大ニ之ヲ嘉ミシ翌日直ニ事ニ從フ而モ二人者倶ニ公ニハ編輯ノ務アリ私ニハ研學ノ課アリ故ヲ以テ進捗太タ遲々拮居經營茲ニ朞年漸ク千頁餘總則乃至債權ノ稿ヲ脱セリ即チ先ツ上中二卷總則全部ヲ剞劂ニ附シ次テ下卷ヲ刊行セント欲ス組織ノ統、構成ノ序、是レ聊カ吾人用意ノ存スル所、加之材料ノ原書ハ皆是レ當代大家ノ著ニシテ金玉ノ文、日星ノ論是ヲ以テ摘要苟モ原意ヲ毀ケサルノ苦辛ニ至リテハ傍人ノ窺知スル所ニアラス纂著ノ難ハ必シモ述作ノ難ニ讓ラサルコトヲ經驗セリ倖ニ繁簡適宜、編輯杜

撰ノ謗ヲ尠ウスルヲ得テ學者ノ爲ニ涓滴ノ貢献スル所アラハ著者同人ノ勞ヤ即チ酬ユ

明治丙午春王ノ三月

三藤卓堂識

自序

民法法典ノ發布以來之ニ關スル著述ノ出ツルコト尠ナシトセス、サレト原ト是レ同一法典ノ解釋ナルカ故ニ異曲同工其形式コソ異ナレ內容ニ至リテハ殆ト同一ニシテ異說ト見ルヘキモノ實ニ僅少部分ニ屬ス而モ此僅少部分タルヤ斯學研究者ニ於テ看過スヘカラサル神髓タリ是レ其書、家ニ充チテ尙ホ其足ラサルアルヲ憂ヘシムル所以、偶然ニアラスト謂フヘシ然レトモ浩瀚ナル著述ノ總テヲ涉獵センコトハ專ラ學ニ從フ者ト雖モ難シトスル所況ンヤ其他ヲヤ

余夙ニ此罅漏ヲ補苴スルノ頁著ナキヲ憾トスルヤ久シ偶々畏友三藤卓堂余ト感ヲ同ウシ業ニ已ニ之カ腹案ヲ

ナセリ一日余ニ告クルニ之ヲ共ニセンコトヲ以テス余淺學固ヨリ此大任ニ堪ヘスト雖モ目下ノ急務タルヲ覺ユルノ情切ナルヤ敢テ揣ラス之ヲ諾シ翌日直ニ稿ヲ起セリ拮据經營爾來茲ニ一年總則、物權、債權ノ三編ヲ卒ヘタリ今ヤ上梓ニ莅ミテ之ヲ觀レハ粗笨、杜撰自ラ完備セサルヲ認ム其完璧ハ偏ニ之ヲ大方ノ郢斧ニ俟ツ若シ夫レ斯學研究者ノ爲ニ多少ノ裨益スル所アラハ望外ノ幸ナリ

明治三十九年三月下浣

須藤翁山識

凡例

一　本書ノ目的ハ既ニ民法ニ關スル一般ノ智識アル者ノ參考タラシムルニ在ルカ故ニ特ニ議論ノ存スル學說ノミヲ網羅セリ

一　本書編纂ノ方針ハ一方ニ於テ學理的分類ニ依ルト同時ニ他方ニ於テハ法典ノ順序ニ隨ヘリ但シ「章」「節」「款」「項」「目」ノ標題ト內容トハ必スシモ一致セス是レ其內容中重要ナラサルモノハ之ヲ省キタレハナリ議論ナキ箇條亦然リ

一　學說排列ノ順序ハ材料原書發行ノ年月日ヲ標準トシ古キヲ後ニシ新シキヲ前ニス

一　本書中鼇頭若クハ鼇頭及ヒ「第一」乃至「第七」ノ文字ハ各學說ノ憑據及ヒ範圍ヲ示ス

一　學說ノ數ハ必スシモ左記材料原書目ノ數ト相一致セス是レ一書ニアルモノ必スシモ他書ニ之アラサレハナリ

一 書名ヲ異ニスルモ同一著者ノ著書中學説全ク變更ナキモノハ便宜、其一ヲ採リテ他ヲ省ケリ例ヘハ「民法要義」ト「民法原理」トノ如シ

一 問題ハ便宜各章ノ末ニ一括シテ之ヲ置ケリ

一 本書中括弧内六號數字ニ所屬法令ノ頭字ヲ掲ケサルモノハ民法ノ箇條ナリ

一 本書ノ材料原書ハ左ノ如シ

民法總論（平沼學士著）　民法原理、民法要義（梅博士著）

民法原論（富井博士著）　民法總論、債權總論（川名學士著）

民法理由（岡松博士著）　民法正解（松波、仁保、仁井田三博士著）

物權法（横田學士著）　不法行爲論（菱谷學士著）

一 本書ノ參考書左ノ如シ

各諸大學最新ノ講義錄

民法學説彙纂目次

ヲ買ハント欲スル意思ノ效力如何　七四四
民事詐欺ト刑事詐欺　同
甲カ乙ヲ詐欺シ甲ノ代理人タル丙ニ對シテ或意思表示ヲ爲サシメタリ而シテ丙其詐欺ノ事實ヲ知ラサリシトキハ乙ハ其意思表示ヲ取消スコトヲ得サルヤ　七四六
第三者カ詐欺ノ事實ヲ認識セサルコトニ付キ過失アルトキト雖モ第九十六條第三項ノ法則ニ從フヘキヤ　同
對話者間ニ於ケル意思表示ノ效力發生ノ時期如何　同
任意代理ト法定代理トノ區別如何　七四九
任意代理人ノ權限如何　七五一
代理人ト交替シテ代理人トナリタル者ハ復代理人ナリヤ　七五二
第百八條ハ强行法規ナリヤ　同
相手方カ本人ノ追認又ハ拒絶ニ先ンシテ取消權ヲ行使シタルトキハ相手方ハ自稱代理人ニ對シテ履行又ハ損害賠償ノ請求ヲ爲スコトヲ得ルヤ　七五三
追認ハ契約ノ一部ニ付テ之ヲ爲スコトヲ得ルヤ　同
代理人ノ爲シタル瑕疵アル意思表示ハ本人ニ於テ之ヲ

利義務ノ性質如何　六六九

條件ノ不能ヲ定ムル標準如何　七七五

條件ノ成就ニ因リテ利益ヲ受クヘキ當事者カ故意ニ其條件ヲ成就セシメタル場合ノ效果如何　七七九

條件カ條件附法律行爲ノ成立スル當時不能ノモノタリシトキハ後ニ至リ可能トナルモ法律行爲ノ效力ヲ定ムルニ付キ何等ノ關係ヲ有セサルモノナルヤ　七八〇

不確定期限ノ性質如何　七八一

到來スルコトノ不確定ナルモノヲ以テ期限トナスコトヲ得ルヤ　七八二

所有權ノ發生又ハ消滅ニ期限ヲ附スルコトヲ得ルヤ　同

期限附法律行爲ニ因リテ存スル期望ニ對シテハ條件ニ於ケル第百三十五條第一項ト同一ノ保護ヲ與フヘキモノナルヤ　七八四

七八六

第三章　期間

第一節　期間ノ意義

同

民法學說彙纂總則目次終

民法學說彙纂

三藤久吉
須藤兵助 合纂

民法

民法總論
平沼學士

第一

我國ニ於ケル民法ナル文字ニハ實質上ノ意義ト形式上ノ意義トアリ形式上ノ意義ニ於テハ民法典ヲ稱シテ民法ト云フ實質上ノ意義ニハ廣狹ノ別アリ民法ナル文字ヲ廣義ニ解スレハ實體私法ノ全部ヲ包含シ之ヲ狹義ニ解スレハ實體私法ノ一部ニ限定セラル

一　民法ノ實質上ノ意義　民法ノ實質上ノ意義ニ廣狹ノ別アリ廣義ニ於ケル民法ノ實質ハ實體私法ノ全體ナリ法律ハ一面ニ於テ之ヲ公法私法ニ類別シ他ノ一面ニ於テ之ヲ實體法手續法ニ分別ス民法ハ私法

ナルヲ以テ公法ヲ除外シ實體法ナルヲ以テ手續法ヲ除外ス換言セハ民法ノ實質ハ權力ノ主體タル性格ヲ離レテ二個ノ人格ノ間ニ存スル關係ノ全體ナリ廣義ノ民法ニ於テ規定スヘキ事項ノ全體ヲ民事ト云フ民事ハ私法的法律關係ノ全部ヲ包含ス

民法ヲ狹義ニ解スレハ其實質ハ實體私法ノ一部ニ限定セラル實體私法ノ如何ナル部分カ民法ノ實質トナルヘキヤニ付テハ學理上ノ根據ヲ示ス能ハス多クノ學者ハ民法ヲ解シテ普通私法トナシ之ヲ特別私法ト區別ス此說ノ當否ハ姑ク措キ左ニ余カ正當ト信スル所ヲ述ヘン

民法カ狹義ニ解セラレテ實體私法ノ一部トナルニ至リシハ法律ノ沿革ニ據ルモノナリ民法ハ元來實體私法ノ全部タルヘキモノナリ然ルニ實體私法ニ依リ支配セラルヘキ法律關係中特種ノ性質ヲ有スルモノカ漸次他ノ民事ト分離セラレテ特別ノ取扱ヲ受クルニ至リシヨリ之ニ關スル法則モ亦他ノ私法的關係ヲ支配スル法則ト離レテ獨立ノ發達ヲナシ遂ニ民法ノ範圍外ニ置カルヽニ至リシナリ狹義ニ於ケル

民法ノ實質ハ此ノ如キ法則ヲ除外シタルモノニ外ナラス現今他ノ私法上ノ規定ト分離シテ獨立ノ發達ヲナシ民法ノ範圍ヲ脱スルニ至リシモノハ商法ナリ

二　民法ノ形式上ノ意義　形式上ノ意義ニ於テハ民法ナル名稱ヲ以テ制定セラレタル成文ノ法典ヲ指シテ民法ト云フ法典ハ實質上ノ民法ノ一部分ナリ我國ニ於テハ實質上ノ民法ト法典トヲ區別スルノ名稱ナシ兩者共ニ民法ト云ヘル同一ノ名稱ヲ以テ之ヲ顯ハセリ外國ニハ劃然兩者ヲ區別スル名稱アリ獨逸ニ於テハ法律ヲ「レヒト」ト云ヒ法典ヲ「ゲゼッツブッフ」ト云フ佛蘭西ニ於テハ法律ヲ「ドロア」ト云ヒ法典ヲ「コード」ト云フ即チ實質上ノ民法ハ獨逸ニ於テハ「ビュルゲルリッヘンレヒト」佛蘭西ニ於テハ「ドロアシヴィル」ト云ヒ法典ハ獨逸ニ於テ「ビュルゲルリッヘンゲゼッツブッフ」佛蘭西ニ於テハ「コードシヴィル」ト云フハ民法典中ニ規定セラレタル規程ノ内容ハ大體ニ於テハ實體私法ナリ然レトモ實體私法ノ全部ヲ包含セス商法ハ別ニ法典アリテ民法典中

ニ入ラス其他實體私法上ノ規定ニシテ他ノ法令ニ讓リ法典中ニ掲ケサルモノアリ例ヘハ著作權ハ私法上ノ權利ナルモ法典中ニ掲ケスシテ他ノ法律ヲ以テ之ヲ規定スルカ如シ

民法典中ノ規定ハ大體ニ於テ實體私法ナルモ公法上ノ法則並ニ手續法ニ屬スル法則ヲ全ク包含セスト斷言スルコトヲ得ス私法的法律關係ヲ規定スルニ當テ公法上ノ規定ヲ混合スルハ免ルヘカラス私法上ノ事項ト公法上ノ事項ト互ニ關係スルコトアリ此ノ如キ場合ニ於テハ兩者ヲ同一ノ法則中ニ包含セシムルヲ以テ便利ナリトス理論ニ拘泥シテ兩者ヲ分離スルハ迂ト言ハサルヘカラス我民法典中ニ於テモ主トシテ私法的關係ヲ規定スルニ當テ之ト關係ヲ有スル公法上ノ事項ヲ併セテ規定シタル例尠シトセス

第二

民法ハ私法ノ原則ヲ定メタルモノニシテ國法ニ屬シ又實體法ニシテ同時ニ隨意法ナルコト多シ偶々公法ニ屬スルモノ手續法ニ屬スルモノ命

令法ニ屬スルモノナキニ非スト雖モ是レ寧ロ例外ナリト云フヘシ而シテ本法ハ舊民法ノ如ク制定法殊ニ成文法ニ屬シ且ツ一箇ノ法典ナリトス

民法ナル語ハ或ハ公法ニ對シテ用フルコトアリ此場合ニ於テハ私法ト同一ノ意義ヲ有ス又刑法ニ對シテ用フルコトアリ此場合ニ於テハ廣ク行政法ヲモ包含セリ（此場合ニ於テハ寧ロ「刑事」ニ對シテ「民事」ト云フヲ常トス）而シテ最モ狹キ意義ヲ以テスルトキハ商法ヲモ包含スルコトヲ得ス寧ロ商法ニ對シテ用フルノ名稱ナリ

第三

民法トハ私法一般ノ原則即チ私法上ノ權利義務ヲ定メタル普通法ナリ』

民法ナル語ハ法律ナル語ニ同シク廣狹兩義ニ之ヲ用フルコトヲ得廣義ニ於テ民法トハ民法成典ノ外民事ニ關スル一切ノ法令及ヒ慣習法ヲ包含セルモノト解スルコトヲ得ヘシ換言スレハ實質上民事ニ關スル諸般ノ成文法及ヒ不文法ヲ總稱スルコトヽナルナリ佛語ノ Droit civil ハ多ク

此意義ニ用フルモノト解スヘシ我國ニ於テモ法典制定前ニ在リテハ此意義ニ用フルノ外ナカリキ之ニ反シテ狹義ニ解スルトキハ民法トハ特ニ民法法典ヲ意義スルモノナリ（佛語ノ Code civil）

第四

民事トハ私人相互ノ間ニ生スル一切ノ事實ヲ云フ即チ單ニ人類ナルノ故ノミヲ以テ人類相互ノ間ニ生スル一切ノ事實ヲ云フ賣買、交換、婚姻、物ノ毀損、殺人、竊盜等總テ民事ナリ之ニ反シテ官廳ノ處分、國會議員ノ選擧ノ如キハ民事ニ非ス

商事ナル文字モ亦法典上ノ用語ニシテ（商一）又通常人ノ用フル所ナリト雖モ其意義ニ至リテハ大ニ不明ナリ然レトモ余ハ其實體ヲ茲ニ説明セントスルニ非ス唯、民事トノ關係ヲ一言スルニ止ムヘシ余ノ解スル所ニ依レハ商事ト民事トハ各獨立ノ領域ヲ專有スルモノニ非スシテ商事ハ民事ノ一部ナリト信ス民事訴訟法ハ民事及ヒ商事ニ共通ナル訴訟ノ規則ニシテ又商事ニ關シ商法ニ特別ノ規定ナキ場合ニ於テ終ニ民法ノ適用

セラルヽヲ以テ（商一）之ヲ見レハ爾ク斷定セサルヘカラサルカ故ナリ

民法ニ二様ノ意義アリ形式的ノ意義及ヒ實質的ノ意義是ナリ

一　形式的ノ意義　民法トハ國家カ民法ト命名シタルモノ即チ民法法典ナリ

二　實質的ノ意義　民法トハ民事ニ關スル一切ノ法ヲ云フ故ニ民法ト私法トハ同一ノ意義ヲ有ス從テ民法法典、商法及ヒ其他一切ノ民事法ヲ包含ス

獨逸學者ハ民法ナル文字ヲ實質的ノ意義ニ用フト雖モ余ハ民法トハ形式的ノ意義ニ依ルモノニシテ商法其他ノ民事法ヲ包含セスト解ス

形式的意義ニ於ケル民法ノ性質ハ普通私法ナリト爲スニ依リテ之ヲ顯ハスコトヲ得ヘシ即チ日本全國ニ行ハレ又一般ノ人ニ行ハレ一切ノ民事ニ付キテ行ハルヽモノナリ商法ハ日本全國内ニ行ハレ一般ノ人ニ行ハルヽ私法ナルノ點ニ於テ民法ト異ナル所ナシト雖モ民事中唯、商事ニ特別ナル法タルノ點ニ於テ民法ト異ナルノミ

第五

民法ハ之ヲ廣義ニ解スル者ト狹義ニ解スル者トノ二派アリ獨逸ノ學者ハ多ク廣義ニ解シ民法ヲ以テ私法ト云フト同一ナリトシ（澳索）佛國ノ學者ハ皆狹義ニ解シ民法トハ私法ノ一部ヲ指スモノナリトス然レトモ近世法律ノ現狀ニ於テハ民法ハ之ヲ公法ニ對スルニ非スシテ商法、工業法其他ノ特別法ニ對シテ用フル名稱ナルヲ以テ之ヲ狹義ニ解シ民法中ノ一部ヲ指スモノトスルノ優レルニ若カス此見解ヲ以テ云ヘハ

民法トハ普通私法ナリ（以下分拆說明）

一　民法ハ私法ナリ　法律ヲ以テ規定スル關係ニ二種アリ或ハ一個人ト國家トノ關係ナルコトアリ婚姻ヲナシ財產ヲ所有シ契約ヲナスカ如キ是ナリ而シテ一個人ト國家又ハ國家ノ官府トノ關係ヲ定ムル法律ヲ公法ト云ヒ公ノ資格ヲ有セサル一個人相互ノ關係ヲ定ムル法律ヲ私法ト云フ

二　民法ハ普通法ナリ　普通法トハ一個人ノ通常生活ノ關係ヲ定ムル

ノ法律ト云フノ義ニシテ換言セハ一個人カ普通其生活ヲ遂クルニ當リテ生セサルヲ得サル諸關係ヲ規定スル法律ヲ云フ民法ハ親族上及ヒ財產上ノ關係ニ於テ何人ニ就テモ通常生シ得ヘキ關係ノミヲ規定シ特別ノ事項ニ關スルモノハ皆特別法ヲ以テ規定シ民法中ニ之ヲ編入セス是レ民法ノ普通法タル所以ナリ（佛國學者カ民法ヲ以テ普通私法ノ原則法ナリト云フハ民事訴訟法ヲ私法中ニ入ルヽモノニシテ正當ニアラス「ボードリー」）

民法要義

第六

民法ハ私法ノ原則ヲ定メタルモノニシテ公法ニ屬スル規定ハ概シテ此中ニ在ラス間々私法ノ規定ト密接ノ關係アリテ之ト分離シ難キモノニ限リ併セテ之ヲ挿入スルコトアルノミ私法ヲ分テ民法商法ノ二トナスコト近世ノ慣例タリ

民法正解

第七

民法ハ私法中主要ノ法典ニシテ私法ハ即チ公法ト相竝ヒテ一國法律ノ二大分類タルコトハ古來ノ定說タリ然ラハ民法ノ意義ヲ解スルニ當リ

テハ豫メ法律ノ何タルカヲ論シ次ニ私法ノ意義ヲ明カナラシムルコトヲ要ス抑モ法律ノ本義ハ帝國憲法ノ下ニ於テ自ラ形式上ト實質上ノ二途ノ解釋ヲ得ルモノナレハ單ニ理論上其本質ヲ說明スルヲ以テ足レリトセス然レトモ憲法上ノ形式論トシテ法律ハ帝國議會ノ協賛ヲ經テ發布セラレタル條規タルコトハ帝國憲法第三十七條ノ法文ニ依テ既ニ明白ナレハ法律ノ形式上ノ意義ニ付テ別ニ說明ヲ要セスト雖モ其實質上ノ意義ニ至リテハ古來學說紛々トシテ未タ歸一セス茲ニハ之ニ關スル吾人ノ所信ヲ述フルニ止メントス

法律ハ主權者ノ命令ニシテ人民行爲ノ準則タリ蓋シ法律ハ一般人民ニ對シテ强行セラルヽモノニシテ人民ハ之ヲ遵守シ之ニ服從セサル可ラサルモノナレハ希望、訓戒、勸告、助言ノ如ク之ニ從フト否トヲ各人ノ隨意ニ放任スルモノトハ全ク其性質ヲ異ニシ一種ノ命令タルコトハ理論上自ラ然ラサルヲ得スト雖モ一般人民ヲシテ遵奉セシムヘキ命令ヲ發スル者ハ國家ノ最高權力ヲ有スル主權者ヲ措テ他ニ之ナシトス是レ即チ法律ハ主權者ノ命令ナリト云フ所以ニシテ而モ此命令ハ宗敎、道德ノ敎訓ノ如ク人ノ良心ニ對シテ其活動ノ標準ヲ示スモノニ非ス意思カ外ニ發表シテ行爲トナルニ當リ此行爲ヲシテ準據セシムヘキ一定ノ標準ヲ指定スルモノトス

法律ハ人民行爲ノ準則ナリト雖モ各人カ國家ノ臣民タル資格ニ於テ行フ所ノ行爲ヲ規定スル爲ニ發セラルヽ準則アリ例ヘハ租稅ヲ納ムルコトヲ命シ兵役ニ服スルコトヲ命スルカ如キ即チ然リ之ニ反シテ各人カ一私人タル資格ニ於テ行フ所ノ行爲ヲ規定スル爲ニ發セラルヽ準則アリ例ヘハ債務ヲ履行シ損害ヲ賠償セシムル如キ即チ是ナリ此ニ於テ法律ニ公法及ヒ私法ノ區別ヲ生スルモノニシテ公法トハ即チ國家ト臣民トノ關係上ニ於テ臣民カ爲スヘキ行爲ヲ規定スルモノヲ云ヒ私法トハ即チ人民相互ノ關係上ニ於テ各人カ爲スヘキ行爲ヲ規定スルモノヲ云フ蓋シ今日有力ナル公法學者カ公法ヲ以テ命令服從ノ關係ヲ規定スルモノトシ私法ヲ以テ各人相互ノ關係ヲ規定スルモノトナスハ又右ニ述

フル所ト同一ノ見解ニ基クモノト云フヘシ

以上ノ說明ニ依テ法律及ヒ私法ノ何タルヲ解スルコトヲ得ハ民法ノ意義モ亦自ラ之ヲ推知スルコトヲ得ヘシ即チ民法ハ私法中ノ重要ナルモノナレハ固ヨリ各人相互ノ關係上ニ於ケル私人的行爲ノ準則ナリト解セサル可ラスト雖モ從來學者カ普通ニ說明スル如ク民法ト私法トハ全ク同一ニシテ民法ハ即チ私法ノ全部ヲナスモノヽ如ク解スルハ今日吾人カ通常口ニスル所ノ民法ナルモノヽ範圍ヲ不當ニ擴張スルモノニシテ民法ハ私法中ノ主位ヲ占ムト雖モ民法以外ニ私法ノ範圍ニ屬スル種々ノ法律アルコトヲ忘ル可ラス然レトモ民法ハ私法ノ通則トシテ他ニ特別ノ規定ナキ限リハ總テ各人相互ノ法律關係ニ適用セラルヽモノナレハ商法ノ如キモ亦民法ノ例外法タルニ過キサルヘシ要スルニ民法ハ私法ノ通則ナリ

第一卷 總則

第一編 權利

第一章 權利ノ意義

第一

權利ハ法律利益ノ享有ヲ完ウスル爲メ法律ノ保護ニ依テ活資ノ上ニ有スル支配力ノ範圍ナリ（以下分析說明）

一 權利ノ主體 法律ノ保護ニ依テ活資ノ上ニ支配力ヲ有スル者ヲ權利ノ主體ト爲ス活資ノ上ニ支配力ヲ有スル者ハ概シテ法律利益ノ享有者ナリ然レトモ時トシテハ法律利益ト之カ享有ヲ完ウスル爲メ有スヘキ支配力カ別異ノ人格ニ歸屬スルコトアリ此場合ニ於テハ權利ノ名義人ヲ法律利益ノ享有者ト分別シテ觀察セサルヘカラス

權利ノ名義人ト權利者ニ代テ權利ヲ實行スルモノトヲ混交スル勿レ前者ハ法律關係ノ當事者ナリ後者ハ法律關係ノ當事者ニ非スシテ他

人ニ代テ爲スヘキ行爲ノ當事者タルニ過キス

二　權利ノ客體（目的）　權利ノ客體ハ權利主體カ法律利益ノ享有ヲ完ウスル爲メ支配力ヲ及ホスコトヲ得ヘキ活資ナリ例ヘハ物ハ所有權者ノ支配力ヲ及ホスヘキ活資ニシテ所有權ノ客體タリ債務者ノ作爲不作爲ハ債權者ノ需用ヲ滿足スルノ資料ニシテ債權ノ客體ナリ

三　權利主體ト權利客體トノ關係　權利主體ハ權利ノ客體タル活資ノ上ニ支配力ヲ有ス一方カ他ノ一方ヲ支配シ一方カ他ノ一方ニ支配セラルヽコトカ權利ノ主體ト其客體トノ間ニ存スル法律上ノ關係ナリ此關係ハ權利ノ正面ナリ法律ヲ以テ權利ヲ保護スルハ此關係ヲ維持スルニ在リ此關係ヲ維持スル爲ニハ他ノ妨害ヲ排除セサルヘカラス他ノ妨害ヲ排除スル爲ニハ强制ヲ用ヒサルヘカラス仍テ權利ノ反面トシテ次ニ揭クル兩箇ノ元素ヲ觀察セサルヘカラス

四　義務　權利主體カ法律ニ依テ保護セラレタル支配力ヲ完ウスル爲ニハ之ト牴觸スヘキ他人ノ力ヲ排除スルコトヲ得サルヘカラス故ニ

權利ノ觀念中ニハ當然主體ト他人トノ關係ヲ包含ス權利主體ハ法律利益ノ享有ヲ完ウスル爲メ一切ノ他人ニ向テ之ト牴觸スヘキ行爲ヲ爲サヽルコトヲ要求スルコトヲ得ヘク一切ノ他人ハ權利主體ノ要求ニ應シ之ト背馳スヘキ行爲ヲ避止セサル可ラス此關係カ法律ニ依テ保護セラルヽコトハ權利ノ要件ナリ法律カ此關係ヲ認メサレハ權利ヲ成立セシムルコト能ハス法律ニ依テ他人カ權利主體ノ爲ニ權利ノ尊重ヲ要求セラルヽ狀態ヲ義務ト云ヒ其義務ヲ負擔セル人ヲ義務者ト云フ法律カ義務ヲ認メサレハ權利ハ空想タルヲ免レス權利ノ觀念アレハ必ス義務ノ觀念之ニ伴フ義務ト云ヘハ結局權利ノ反面ナリ玆ニ所謂義務ハ之ヲ債務ト混同スヘカラス債務ハ債權ノ主體ト債權ノ客體トノ關係ヨリ生スルモノニシテ權利ノ正面ヲ形成ス義務ハ權利主體ト其客體トノ關係ヲ組成スルモノニ非スシテ其關係ヲ維持スル爲メ之ニ伴隨シテ存在スル別異ノ法律狀態ナリ

五　强制　權利ニハ必ス强制ノ觀念ヲ包含ス國家權力ノ强制ナカラン

カ權利ハ空權タルニ過キス禮義上又ハ道德上他人ニ對シテ行爲ヲ要求シ得ヘキコト又他人カ其要求ニ應スヘキ本分アルコトハ法律以外ノ關係ニ於テハ重要ナレトモ法律上之カ爲ニ權利ヲ生スルコトナシ權利ヲ存スルニハ義務者カ權利主體ノ要求ニ應セサルトキ國家權力カ發動シテ其要求ニ應スルコトヲ强制スルノ關係ナカルヘカラス是レ即チ法律上ノ權利カ天賦人權又ハ道德上ノ權能ト差異アル所以ナリ

第二

權利トハ法律ニ據リ他人ニ自己ノ行爲ヲ正當ト認メシムルコトヲ得ル力ヲ謂フ例ヘハ家屋ノ所有者ハ他人ヲ害セサル範圍内ニ之ヲ使用シ又ハ他人ヲシテ使用セシメ若クハ之ヲ破壞スルコトヲ得ヘシ而シテ法律上他人ハ此行爲ヲ正當ト認メサルコトヲ得ス是レ即チ權利ナリイヘリング氏ハ權利ヲ以テ「法律ニ由リテ保護セラレタル利益」ナリト云ヘリ此說必スシモ非ナリトセス然レトモ利益ハ寧ロ權利ノ結果ニ過キスシテ

利益自體ヲ以テ權利ナリト云フハ少シク穩當ヲ缺クニ似タリ故ニ余モ一タヒハ此說ニ從ヒシカ今ハ之ヲ採ラス

私權トハ公權ニ對スルノ語ナリ私權ノ意義ニ付テハ學者中種々ノ議論ヲ爲ス者アリト雖モ余カ此ニ私權ト稱スルハ國ヲ組成スル分子トセスシテノ權利ニシテ國民カ國家施政機關ノ運轉ニ參與スルノ權ヲ除キ各自ノ安寧、康福ヲ完ウスルニ必要ナル一切ノ權利ヲ指シテ言ヘルモノナリ故ニ官吏ト爲ルノ權、帝國議會若クハ地方議會ノ議員又ハ商業會議所ノ如キ公法人ノ議員ノ選擧權、被選擧權ノ如キハ即チ國ヲ組成スル分子トシテノ權利若クハ施政機關ノ運轉ニ參與スルノ權ニ屬シ一般ニ公權ト稱スルモノナリ或ハ之ヲ政權ト名ケ又擔保權トモ稱ス擔保權ノ名ハ私權ヲ擔保スルノ意ニ取リシモノニシテ私權ノ安全ハ政權ノ保障充分ナルニアラサレハ得テ期スヘカラサレハナリ

私權ハ之ヲ大別シテ二種ト爲スコトヲ得ヘシ其第一種ハ人カ生レナカラニシテ享有スル權利ヲ指シ佛國ノ學者ハ之ヲ公權ト稱セリ蓋シ公法

ニ由リテ認メラレタル權利ト云フノ義ナリ（又ハ人カ一定ノ人又ハ物ニ對セスシテ廣ク公ニ有スル權利ナリト云フコトヲモ得ヘシ）然レトモ私權ハ公權ニ對スルノ名稱ナルカ故ニ、私權ノ一種ニ公權ノ名ヲ附スルハ太タ穩當ナラス且ツ政權ト相混スルノ虞アルヲ以テ余ハ之ヲ採ラス或ハ生レナカラニシテ享有スルノ權利タルヲ理由トシテ天賦權ノ名ヲ附スル者アリト雖モ是レ亦タ正鵠ヲ得ス何トナレハ性法ヲ認ムル學者ヨリスレハ性法ニ由ル權利ハ悉ク天賦權ト稱スルコトヲ得レハナリ此ノ如ク名稱ノ適當ナルモノヲ見スト雖モ（或ハ人類權ト稱スルモ可ナランカ）要スルニ生命權、名譽權、身體ノ自由ニ關スルモノヲ始メトシ信教ノ自由、言論ノ自由等ニ關スル權利ハ總テ此種類ニ屬ス而シテ此種ノ權利ハ人カ生レナカラニシテ享有スルカ故ニ苟モ意思ノ自由ヲ有スル者ハ何人ヲ問ハスシテ之ヲ享有シ外國人ノ如キモ之ヲ享有スルヲ以テ原則トス唯、赤子ノ如キハ之ヲ有スルト否トニ因リテ事實上差異ナキコト多シ

私權ノ第二種ニ屬スルモノハ人カ出生ノ後、或方法ニ依リテ取得スル所

ノ權利ニシテ公權若クハ天賦權ト稱スルモノヲ除ケハ他ノ權利ハ悉ク此種ニ屬ス佛國學者ハ特ニ之ヲ私權ト稱セリ然レトモ私權ノ區別ニ私權ノ名ヲ用フルハ既ニ穩當ナラス且ツ廣義ニ於ケル私權ハ彼ノ天賦權ヲモ包含スヘキモノナルヲ以テ此種ノ權利ニ私權ノ名ヲ附スルハ畢竟混雜ヲ招クノ嫌アリ是ヲ以テ或學者ハ之ヲ取得權ト呼ヘリ人カ生後ニ於テ取得スルノ權利タル點ヨリ見レハ稍適當ナルニ似タリ而シテ此種ノ權利ハ民法、商法其他私法ノ保護ノ下ニ在ル諸種ノ權利ヲ包含シ所有權、債權、特許權ノ如キ一トシテ然ラサルハナシ例ヘハ所有權ハ人カ生レナカラニシテ之ヲ享有スルモノニ非ス必ス相續賣買其他ノ法律行爲ニ因リテ之ヲ取得シタルモノナリ債權モ亦然リ法律上ノ原因ニ因リテ之ヲ取得スルモノナリ唯、扶養ヲ受クル權利ノ如キハ生レナカラニシテ之ヲ享有スルカ如キ觀アリト雖モ必スシモ然ラス例ヘハ棄兒ノ如キハ此權利ヲ有スルコトナク又私生子ノ如キモ其父母カ之ヲ認知スルニアラサレハ之ニ對シテ扶養ヲ求ムルノ權利ナシ殊ニ扶養ヲ受クル權利ハ寧

ロ自活スルコト能ハサル狀態ヨリ生スルモノナリト謂フコトヲ得ヘシ

尙ホ此種ノ權利ニ屬スルモノヽ一トシテ親族權アリ例ヘハ親權、夫權ノ如シ是レ亦婚姻及ヒ子ノ出生ノ事實ニ因リテ取得スルモノナリ

取得權ハ天賦權ノ如ク何人ヲ問ハスシテ享有シ得ヘキモノニアラス先ツ年齡ニ制限アリ例ヘハ親權、夫權ノ如キハ或年齡ニ達スルニアラサレハ婚姻ヲ爲スコトヲ得サルカ故ニ自ラ其年齡ニ達シタル後ニアラサレハ之ヲ享有スルコトヲ得サルカ如シ後見人ノ權（政權ニ屬スト云フ者アリ）養子ヲ爲ス權、隱居ノ權ノ如キ皆然リトス所有權ノ如キモ之ヲ行使スルニ付テハ年齡ニ制限アリ次ニ男女ニ因リテ區別アルモノアリ例ヘハ男子ニ妻ノ權ナク女子ニ夫ノ權ナク又男子ト男子トノ間ニ結婚ヲ爲スコトヲ得サルカ如シ次ニ身分ニ因リテ異ナルモノアリ例ヘハ親權ノ如キハ父母カ其子ニ對スルニアラサレハ之ヲ享有スルコトヲ得サルカ如シ終ニ內外人ニ因リテ區別アルモノアリ例ヘハ親族權ノ如キハ外國人ハ概ネ內國ノ法律ニ定メタル權利ヲ享有スルコトヲ得ス又財產權ト雖モ不動產權

ノ如キハ外國人ノ所有ヲ許サヽル國ナシトセス

右ノ外尚ホ一ノ區別スヘキモノアリ民權、人權換言スレハ國民權、人類權ノ區別是ナリ此區別ハ昔時ニ於テハ最モ著シク且ツ最モ大切ナリシモノニシテ當時ハ國民權ニ屬スルモノ極メテ多ク而シテ人類權ニ屬スルモノ太タ少カリシト雖モ近時交通ノ頻繁ヲ加フルニ從ヒ全ク反對ノ現象ヲ呈シ國民權ニ屬スルモノ漸ク其區域ヲ減縮スルト共ニ人類權ニ屬スルモノハ日ヲ逐ヒテ多キヲ加フルニ至レリ此勢ヲ以テ進マハ數十年乃至數百年ノ後ニ於テハ或ハ國民權全ク跡ヲ絶ツヤモ未タ知ル可ラス而シテ此區別ノ實益ハ內國人ニ限リテ享有スルコトヲ得ル權利ト內外人ヲ問ハスシテ享有スルコトヲ得ル權利トヲ識別スルノ點ニ在ルモ今日ニ於テハ大抵ノ權利ハ皆內外人共ニ之ヲ享有スルヲ常トスルカ故ニ此區別ハ多ク其必要ヲ認メス現今尚ホ國民權ニ屬スヘキモノヲ擧クレハ婚姻、養子、隱居、親權、後見等ニ關スル權利ノ如シ此等ノ權利ニ關シテハ外國人ハ我邦ノ法律ニ定メタル權利ヲ有セサルコト尠カラス或ハ外國人ノ全ク爲スコトヲ得サルモノアリ又土地所有權ノ如キモ日本ニ於テハ外國人ノ享有ヲ許サヽルカ故ニ此種ノ權利ニ屬スヘシ米國ノ二三州、瑞典、塞爾維、羅馬尼ノ如キモ原則トシテハ不動産權ヲ以テ國民權トナセリ次ニ人類權ニ屬スルモノハ一々枚擧スルニ遑アラス苟モ國民權ニ屬セサルモノハ悉ク人類權ナリト知ルヘシ

第三

權利ハ人ト人トノ關係ニ於テ其利益ヲ充實スル要件（法律上ノ保障）ト見ルコトヲ妥當トス故ニ今茲ニ其定義ヲ示サハ權利トハ人格相互ノ關係ニ於テ其一方カ他ノ一方ニ對シテ一定ノ利益ヲ享受スル法律上ノ能力ナリト云ハントス但シ此ニ所謂能力トハ意思能力ヲ謂フモノニ非ス意思ハ人格ノ要素ニ非サルト同時ニ權利ノ内容ニモ非サルナリ權利ハ意思ノ有無ニ拘ラス法律ノ力ニ依テ其保障スル利益ヲ享受シ得ルコト即チ其利益的地位ヲ謂フモノニ外ナラス又其能力ナルモノハ權利ノ本體ヲ意義スルモノナレハ權利ヲ享有スル法律上ノ資格即チ權利能力ト混同スル

コトナキヲ要ス權利ノ存在ニハ三大要件ヲ具備セサルヘカラス即チ法律、主體（權利者及ヒ義務者）及ヒ目的是ナリ

古來最モ廣ク行ハレタル說ニ依レハ權利（少クモ最モ重要ノモノト認ムヘキモノ）ハ法律以前ニ存在スルモノニシテ法律ハ唯、之ヲ承認且ツ保護スルニ過キスト云フ此見解ハ佛國學者ノ通說ニシテ畢竟自然法ニ其本ヲ汲ムモノナリ一旦自然法ヲ認ムル以上ハ又自然法上ノ權利アルコトヲ認ムルニ至ルハ當然ノ事理ト謂フヘシ我舊民法ノ如キハ即チ此主義ヲ採用セルモノナルコト明ナリ（財三〇、二九三、二九四）要スルニ吾人研究ノ目的タル法律ハ此種ノ法律ニアラスシテ人定法ノ範圍ヲ出テス故ニ權利モ亦其範圍外ニ存在セサルコトヲ前提トセサル可カラス近世自然法ヲ法律トシテ認メサル學者ニシテ尚ホ右ニ示ス如キ說ヲ主張スルモノナキニ非ス（「デルンブルヒ」三九節）思フニ是レ權利其モノト權利トスヘキ事實トヲ混同セル謬見ニ外ナラサルナリ

權利ハ總テ人格相互ノ關係ニシテ唯、一面ヨリ其關係ヲ言表セルモノニ

外ナラス是レ前述セル法律ノ本旨ニ考ヘテ毫モ疑ヲ生ス可カラサル所ナリ孤身無人島ニ棲息スルモノニ對シテハ權利ノ問題ヲ生スルコトナシ此原則ハ一切ノ法律關係ニ適用ス可キモノニシテ彼ノ物權ト雖モ其法律關係ハ畢竟人ト人トノ關係ナルコト爭フヘキニ非ス決シテ或一部ノ學者ノ主張スル如ク物ニ對スル關係ニハ非サルナリ

此ノ如ク權利ハ人的關係ノ一面ナリトスル以上ハ必ス之ト對立スヘキ一定ノ義務ナキコトヲ得ス唯其義務ノ目的及ヒ之ヲ負擔スル者ノ員數一樣ナラサルノミ此權利義務ノ由テ定マル兩主體相互ノ關係ヲ稱シテ法律關係ト謂フナリ其關係ハ種々ノ點ニ於テ其狀態ヲ異ニスルコトナキニ非スト雖モ常ニ人ト人トノ關係ニ歸着スルコトハ牢トシテ動カス可ラサル原則ナリトス

第四　權利ハ利益ヲ全ウスルノ法律上ノ力ナリ（以下分析說明）

一　權利ハ法律上ノ力ナリ　權利ハ力ナリト雖モ腕力ニアラス法律上

ノ力ナリ法律上ノ力トハ法律上或事ヲ爲シ得ルコトヲ意味ス再言スレハ法律ノ積極的ノ許容ニ因テ一定ノ意思ヲ實行スルコトヲ得ルヲ謂フ意思ノ實行ハ必シモ其力ヲ有スル者カ之ヲ爲スコトヲ必要トセス他人カ其一定ノ意思ヲ決シ之ヲ實行スルモ可ナリトス故ニ意思能力ヲ有スルコトヲ得サル者ト雖モ尙ホ權利ヲ有スルコトヲ得ヘシ幼者又ハ法人ハ意思能力ヲ有セスト雖モ尙ホ權利ヲ有シ得ヘシ其法定代理人ナル意思能力者カ其一定ノ意思ヲ實行スルコトヲ得ルカ故ナリ此場合ニ於テ之ヲ實行シ得ルノ法律上ノ許容ハ法人又ハ幼者カ之ヲ有スルヲ以テ其者カ即チ權利者ニシテ法定代理人ハ唯意思ノ實行者タルニ過キス之ヲ實行シ得ルノ法律上ノ許容ヲ有セス故ニ權利者ニアラス從テ「權利ハ意思ノ力ナリ」トスル學說ハ決シテ誤謬ニ非スシテ眞理ナリ唯其力ノ實質ヲ明ニセサルカ爲メ權利ノ性質ヲ明ナラシムルニ足ラサル缺點アルノミ

權利ハ一定ノ意思ヲ實行スルノ力ナリト雖モ殊ニ法律カ積極的ニ一

定ノ意思ノ實行ヲ許容スルニ非サレハ其許容ハ權利トナラス故ニ散步ヲ爲シ飮食ヲ爲シ自殺ヲ爲スハ權利ニ非ス何トナレハ是レ唯法律カ禁セサルノ自由行動ノ範圍ニ屬スルモノニ過キスシテ法律カ積極的ニ之ヲ許容スルモノニ非サルカ故ナリ法律カ積極的ニ一定ノ意思ノ實行ヲ許容スルトハ其一定ノ意思ノ實行カ法律上ノ效果ヲ生セシムル場合ニ生スルモノナリ例ヘハ債權者ハ債務者ニ對シテ一定ノ給付ヲ要求スルノ權利アリ債權ハ要求ナル意思ノ實行ヲ爲スノ力ニシテ法律ハ其實行ヲ許シテ之ニ對シ法律上一定ノ效果ヲ生セシム又所有權ハ其目的物ヲ所有者ノ自由ノ意思ニ任スルコトヲ得ルノ力ナリ法律ハ其物ニ對スル一定ノ意思ノ實行ヲ許シ其實行ニ對シ法律上一定ノ效果ヲ生セシムルカ如シ

二　權利ハ一定ノ利益ヲ全ウスルコトヲ以テ其實質トナス　權利ハ力ナリ一定ノ意思ヲ實行スルコトヲ以テ其實質トナス然レトモ自己ノ不利益ヲ全ウセントスル意思ノ實行ヲ爲スノ力ニ非スシテ利益ヲ全

ウセントスル意思ヲ實行スルコトヲ以テ其實質トナス故ニ利益ハ權利ノ實質ヲ組成スル分子ニシテ利益ナケレハ權利ナシ

利益トハ何ソヤ由來利益ナル文字ハ不明ニシテ其意義一ニ出テス然レトモ自ラ二樣ノ意義ヲ有スルモノナリトナスヲ得ヘシ一ハ生活資料ヲ意味シ他ハ生活資料ニ對スル吾人ノ希望ヲ意味ス甲ハ客觀的ノ意義ニシテ乙ハ主觀的ノ意義ナリ而シテ余カ茲ニ利益ト稱スルハ主觀的ノ意義ニ於ケル利益ヲ謂フモノナリ故ニ權利ハ生活資料ニ對スル希望ヲ全ウセントスル意思ヲ實行スルノ力ナリト云フコトヲ得ヘシ債權ハ一定ノ行爲ニ對スル希望ヲ實行スルノ力ナリ所有權ハ物ニ對スル希望ヲ實行スルノ力ナリ故ニ權利ハ利益ヲ以テ其實質トナシ生活資料ハ權利ノ外部ニ在リテ權利ノ成立及存立ノ要素ヲ成ス格段ナル場合ニ於テ權利ノ要素トナリタル生活資料ヲ權利ノ目的ト稱ス

權利ハ主體及ヒ目的ヲ以テ其要素トス

一　權利ノ主體(Rechtssubjekt)　權利ノ主體トハ人ヲ謂フ故ニ權利ハ必ス

人ニ附著スルニ因テ成立シ又存在スルコトヲ得ヘシ或ハ人ニ附著セサル權利ノ存在ヲ認ムルモノナキニ非ス（「ウヰンドシヤイド」氏等）曰ク相續人ナキ相續財産ハ其相續人ノ發生スルニ至ルマテノ間ニ於テ尚ホ存在スルコトヲ妨ケスト然レトモ此場合ニ於ケル權利及義務ハ法人ニ附著スルモノトナサヽル可カラス我民法ニ於テハ相續人ノ曠缺セル相續財産ハ之ヲ法人ト爲ス（一〇五一）法律上相續人ナキニ至リタルトキハ相續財産ハ國庫ニ歸屬ス（一〇五九）トナスカ故ニ人ニ附着セスシテ存在スル權利ナシト云ハサル可カラス

又自己一人ノミ存在シ他人ナキトキハ法律ハ存在セサルカ故ニ權利ナキナリ故ニ權利ハ必ス他人トノ關係ニ於テ人之ヲ有スルモノニシテ他人トノ關係ニ於テ一定ノ意思ヲ實行スルコトヲ得ル法律上ノ力ナリ其意思ノ實行ハ特定ノ一人又ハ數人ニ對シテ之ヲ爲スコトアリ此場合ニ於テハ其對手人ハ其意思ノ實行ニ應スヘキ法律上ノ負擔ヲ有ス又或生活資料ニ對シテ之ヲ爲スコトアリ此場合ニ於テハ他人ハ

其實行ヲ妨害スルコトヲ得サル法律上ノ負擔ヲ有シ其實行ヲ放任セサル可ラサル法律上ノ必要ヲ擔フ其法律上ノ負擔若クハ必要ヲ義務(Vepflichtung)ト稱ス故ニ權利ハ必ス義務ヲ伴フ

三　權利ノ目的(gegenstand des Rechts)　權利ノ目的ハ生活上ノ資料ナリ生活資料ナケレハ權利ノ實質ヲ組成スル利益ヲ生セシムルコト能ハサルカ故ニ權利ヲ成立セシメ又ハ存在セシムルコトヲ得ス故ニ權利ノ目的ハ權利ノ重要ナルコトヲ知ルコトヲ得ヘシ生活資料ハ千差萬別ニシテ無形物アリ(生命、名譽、自由行爲、健康、精神上ノ産出物等)有形物アリ金錢上ノ價値ヲ有スルモノアリ、有セサルモノアリ此等ハ總テ生活資料ニシテ權利ノ目的トナルコトヲ得ルモノナリ

權利ハ同時ニ義務ナルコトアリヤ積極説ヲ唱フル人ナキニ非ス(「レーゲル」「ベルケル」氏等)然レトモ余ハ權利ハ如何ナル場合ニ於テモ同時ニ義務ナルコトヲ得サルモノト信ス蓋シ權利カ同時ニ義務ナルニ非スシテ權利ヲ行使スルノ義務アルニ過キサルナリ例ヘハ親權者ハ未成年ノ子ノ

監護及ヒ敎育ヲ爲スノ權利ヲ有シ義務ヲ負フ（八九七）モノナレトモ是レ親權者ハ其子ニ對シテ監護敎育ヲ爲スノ權利アルト同時ニ又其權利ヲ行フノ義務アルノミ

第五　權利ヲ分チテ公權及ヒ私權ノ二ト爲ス公權ハ公法之ヲ規定シ私權ハ私法之ヲ規定ス

私權トハ一箇人カ一箇人トノ關係ニ於テ有スル利益ニシテ法律ノ保護ニ依リ之ヲ主張スルコトヲ得可キモノナリ（以下分析說明）

一　私權ハ利益ナリ　獨逸ノイエリング權利ノ定義ヲ下シテ曰ク權利トハ法律ニ依テ保護セラレタル利益ナリト蓋シ權利ノ本質ハ悉ク利益ニ非サルハナシ例ヘハ所有權ヲ有スル者ハ其物ヲ使用、收益、處分シテ直接ニ利益ヲ得可ク又代理權ヲ有スル者ハ之ニ依テ報酬ヲ得ヘク間接ニ利益ヲ受クルコトヲ得ヘシ

二　私權ハ一箇人カ一箇人ニ對シテ有スル利益ナリ　公法ハ一箇人ト

國家又ハ官府トノ關係ヲ定メ私法ハ一箇人相互ノ關係ヲ定ム故ニ一箇人カ國家又ハ官府ニ對シテ有スル自由ハ公法ノ定ムル所ニシテ公權タリ一箇人相互ノ關係ニ於テ有スル利益ハ私法ノ定ムル所ニシテ即チ私權タリ

三　私權ハ法律ノ保護スル所ノ利益ナリ　權利ハ法律ニ因テ始メテ發生ス法律カ一箇人ノ利益ヲ保護シ之ヲ侵犯スル者ニ對シ制裁ヲ加フルニ非スンハ成立スル能ハサルナリ

四　私權ハ法律ニ依リ主張スルコトヲ得ルノ利益ナリ　主張トハ意思ノ力ヲ以テ利益ヲ實行スルコトヲ云フ即チ義務者ニ對シ其利益ヲ請求スルコトヲ得ルヲ云フ縱令法律ノ保護スル利益ナリト雖モ主張スル能ハサル利益ハ權利ニ非ス吾人カ道路ヲ步行シ睡眠ヲ爲スハ法律ノ保護スル利益ナリト雖モ之ヲ權利ト云フ能ハサルカ如シ蓋シ此等ハ法律ノ結果トシテ發生スル利益ニシテ其利益ヲ有スル者カ特ニ義務者ニ對シ之ヲ請求シ得ヘキモノニ非サレハナリ

民法要義

第六

權利ハ法律ニ由テ許サレタル人ノ行爲ノ範圍ナリ

私權ハ公權ニ對スルモノニシテ國民カ施政機關ノ運轉ニ參與スル權ヲ除キ各自ノ安寧幸福ヲ自衛スルニ要スル一切ノ權ヲ指シテ云フ

民法正解

第七

私權トハ私法ニ依リテ創設セラレタル權利ナリト云フニ存シ形式上ノ解釋トシテ當ニ然ルヘシト雖モ斯ノ如キ解釋ニ依レハ更ニ私法ノ定義ヲ明ニスルニアラサレハ私權ノ意義ヲ明白ナラシムルコトヲ得サルモノニシテ即チ問題ヲ以テ問題ヲ決スルモノト云ハサル可カラス蓋シ權利ハ法律ニ依リテ創設セラレ法律以前ニ權利ナク又法律以外ニ權利ナキモノナレハ私權ハ私法ニ依リテ創設セラレ之ニ對スル公權ハ公法ニ依テ創設セラレタルコト更ニ疑ナシト雖モ翻テ權利ヲ享有スル吾人ノ資格ニ付テ觀察スルトキハ吾人ハ國家ノ臣民タル資格ト同時ニ各人相互ノ關係ニ於ケル一私人タル資格ヲ有シ恰モ一人カ會社員タル資格ヲ

有スルト同時ニ非社員タル資格ニ於テ會社ト取引ヲ爲スコトヲ得ルカ如キモノナレハ吾人カ併有スル資格ノ差異ニ基キ公權及ヒ私權ノ區別ヲ爲シ之ニ依テ私權ノ意義ヲ説明スルトキハ同時ニ私法ノ意義ヲモ明白ナラシムルコトヲ得テ單ニ形式上ノ解釋ニ陷ルノ弊ヲ免カルヽコトヲ得ヘシ即チ吾人カ各人相互ノ關係上一私人タル資格ニ依テ享有スル權利ハ私權ニシテ一私人タル資格ニ於ケル各人行爲ノ標準ヲ規定スル私法ニ依テ創設セラレタルコトヲ知ルヘク之ニ反シテ公權ハ吾人カ國家ノ臣民タル資格ニ依テ享有スル權利ニシテ各人カ臣民タル資格ニ依テ行フヘキ行爲ノ標準ヲ規定スル公法ニ依テ創設セラルヽモノタルコトヲ知ルヘシ蓋シ外國人ハ公權ヲ享有スルコトヲ得スト雖モ私權ヲ享有スルコトヲ得ルヲ以テ通則トナス所以ハ私權ハ國民籍ノ如何ヲ問ハス總テ一私人タル資格ニ於テ何人ト雖モ之ヲ享有スルコトヲ得ルニ存スルモノナレハ私權ノ意義ハ宜シク權利ヲ享有スル者ノ資格ヲ標準トシテ之ヲ解釋スルノ適當ナルヲ信スルナリ

第二章 權利ノ分類

第一

公權ハ公法上ノ規定ニ由テ生スル權利ニシテ私權ハ私法上ノ規定ニ由テ生スル權利ナリ此區別ヲ他ノ標準ニ求ムルコトハ凡テ誤謬ナリ例ヘハ權利享有者ノ性格ニ依テ之ヲ區別シ公ノ團體カ有スル權利カ公權ニシテ一個人ノ有スル權利ハ私權ナリト云フカ如キハ此區別ヲ完全ニ言ヒ顯ハシタルモノニ非ス個人ト雖モ公權ヲ有シ得ヘク例ヘハ被選擧權、選擧權ノ享有者タルコトヲ得ルカ如ク又國家ノ如キ公ノ團體モ私權ヲ有スルヲ得ヘシ例ヘハ財產權ノ主體タルコトヲ得ルカ如シ（以下私權ノ分類）

一　人格權、身分權、財產權

甲　人格權　人格權トハ人格ト分離スルコトヲ得サル活資ヲ目的トスル權利ナリ人格權ノ目的ハ人格ト終始スルモノニシテ須臾モ之ト離ルヽコトヲ得ス故ニ人格ヲ滅失スルニ非サレハ之ヲ消滅スル

コトヲ得ス例ヘハ生命身體ノ如キ人格ト分離スルコトヲ得サルモノナリ其上ニ有スル生命權、身體權ノ如キハ人格權ニ屬ス
人格權ノ目的ハ人格ト終始スルモノナルカ故ニ享有者カ之ヲ處分スルコトヲ得ス例ヘハ人ニシテ生命ヲ拋棄シ身體ヲ讓渡スルカ如キハ不能ナリ
人格權ハ之ヲ天賦ノ人權ト混同スヘカラス人類ハ法律ヲ離レテ生存スルヲ得レトモ人格ハ法ノ賦與スルモノナリ人格權ハ當然、人ニ伴フモノニ非スシテ法律ノ創設物ナル點ニ於テハ毫モ他ノ權利ト異ナルコトナシ
人格權ハ公法上ノ規定ニ依テ生スル所ノ權利ト混同ス可カラス茲ニ人格ト稱スルハ私法上ノ關係ニ於テ存スルモノヲ謂フ同一ノ法律利益カ公法上ノ關係ニ於テ保護セラルヽト同時ニ私法上ノ關係ニ於テ保護セラルヽコトアレトモ公法上ノ關係ニ於テ其上ニ存スル權利ハ茲ニ所謂人格權ニ非ス

人格權ハ民法ニ於テ直接ニ規定セラレス即チ正面ヨリ其存在ヲ明ニセス然レトモ之ヲ侵害スルコトカ私法上ノ不法行爲トナルコトハ明ナリ正面ヨリ規定セラレサルヲ以テ私法上ノ權利ノ範圍外ナリト言フハ誤ナリ

乙　身分權　身分權ハ一定ノ身分ト分離ス可カラサル活資ヲ目的トスル權利ナリ身分權ノ目的ハ身分ニ附着シテ之ト離ル可カラス恰モ人格權ノ目的カ人格ト共ニ終始スルト同一ナリ私法上ノ身分ハ親族關係ヨリ生ス例ヘハ夫婦ト云ヒ親子ト云フカ如シ親權ノ目的夫權ノ目的ハ其親タル身分、夫タル身分ニ附着シ親タルコト夫タルコトヲ失ハサル以上ハ享有者ヲ離ルヽコト能ハサルモノナリ

丙　財產權　財產權ハ人格又ハ身分ト分離スルコトヲ得ヘキ活資ヲ目的トスル權利ナリ一切ノ財產權ハ固ヨリ人格ナケレハ存在セス又或財產權ハ一定ノ身分ナケレハ存在セサルコトアリ然レトモ其目的ハ決シテ人格ト終始スルモノニ非ス又身分ト運命ヲ共ニスル

モノニ非ス之ヲ拋棄スルモ磨滅スルモ人格又ハ身分ヲ消滅スルコトナシ

或ハ財產權ヲ以テ金錢ニ見積ルコトヲ得ヘキ目的ヲ有スル權利ナリト云ヘリ廣義ニ於テ交換價格ヲ有スル目的ノ上ニ存スル權利ナリト云フニ歸着ス蓋シ處分ヲ許スヘキ活資ハ主觀的ノ見地ヨリ論スレハ他ノ活資ト比較シテ之ヲ評價スルコトヲ得、然レトモ之ヲ客觀的ニ論スレハ其內ニ交換價格ヲ有セサルモノアリト言ハサルヲ得ス即チ有形ノ利益ヲ目的トセサルモノハ交換價格ナシ交換價格ヲ財產權ノ要素トスレハ有形ノ利益ニ關セサルモノヲ財產權中ニ入ルヽコトヲ得ス然レトモ我民法ハ金錢ニ見積ル可カラサル無形ノ利益モ債權中ニ包括シ債權ハ總テ之ヲ財產權ノ一種ト爲シタルコトハ爭フ可カラスト思考ス故ニ交換價格ナキ目的ヲ有スルモノハ財產權ニ非スト言フハ其意義ヲ狹隘ナラシムルノ批難ヲ免レス財產權ヲ分チテ左ノ三トス

子　物權　物權トハ物即チ有體物ヲ目的トスル權利ヲ謂フ物ハ權利者ノ需用ヲ滿足スヘキ活資ナリ故ニ物權者ハ他人ヲ排除シテ物ノ上ニ直接ニ其支配力ヲ及ホスコトヲ得物權ハ其支配力ノ範圍及ヒ其方面ノ異ナルニ隨ヒ之ヲ分別シテ所有權、永代借地權、地上權、永小作權、地役權、留置權、先取特權、質權、抵當權ト爲ス

丑　智能權　智能權ハ有體物ヲ目的トセスシテ自己ノ智能ニ由リ產出シタル無形ノ資料ノ上ニ有スル支配力ナリ著作權ト稱シ特許權ト言フハ皆他人ヲ排除シテ智能ノ產出物ヲ獨占スル權利ニシテ智能權中ニ包含セラル可キモノナリ

寅　債權　債權ハ他人ノ行爲ヲ目的トスル財產權ナリ此權利ニ在テハ他人ノ行爲カ享有者ノ需要ヲ滿足スルノ資料ナリ他人ノ行爲ヲ目的トスル權利ハ財產權中ニモ親族權中ニモアリ然レトモ債權ト稱スルハ財產權中ニ入ル可キモノニ限ル

二　絕對權、相對權　通說ニ依レハ絕對權ハ世界一般ノ人ニ對抗シ得ヘ

キ權利ナリ相對權ハ特定ノ人ニ對抗シ得ヘキ權利ナリ（絕對權ヲ對世權ト稱シ相對權ヲ對人權ト稱スルハ此意義ヲ示シタルモノナリ）例ヘハ余カ或物ノ上ニ所有權ヲ有スレハ他人ハ悉ク其所有權ヲ尊重セサルヲ得ス即チ世界一般ノ人ハ其權利ヲ侵害セサル消極的ノ義務ヲ負擔ス之ニ反シテ余カ或特定ノ人ニ金錢ヲ貸與シタル場合ニ於テ其人ハ余ニ對シテ其金錢ヲ返濟スルノ義務ヲ負擔スレトモ他ノ人ハ此ノ如キ義務ヲ有セス故ニ前者ハ絕對權ニシテ後者ハ相對權ナリ余ノ見ル所ヲ以テスレハ此說ハ根本ニ於テ誤レリ元來權利ノ觀念中ニハ必ス之ニ對スル義務ノ觀念ヲ包含ス義務ノ內容ハ權利ノ享有ト牴觸スヘキ行爲ヲ爲サヽルコトニ存ス世界一般ノ人ハ之ヲ侵害セサル消極的義務ヲ負擔スト云フコトハ一切ノ權利ニ共通スル觀念ナリ世界一般ノ人ハ所有權ヲ尊重スルト同シク債權モ亦之ヲ尊重セサル可ラス他人ノ所有物ヲ害スルカ不法ナルト同シク他人間ニ存在スル債權關係ヲ害スルコトモ不法ナリ或權利ハ一般ノ人ニ對抗スルコトヲ得或權利ハ一般ノ人ニ對抗スルコトヲ得

スト云フハ權利ノ觀念ト牴觸ス故ニ通說ニ示スカ如キ標準ヲ以テ絕對權、相對權ヲ區別セントスルハ事理ニ適セス

然レトモ絕對權、相對權ノ區別ハ全然之ヲ認メサルニ非ス用語ノ當否ハ措キテ論セス區別ノ實質ハ之ヲ認メサル可カラス而シテ其區別スヘキ點ハ何レニアリヤ余ノ考フル所ニ依レハ區別ノ標準ハ對抗シ得ヘキ人ニ存セスシテ寧ロ權利ノ目的ニ存ス若シ權利ノ目的カ特定人ノ行爲ナラハ之ヲ相對權ト爲シ權利ノ目的カ特定人ノ行爲以外ノモノナラハ之ヲ絕對權ト爲ス特定人ノ行爲カ權利ノ目的トナルトキハ權利者ハ特定人ヨリ目的トナリタル行爲ヲ要求シ得ヘク特定人ノ行爲以外ノモノカ目的タル場合ニ於テハ權利者カ特定人ヨリ行爲ヲ要求スルノ問題ヲ生セス前ノ場合ニ於テハ權利者ト特定人トノ間ニ法律上ノ連鎖(法鎖)ヲ生スレトモ後ノ場合ニ於テハ之ヲ生セス權利者ト特定人トノ間ニ法律上ノ連鎖存スレハ相對權ヲ生シ之ヲ存セサレハ絕對權ヲ生ス是レ二者ノ間ニ存スル區別ノ骨子ナリ要スルニ通說ハ相

對權ヲ說明スルニ當リ權利ノ目的ト權利ノ對抗ヲ受クヘキ人トヲ混同シ相對權ニ於ケル權利ノ目的ヲ絕對權ニ於ケル義務ト對照シ絕對權ニ對スル義務ト同一ノ觀念カ相對權中ニ存スルコトヲ忘却シタルモノト言ハサル可カラス

人格權ハ總テ絕對權ナリ人格權中ニハ所謂相對權ヲ存セス財產權中ニハ絕對權ト相對權トノ區別ヲナスヲ得ヘシ即チ物權、智能權ニ屬スルモノハ特定ノ人ノ行爲ヲ其目的トセサルカ故ニ絕對權ニ屬ス債權ハ特定ノ人ノ行爲ヲ其目的トスルカ故ニ相對權ナリ親族權中ニモ絕對權ニ屬スルモノト相對權ニ屬スルモノトアリ若シ親族タル人ヲ權利ノ目的トスル場合ニハ其權利ハ絕對權ニシテ親族ノ行爲ヲ目的トスレハ其權利ハ相對權ナリ例ヘハ子ノ上ニ有スル權利、妻ノ上ニ有スル權利ハ絕對權ニシテ子ノ行爲又ハ妻ノ行爲ヲ目的トスル權利ハ相對權ナルカ如シ

三　原權(第一權)救濟權(第二權)　原權ハ平和ノ狀態ニ於テ法律上吾人ノ當然

享有スヘキ權利ナリ救濟權ハ原權ノ侵害ニ由テ生スル所ノ權利ナリ換言スレハ義務者ノ義務違背ニ基因シテ原權ノ享有者ニ歸屬スル權利ナリ權利主體ノ要求ニ適應セサル義務者ノ行爲ハ背法行爲ナリ背法行爲ニ對シテハ法律上ノ制裁アリ法律上ノ制裁中刑事制裁ニ屬スルモノト民事制裁ニ屬スルモノトアリ民事制裁ハ國權ノ發動ニ依テ權利主體ニ救濟ヲ與フルコトヲ以テ其目的トナシ權利主體カ法律利益ノ享有ヲ完ウスル爲メ違背者ニ向テ要求シ得ヘキ行爲ノ强制又ハ其喪失シタル法律利益ヲ回復シ若クハ之ニ對スル補償ヲ得ル爲メ加害者ニ向テ要求シ得ヘキ行爲ノ强制ヲ以テ其實質トナス原權ヲ害セラレタル者カ救濟ヲ得ル爲メ國權ノ干與ヲ請求シ得ルハ公法上ノ規定ニ依テ之ト國家ノ間ニ存スル法律關係ナリ然レトモ違反行爲ニ基キ被害者カ加害者ニ向テ行爲ヲ要求シ得ルハ兩者ノ間ニ存スル私法的法律關係ナリ此法律關係ノ內容タル權利ヲ原權ニ對シテ救濟權ト稱ス

所謂救濟權ハ原權ト獨立シタル權利ナリ違反行爲ニ因リ權利主體カ違反者ニ向テ要求シ得ヘキ行爲カ原權ノ內容ヲ形作ルトキハ獨立ノ權利ヲ發生セス即チ此場合ニ於テ原權ト分離シタル救濟權ノ存在ヲ認ムルハ誤謬ノ見解タリ

第二

私權トハ公權ニ對スル語ナリ公權私權ノ區別殊ニ公權ノ何タルコトニ付テハ議論ナキニ非スト雖モ余ノ所見ニ依レハ此區別ハ公法私法ノ區別ニ對當スルモノニシテ畢竟公法ト私法トノ差異ヲ主觀的ニ言表シタルモノト見ルコトヲ得ヘシ公法私法ノ區別ニ關シテハ種多ノ學說アリ茲ニハ其最モ正當ト認ムル說ニ基キ公權及ヒ私權ノ本義ヲ定ム

公權ト私權トハ其目的トスル利益ノ公私ニ依テ區別スヘカラサルコトハ公法私法ニ於ケルト同一ナリ又公權ハ權力關係ニシテ私權ハ權利關係ナリトスルハ正當ナル見解ニ非ス蓋シ人格相互ノ法律關係ハ總テ權利關係ニ非サルハナシ國家カ個人ニ對シテ有スル公權ハ權力關係ノ性

質ヲ有スルモ之カ爲ニ權利ニ非スト謂フ可ラス權利ヲ狹義ニ解シテ權力關係ヲ包含セサルモノトスル如キ說ハ余之ヲ採ラサルナリ且ツ夫レ公權ハ必シモ權力ニアラス個人ハ國家ニ對シテ公權ヲ有スルコトアルモ權力ヲ有スルコトナキヤ明ナリ又其反對ニ親權若クハ戶主權ノ如キ私權ニシテ權力ノ性質ヲ有スルモノアリ然ラハ權利ノ主體ニ依テ區別センカ國家其他ノ公法人ニシテ財産權ノ主體タルコトアルヲ說明スル能ハス縱令其主體タル資格ニ據ルヘキモノトスルモ尙ホ個人ノ公權ヲ說明スルニ付キ困難ナキコトヲ得ス故ニ公法私法ノ區別ト同シク結局法律關係カ國家ニ關スル（直接ニト云フモ可ナリ）ト否トヲ標準トスルノ外ナキナリ

此理論ニ基キ今茲ニ公權ノ本質如何ト云フニ畢竟國家的法律關係ノ一面ニシテ私權トハ國家ニ關セサル法律關係ノ一面ヲ謂フモノト解スヘシ故ニ其關係ヲ組成スル一方又ハ雙方カ公法人又ハ一個人ナルヤヲ問フコトヲ要セス唯右ノ標準ヲ取ル結果トシテ公權ハ必ス公法人ニ屬スルカ又ハ公法人ニ對シテノミ存在スルモノト謂フコトヲ得ヘシ又私人

カ國家ニ對シテ有スル公權ハ原則トシテ國家ノ一員タル地位ニ在ルコトヲ要件トスル私權ト雖モ國家ニ依テ保護セラルヽモノナレハ國家アリテ始メテ存在スルモノナルモ其內容ハ少クモ近世一般ノ立法例ニ於テ同一ノ條件ヲ必要トセサルナリ

一般權利ノ本質ハ公權及ヒ私權ニ共通ナルモノトス何レモ人格相互ノ關係ニ於テ其一方カ他ノ一方ニ對シテ一定ノ利益ヲ享受スル法律上ノ能力又ハ地位ニ外ナラス私權トハ即チ私法關係ニ於テ其利益ヲ享受スルコトヲ得ル地位ニ在ルコトヲ謂フ而シテ其一方カ他ノ一方ニ對シテ要求スルコトヲ得ルモノハ常ニ或外形上ノ狀態ヲ發生又ハ保持セシムルコト換言スレハ其積極的又ハ消極的行爲ニ歸着スルモノトス純理上權利ノ目的トハ即チ之ヲ謂フモノト解スヘキナリ但シ或種ノ權利（物權ノ如キ）ニ付テハ其各自ノ特質ヲ明ニスル爲メ寧ロ直接ニ其主體カ享受スヘキ利益ノ內容ヲ意義スルモノト解スヘキモノトス（以下私權ノ分類）

一　絕對權、相對權

(甲)　絶對權　絶對者トハ一般ノ人ニ對シ一定ノ地位又ハ狀態ヲ保全スル權利ヲ謂フ即チ何人ヨリモ之ヲ傷害セラレサル權利ナリ一定ノ地位又ハ狀態トハ言少シク茫漠ニ失スル嫌ナキニ非スト雖モ要スルニ自己又ハ他人ノ身體其他有形又ハ無形ノ物體上ニ有スル權力ヲ謂フモノト解スヘシ(「ロギン」二〇六節)絶對權ノ本質ハ一般ノ人ニ對スル關係ナルト其目的タル行爲ノ畫一且ツ消極的ナルトニ在リ即チ世間何人モ一樣ニ其妨害ト爲ルヘキ行爲ヲ爲サヽル義務ヲ負フモノナリ其一般ノ人ニ對スル權利ナル方面ヨリ觀察シテ絶對權又ハ對世權ナル名稱ノ行ハルヽニ至リタルモノト解スヘシ

絶對權ハ主トシテ人格權及ヒ物權ノ二種トス人格權トハ一個人タル直接ノ結果トシテ存在スル權利ヲ謂フ例ヘハ生命、身體若クハ名譽ヲ保全シ又ハ氏名ヲ稱スル權利ノ如キ是ナリ何レモ一個人タル性格ニ基クモノトス又物權トハ直接ニ或物ニ就キ一定ノ作用ヲ施ス權利ヲ謂フ其人格權ト相異ナル所ハ全ク財產權タル點ニアリ此他ニ尙ホ財産權ト人格權トノ兩性質ヲ混有スル絶對權ナキニ非ス即チ著作權又ハ意匠權ノ如キ特別法ニ認メタル專用權是ナリ總テ此等ノ絶對權ニ對スル侵害ハ不法行爲ト稱シ其普通ノ制裁トシテ損害賠償ノ義務ヲ生スルモノトス

今理論上ヨリ考フルニ絶對權ノ特質ハ一般ノ人ニ對スル點ヨリモ主トシテ其目的タル行爲ノ畫一ニ消極的ナルコトニ重キヲ置クヘキモノナルヘシ何トナレハ單ニ一方主體ノ員數衆多ナル如キハ權利關係ノ性質ニ影響スヘキ謂レナケレハナリ且ツ夫レ絶對權ハ單獨ニ存在スル場合（人格權又ハ物權ノ如キ）ノミニ非ス債權其他相對權ノ存在スル場合ニ於テモ必ス之ニ附隨シテ發生スルモノトス即チ何人ヨリモ其相對權ヲ侵害セラレサル絶對權アルモノナリ（「アンソン」契約法二一〇頁）此場合ニ於テ受動的主體ノ員數ヨリ觀察スレハ純然タル絶對權ト稱スヘキニ非ス何トナレハ其相對權上ノ關係ニ於ケル特定義務者ヲ除キタル以外ノ者ニ對シテ存在スルモノナレハナリ是ニ由テ觀ル

モ絕對權ノ本質ハ社會ノ全員ニ對スル權利ト謂ハンヨリモ寧ロ特定者ニ非サル者ヲシテ書一ナル不行爲ヲ目的トスル義務ニ拘束セシムル點ニ在ルコトヲ知ルヘシ

乙　相對權　相對權トハ特定ノ人ニ對シテ格段ナル行爲又ハ不行爲ヲ要求スル權利ヲ謂フ其主要ナルモノハ身分權即チ親族關係ヨリ生スル親權夫權又ハ後見人タル等ノ權利及ヒ債權トス相對權ナル語ハ特定ノ人ニ對スル權利ヲ意義スルモノナルヘシト雖モ是レ亦其主要ナル性質ハ其目的タル受動的主體ノ行爲又ハ不行爲ノ特定セルコトニ在リ唯其義務ヲ負フ者ハ如何ナル場合ニ於テモ必ス特定者ナルカ故ニ其何レニ基キ名稱ヲ定ムルモ實際相異ナルコトハ之ナキナリ

右絕對權ト相對權トノ區別ハ主トシテ英米ノ學者之ヲ唱ヘ歐洲大陸殊ニ佛國ノ學者中ニハ之ヲ採用セサル者最モ多シトス是レ物權ノ性質ヲ定ムルニ大關係アルコトナリ蓋シ佛國學者ノ大多數ハ從來物權

ヲ解シテ物ニ對スル權利ト爲シ此權利ニ對シテハ恰モ法律上ノ義務ヲ負フ者ナキカ如クニ觀察セリ縱令一般ノ人ニ對抗シ得ルモノトスルモ是レ物上權タル性質ヨリ生スル效果ニ過キサルモノトセリ獨逸ノ學者中ニモ此見解ヲ採ル者ナキニ非ス(「デルンブルヒ」二二、四〇節)物權ノ性質ハ或物ノ上ニ一定ノ作用ヲ爲ス權利タルコトヲ疑ハス然リト雖モ苟モ權利ト云フ以上ハ必ス對人的關係ニシテ其義務者タル人ニ求ムヘキ一定ノ行爲又ハ不行爲ナカルヘカラス人ト物トノ關係ノ如キハ事實上ノ關係ニ過キサルナリ思フニ右多數ノ學者ハ物權ノ特質ヲ定メント欲シテ遂ニ一般權利ノ內容ヲ否認スルニ至リタルモノト謂フヘシ

二　人身權、財產權

甲　人身權　人身權トハ財產權ト對立スヘキ權利ヲ假稱シタルモノニシテ確然一定セル意義ヲ有スル原語ナルニ非ス人格權及ヒ身分權ハ即チ此部類ニ屬スルモノナリ要スルニ其範圍ハ寧ロ財產權ノ本義如何ニ依テ消極的ニ定マルモノト解スヘシ

乙　財産權　財産權ニ關シテハ學説一定セス普通一般ノ説ハ金錢上ノ價格ヲ有スル權利即チ金錢ニ評價スルコトヲ得ヘキモノヲ目的トスル權利ナリト謂フニ在リ（「デルンブルヒ」二二節「プラニオル」民法原論第一卷七一一節以下）此金錢價格ナル觀念ハ貨幣制度ノ未タ行ハレサリシ時代ニ適用スヘカラサルニ由リ寧ロ交換的價格ト稱スヘキカ如シ但シ此ノ如キ微細ナル點ハ之ヲ論スル必要ナカルヘシ唯財産權ノ定解如何ハ債權ノ性質ヲ定ムルコトニ付キ甚タ肝要ナルモノトス蓋シ我民法ハ羅馬法以來ノ通説ニ反シテ債權ハ金錢ニ見積ルコトヲ得サルモノヲ以テ其目的ト爲スコトヲ得ルモノトセリ（三九九。）若シ此財産權ノ定義ニシテ正當ナルモノトセハ債權ハ必シモ財産權ニ非サルコト、爲ルヘキヤ明ナリ此見解果シテ正確ナルヤ將、之ニ反シテ財産權ニ關スル普通ノ觀念誤マレルモノト解スヘキヤ是レ大ニ攻究スヘキ問題ナルヘシ思フニ財産權ト其他ノ權利トノ區別ハ權利關係ノ性質ニ關スルモノニ非ス故ニ學理上ヨリモ寧ロ實際上ニ於テ肝要ナルモノト解スヘシ現ニ本法（一六三、一六七、二〇五、二六四、四二四、五五五、七一〇、七一一等）ニモ屢々財產權ナル語アルコトヲ見ル以上ハ其意義ヲ一定スル必要アルナリ有力ナル一說ニハ或權利ニシテ金錢上ノ價格ヲ有スルハ畢竟法律ニ於テ其處分シ得ヘキコトヲ認メタルカ故ニ外ナラス故ニ財產權トハ各人カ處分スルコトヲ得ヘキ目的ヲ有スル權利ヲ謂フモノナリトセリ（民法要義卷一第三六〇頁）要スルニ財產權ノ本義ハ未タ解決ヲ經ルニ至ラス今後尙ホ硏究ヲ盡スヘキ問題ニ屬スルナリ

財產權ハ財產ト同義ニ非ス財產トハ財產權ノ目的（民法上ノ意義ニ於ケル）タルモノヲ總稱ス然ルニ其モノハ權利ノ目的ナレハコソ法律上吾人ノ生活ノ用ニ供スルコトヲ得ヘキカ故ニ遂ニ之ヲ權利ト混用スルニ至レリ即チ權利ヲ以テ無形ノ財產トシ余ノ家屋ト謂フカ如キ之ヲ呼フニ其目的物ヲ以テスル慣例ヲ漸成セリ殊ニ我舊民法ノ如キニ於テハ財產ハ權利ナリトマテ明言セリ（財一）本法ニ於テモ此語ヲ兩義ニ混用シ或ハ正面ヨリ權利ヲモ包含スルモノト解セサルヘカラサ

ル場合アリ(三〇六、三〇七、三三五)或ハ目的ノ意義ニ用ヒタルモ結局權利其モノニ關スル規定ナルコトモアルナリ(五、五四九)

財產權ハ古來普通ニ之ヲ分チテ物權及ヒ債權ノ二種トス舊民法ノ如キハ即チ此見解ニ基キ財產編ヲ二部ニ大別セリ然リト雖モ此外ニ尚ホ版權、特許權其他特別法ニ規定セル財產權(少クモ一面ニ於ケル)アリ又近世ノ學者ハ往々物權及ヒ債權以外ニ請求權(例ヘハ所有權又ハ占有權ヲ回復スル權利ノ如キ)ヲ認ムル如シ然ルニ此請求權ナルモノハ畢竟他ノ權利ノ效力ニ外ナラス

故ニ佛國ノ學者ハ一般ニ之ヲ以テ獨立ノ權利ト目セス英米學者ノ說ニ原權ト救濟權トヲ區別スルハ同一ノ觀念ニシテ固ヨリ財產權ニ就テノミ生スル事項ニ非サルナリ

第三

權利ハ公權及ヒ私權ノ二種ニ大別ス(以下私權ノ分類)

一　絕對權、相對權

甲　絕對權(Absolutes Recht)　絕對權トハ原則トシテ世間一般ノ人ニ對抗スル權利ナリ其權利ノ實質ニ因リテ爲スノ自由ヲ制限セラルヽ人ヲ特定セスシテ世間一般ノ人カ爲スノ自由ヲ制限セラルヽヲ原則トス絕對權ハ世間一般ノ人ニ向テ權利ノ實質ニ相當スル事項ヲ爲サヽラシムルコトヲ得ルモノナリ

絕對權ニシテ尙ホ一定ノ人ニ對抗スルコトヲ得サルコトナキニ非ス例ヘハ所有權ハ絕對權ナリ然レトモ其目的物上ニ負擔又ハ抵當權ヲ有スル者ニ對抗スルコトヲ得サルナリ

絕對權ノ目的ハ人ナルコトアリ親權ノ如シ物ナルコトアリ之ヲ物權ト稱ス民法以外ノ法律ニ於テ物權ナキニアラス永代借地權是ナリ(明治三四年九月法律第三九號)無形ノモノナルコトアリ、權利、生命、自由、名譽、商標、商號、意匠其他精神上ノ產出物ノ如シ包括財產ナルコトアリ例ヘハ遺產相續權ノ如シ

乙　相對權(RelativesRecht)　相對權トハ原則トシテ特定ノ一人又ハ數

人ニ對抗スル權利ナリ其對抗ヲ受ケテ爲シ又ハ爲サヽルノ自由ヲ制限セラルヽ人カ原則トシテ特定スルモノナリ其以外ノ人ハ其權利ノ對抗ヲ受ケサルヲ原則トス相對權ハ唯特定ノ人ニ向テ權利ノ實質ニ相當スル事項ヲ爲サシメ又ハ爲サヽラシムルコトヲ得相對權ニシテ尙ホ一定ノ人ニ對抗スルコトヲ得ルコトアリ(二五四、六〇五)相對權ハ債權ナリ

相對權ハ絕對權ヲ伴フモノナリヤ否ヤハ大ナル問題ナリ相對權ハ之ヲ侵害セシメサル絕對權ヲ伴フモノナリトナス者ナキニ非スト雖モ通說ニ非ス相對權ハ其對抗ヲ受クル特定ノ人ニ非サレハ之ヲ侵害スルコトヲ得ス

二　財產權、非財產權

財產權(Vermögensrecht)ニ付テハ或ハ各人カ處分スルコトヲ得ヘキ目的ヲ有スル權利ナリト云フ者アリ或ハ金錢上ノ價値アル權利ナリト云フ者アリ或ハ又金錢上ノ價値アル目的ヲ有スル權利ナリトナス者ア

リ併シナカラ財產權トハ其行使カ權利者ニ金錢上ノ利益ヲ與フヘキモノナリト解スルコトヲ得サルカ故ニ債權ハ必シモ財產權ニアラス（三九九）

財產權ト財產トハ同一物ニ非ス財產ハ左ノ意味ヲ有スルモノナリ

一　一人ニ對スル財產權ノ總計（積極的財產）

二　財產權及ヒ義務ノ總計（例ヘハ相續財產ノ如シ）

三　積極的ノ財產ヨリ義務ヲ控除シタル殘餘財產

四　一人ニ對スル各個人ノ財產權

五　義務（消極的財產）

第四　權利ヲ分チテ公權及ヒ私權ノ二トナス（以下私權ノ分類）

一　財產權　財產權トハ權利者ト其財產トノ關係ヨリ生スル私權ニシテ之ヲ分チテ物權及ヒ債權ト爲ス

甲　物權　物權トハ權利者ヲシテ直接ニ有體物ヲ支配セシムル私權

ナリ此權利ノ完全ナルモノハ之ヲ所有權ト稱ス（物ニ對スル一般支配權）一定ノ關係及ヒ制限サレタル範圍內ニ於ケル支配權ハ之ヲ他上權（他人ノ物ニ於ケル權利）ト稱ス

乙　債權　債權トハ權利者カ他人ヲシテ一定ノ行爲ヲ爲サシムルコトヲ得ルノ私權ナリ債權ノ多クハ有體物ニ關スルト雖モ素ト義務者ニ對スル權利ナルカ故ニ權利者ヲシテ直接ニ目的物ニ關係セシムルコトナク唯義務者ノ行爲ニ依テ此目的物ヲ得ルニ過キス

從來ノ見解ニ於テハ債權ハ必ス債務者ノ財產的價値ヲ有スル行爲ニ關スルコトヲ要スト爲セシヲ以テ債權ハ悉ク財產權ナリシト雖モ本法ハ近世法理ニ從ヒ債權ノ目的ハ金錢ニ見積リ得ヘキコトヲ要セサルモノト爲セシカ故ニ（三九九）債權ニシテ財產權ニ非サルモノアルコトヲ知ル可シ

二　身分權　身分權トハ權利者ノ身分上ノ位置ヨリ生スル私權ニシテ之ヲ分チテ人格權及ヒ親族權ノ二トナス

甲　人格權　人格權トハ人ノ固有ノ性格ヨリ生スル私權ニシテ一個人タル直接ノ結果トシテ保有スル所ノ權利タリ生命、身體、名譽、自由、姓名、尊稱等ノ權利ノ如キ是ナリ、人格權ハ民法上特別ノ地位ヲ有セス人格權ノ侵害ハ債權ヲ生ス

乙　親族權　親族權トハ人ノ親族上ノ關係ヨリ生スル私權ニシテ夫ノ妻ニ對スル權利、親ノ子ニ對スル權利、後見人ノ被後見人ニ對スル權利ノ如キ是ナリ

三　專用權　財産權、身分權トノ中間ニ位スル一種ノ私權アリ總稱シテ專用權ト云フ版權、特許權、商標權、意匠權ノ如キ是ナリ（「ローギン」la Règle du droit 三〇八頁以下）是等ハ人固有ノ技能ヨリ生スルモノニシテ又財産上ノ價値ヲ有シ他人ヲシテ同種ノ行爲ヲ爲スヲ得サラシムルノ權利タリ是等ノ權利モ亦物權タルコト勿論ナリ

第三章　權利ニ關スル（泰西ニ於ケル）學說

一　意思主義　意思主義ハヘーゲル、サビニー、ブフター、ウインドシヤイド等ノ唱道セル所ナリ此學說ニ從ヘハ權利ヲ以テ意思ノ力トナス即チ意思ヲ以テ權利ノ骨子トシ其意思カ他ニ向テ及ホスヘキ支配力ヲ以テ其限界トナスナリ

此說ノ誤レル點ハ意思ヲ以テ權利ノ要素ト爲スニアリ意思ヲ權利ノ要素トスレハ意思ナキモノハ權利ヲ享有スルコト能ハス又意思ニ反シテ權利ヲ享有スル能ハス然ルニ人ハ生レナカラニシテ權利ヲ享有スルコトヲ得、心神ヲ喪失スルモ敢テ其權利ヲ失フモノニ非ス又自己ノ欲セサル權利ヲ承繼スルコトヲ妨ケス

二　利益主義　此主義ノ代表者ハイエーリング氏ナリ同氏ハ權利ニ定義ヲ與ヘテ權利トハ法律上保護セラレタル利益ナリト

權利ノ中ニ利益ナル觀念ヲ包含スルハ明白ナリ然レトモ利益自體ヲ

權利ト爲スコトハ正確ナル見解ト稱スルコトヲ得ス此學說ハ結局權利ト權利ノ目的トヲ混同シタルモノト言フヘシ

三　持分主義　持分主義ハ獨逸ノデルンブルヒ氏ノ主張スル學說ナリ同氏ノ言フ所ニ從ヘハ權利ハ或人カ活資ニ付テ有スル法律上ノ持分ナリ其言フ所ヲ聽クニ若シ各人カ隨意ニ活資ヲ得ヘキモノトスレハ生活關係ヲ紊亂シ秩序ヲ維持スルコトヲ得ス故ニ法律ヲ以テ各人ノ持分ヲ一定スルナリ此ノ如ク一定セラレタル持分カ即チ權利ナリト云フニ歸着ス

此說ハ敢テ誤謬ニ非サレトモ持分トハ如何ナルモノナルカヲ定義中ニ示サヽルカ故ニ權利ノ本質ヲ說明スル能ハサルノ缺點アリ

四　自由說　此說ハ權利ヲ以テ各人ノ自由ノ範圍ト爲ス或學者カ權利ハ法律ヲ以テ許容サレタル行爲ノ範圍ナリト言ヘルハ此說ニ從ヘルモノナリ

此說ハ法律ノ許容ヲ以テ權利ノ骨子トナシ保護ナル觀念ヲ其中ニ包

含セシメス單純ニ法律カ許容セルコトニ由テハ權利生セス法律カ強制力ヲ以テ享有者ニ保護ヲ與フルコトナカリセハ權利ヲ認ムルコトヲ得ス此點ニ於テ此說ハ缺點アルモノト言ハサルヘカラス

五　強制說　此說ハ權利ヲ以テ強制ノ可能トナセリ強制ノ可能トハ權利享有者カ自ラ他人ニ強制ヲ加フルコトヲ得ルヲ謂フ然レトモ強制ハ國家權力ノ作用ニシテ一人カ他人ヲ強制スルコトハ權利ノ觀念ト相容レス人ハ他人ノ行爲ヲ要求シ得ヘケレトモ之ヲ強制スルハ國權ノ發動ニ依ラサル可ラス

第二編　私權ノ主體

第一章　人

民法總論 平沼學士

第一

權利能力ヲ有スル人類ヲ人（自然人）ト云フ人類ハ自然ニ發生スルモノナリ人類ハ法律ニ由テ生スルモノニ非ス然レトモ人ハ法律ニ由リテ生ス人類ハ人類タルノ一事ニ由テ權利能力ヲ有スト言フハ誤レリ人類カ權利能力者即チ人トナルハ法律カ之ニ權利享有ノ適格ヲ與フルカ故ナリ現今ノ法制ニ於テハ人類ハ總テ私法上ノ權利能力ヲ有ス私權ヲ享有シ得ヘカラサル人類アルコトナシ古代ハ奴隷ナルモノアリテ全ク人格ヲ有スルコトナク自然ノ人類ナルモ法律上ノ人ニ非サリシカ現今ハ絶對ニ之ヲ認メス

民法原論

第二

權利ノ主體タルコトヲ得ル者ハ法律上人格ヲ有スル者即チ自然人及ヒ

法人ノ二トス何レモ法律ニ依テ人格ヲ有スル者ナルカ故ニ法律上人ト稱スヘキ者ナルコトハ一ナリト雖モ本法ハ便宜上世俗普通ノ慣例ニ從ヒ人ナル語ヲ狹義ニ用ヒタリ即チ本法ニ所謂人トハ法人ニ對シ專ラ自然人ノミヲ指スモノト解スヘシ

第三

自然人(Natürliche Person)トハ權利能力ヲ有スル人類ヲ謂フ人類ニ非サレハ自然人タルコトヲ得サルナリ然ラハ人類ハ何時ニ於テ自然人トナルヤ是レ人類ノ權利能力ノ發生時期ヲ定ムルニ因テ決セラル可キモノナリ本法第一條カ「私權ノ享有ハ出生ニ始マル」ト定メタルハ此問題ヲ決シタルナリ蓋シ私權ノ享有トハ私權能力ヲ意味スルヲ以テ結局「人類ノ權利能力ハ出生ニ始マル」ト云フニ歸ス隨テ人類ハ出生ト共ニ自然人ト爲ルモノナリ

如何ナルモノカ人類ナルカハ法律ノ定ムル所ニアラス普通一般ノ觀念ニ依テ定マル即チ人類ハ獨立ノ生存ヲ有シ一定ノ形體ヲ有スル動物ナ

リ其動物ノ發生シタル本源ハ不明ナルモ今日ニ於テハ亦人類ヨリ出生スルモノナルコト勿論ナルカ故ニ人類ハ出生ニ因テ生シ從テ又人類ハ總テ自然人ナリト云フヘシ故ニ我民法上奴隷ヲ認メス權利能力ナキ人類ヲ認メサルナリ

第四

法律上人ト云フニ廣狹二義アリ廣義ニ於テハ自然人及ヒ法人共ニ之ヲ包含シ狹義ニ於テハ自然人ノミヲ指ス民法ニ人トハ狹義ノ人ヲ云フモノニシテ自然人即チ自然ノ人類ヲ指ス

第五

人トハ如何其法律上ノ意義ハ權利ノ主格タル自然人ナリト云フヲ以テ足ル蓋シ權利ノ主格トハ權利ヲ享有スル本主ヲ指スモノニシテ法律カ認メテ權利ノ主格トナスモノハ自然人以外ニ法律ノ擬制ニ依テ權利ノ主格タル無形人即チ所謂法人ナルモノアリト雖モ普通ニ人ト云フトキハ其自然人タルコト別ニ疑ヲ容レサル所ナレハ學說及ヒ立法例ニ於テ

特ニ自然人ナル用語ニ依リ之ヲ法人ニ對稱スルハ單ニ二者ノ區別ヲ明カナラシメントスルニ過キサルヘシ而シテ法律ハ既ニ人ヲ以テ權利ノ主格ト認メタル以上ハ人ニシテ權利ノ主格タルコトヲ得ス却テ權利ノ目的タル奴隷ノ如キハ決シテ之ヲ認メサルモノニシテ苟モ人タル以上ハ法律上當然權利ヲ享有スル能力ヲ有スルモノトス故ニ人ト權利能力トハ法律上ノ意義ニ於テ互ニ表裏ヲ爲シ法律上人ト云フトキハ必ス其裏面ニ於テ權利能力ノ存スルコトヲ意味シ又權利能力ト云フトキハ必ス其裏面ニ於テ之ヲ享有スル人ノ存スルコトヲ了解セシム是レ即チ人トハ權利ノ主格タル自然人ナリト云フ所以ニシテ權利ノ主格ニ非サル人ハ我法律ノ下ニ存セサルヲ知ルヘシ

第一節　私權ノ享有

第一條　享有――出生

甲　享有

第一

權利ノ享有ハ之ヲ權利ノ實行ト混同スヘカラス權利ノ目的タル活資ノ上ニ支配力ヲ及ホスコトヲ得ヘキコト及ヒ其支配力ニ對スル妨害ヲ排除シ得ヘキコトカ權利享有ノ實質ニシテ享有者ト實行者ハ別人ナリ結局權利ノ享有者ハ權利ノ名義人ナリ

權利ノ主體ト爲リ得ヘキ適格ハ法律ニ依テ定マル法律上權利ノ主體ト爲リ得ヘキ適格ヲ權利能力ト稱シ現ニ權利ヲ享有スルノ意ニ非ス本法ニ於テハ權利能力ヲ權利ノ享有ト云フ

民法理由

第二

法律上ニ於ケル人ノ適格ヲ能力(Capacity, fähigkeit)ト云フ能力ニ二種アリ一ハ權利ヲ享有スルノ適格ナリ(權利能力 Rechts. fähigkeit)他ハ權利ヲ行使スルノ適格ナリ(行爲能力 Handlungs. fähigkeit)本法ニ於テハ能力トハ單ニ行爲能力ノミヲ指スモノトシ權利能力ハ之ヲ私權ノ享有ト稱ス

民法要義

第三

權利ノ享有トハ其行使ニ對シテ言フ語ナリ享有トハ權利ノ主體ト爲ル

ヲ謂ヒ行使トハ自ラ權利ノ作用ニ要スル行爲ヲ爲スヲ謂フ故ニ獨逸學者ハ甲ヲ權利能力(Rechtsfähigkeit)ト云ヒ乙ヲ行爲能力(Geschäfts-oder handlungsfähigkeit)ト云ヘリ

乙　出生

第一　權利能力ノ始期ハ人類タルコトノ始期ト同一ナリ人類ノ始期ハ出生ナリ故ニ權利能力ノ始期ハ出生ニアリ出生トハ生活ヲ有スル兒カ母體ヲ離レタルヲ言フ出生ノ要件左ノ如シ

一　母體ト分離スルコトヲ要ス　兒カ母體中ニ在ル間又ハ未タ全ク母體ト分離セサル間ハ出生ヲ完了セス未タ出生ヲ完了セサルモノ即チ母體ト獨立セサルモノハ之ヲ胎兒ト稱ス胎兒ハ母體ノ一部ニシテ人類ニアラス從テ法律上人トシテ權利能力ヲ享有スルコトヲ得ス

二　母體ト分離シテ獨立ノ生活ヲ有スルコトヲ要ス　母體ニ於テ死亡シ又ハ之ト分離セントスル手續中ニ死亡スルトキハ假令母體ト分離

スルモ出生シタルモノト云フヲ得ス

第二　出生トハ出生ノ完成スルコト即チ母體ヲ離ルヽコト瞬息間タリトモ生命ヲ保持スルコトヲ以テ足レリトスル一説ニ生命ヲ保ツニ適セサル早産ハ出生ニ非ストスル者アリ又向後生活ニ堪フヘキ機能ヲ具フルコトヲ必要トスル立法例モ之ナキニ非スト雖モ此ノ如キ事實ヲ證明スルハ往々困難ナルコトニシテ紛議ノ基タルヲ免レス是レ本法カ活キテ生レタル一事ヲ以テ足レリトセル所以ナリ

民法總論
川名學士

第三　人類ハ出生ニ依テ生ス而シテ又其時ニ於テ權利能力ヲ有スルカ故ニ出生ノ意義ヲ明ニスルコトヲ要ス出生トハ人體ヲ具フル者カ生キナカラ母體ヨリ分離スルコトヲ云フ故ニ

一　流産ハ出生ニ非スト雖モ著シキ不具者ノ分娩ハ亦出生タルヲ妨ケス普漏西民法ハ他ノ意義ニ於テ鬼形兒(Monstrus)ノ分娩ハ出生ニ非ス

トナス然レモト近世醫學ノ進步ハ鬼形兒ノ存在ヲ認メス故ニ其條件ヲ以テ出生ノ要件ト爲スノ必要ナシ

二　出生ハ母體ヨリ分離スルニ因テ完成ス即チ獨立ノ生存ヲ爲スニ至リタルコトヲ必要トス故ニ胎兒(Natus)ハ母體ノ一部ニシテ人類ニ非サルヲ以テ自然人タルコトヲ得サルナリ羅馬法佛國民法ハ生存能力(Lebens. fähigkeit)ヲ有スルコトヲ出生ノ條件ト爲ス生存能力トハ生存ヲ持續スルコトヲ得ルコトヲ意味ス之ヲ有セサル原因ハ或ハ身體ノ構造ニ缺點アル爲カ或ハ母ノ胎內ニ存在スヘキ一定ノ期間ニ先チテ母體ヲ分離シタルニ基ク羅馬法ハ懷胎後六个月ヲ經スシテ出生シタルモノハ之ヲ(Alortus)ト稱シ出生セサルト同一ニ看做セリ佛國民法ハ出產ノ後、生存シ能ハサル體格ヲ有スル者ハ自然人ニ非ストナセリ本法ハ此條件ヲ必要トナサス

生命ヲ有シテ母體ヨリ分離スルニ非サレハ出生ニ非ス故ニ母ノ胎內ニ於テ又ハ出產ニ際シテ死亡シタルモノハ出生シタルモノニ非サル

ヲ以テ權利能力ヲ有スルコト能ハス然レトモ母體ヲ分離シタル後直チニ死亡スルモ出生タルコトヲ妨ケサルナリ古昔羅馬法ハ泣叫、瞬瞼ヲ出生ノ要件トナシタリト雖モ是レ唯出生後直チニ死亡シタル小兒カ生命ヲ有シテ母體ヲ分離シタル證據トナルニ過キス故ニ此條件ハ出生ノ要件ニ非サルナリ

第四

出生ニハ二條件ヲ要ス

一 出生ノ完成スルコト　出生ハ胎兒カ天然又ハ人工ノ方法ニ依リ母體ヨリ分離シ獨立ニ存在スルヲ以テ完成ス二人以上ノ兒カ同時ニ出生シタルトキハ何レヲ以テ初生者ト爲ス可キカハ普通ノ規則ニ從フ

二 胎兒カ生命ヲ保有シテ出生スルコト　生キテ生レタル者ニ非サレハ私權ヲ享有セス然レトモ生キテ生レタル以上ハ直ニ死亡スルモ尚ホ一旦ハ權利能力ヲ得タルモノトス

第五

出生トハ自然ニ分娩スルト治術ニ依テ分娩スルトヲ問ハス胎兒カ母體ト分離シテ獨立ノ存在ヲ保ツコトヲ云フモノニシテ未タ母體ト分離セナル胎兒ハ母體ノ一部ヲ成スニ過キサレハ獨立シテ權利ノ主格タルコトヲ得サルハ固ヨリ當然トス出生ナル用語ハ胎兒カ死シテ生マレタル場合ニモ通用セラルヘシト雖モ死シテ生シタル兒ハ固ヨリ權利ノ主格タルコトヲ得サルモノナレハ活キテ生レタル兒ニ限リ權利能力ヲ享有シ得ルコト別ニ辯明ヲ要セス只死生ト活生ノ事實ノ差違ニ因リ利害ノ關係ヲ有スル者ハ各適當ノ方法ニ依テ右ノ事實ヲ證明スヘキノミ其他墮胎、流產等ニ因リ未タ成熟ニ至ラスシテ出生シタル胎兒ハ權利ノ主格タルコトヲ得スト雖モ二三ノ立法例ノ如ク生存スル能力ヲ備ヘサルヘカラサルコトヲ以テ法律上ノ要件ト爲ストキハ活キテ生マレタル兒ト雖モ直チニ死亡スルトキハ生存スル能力ヲ備ヘシモノナルヤ否ヤニ付キ爭ヲ生セシムルニ過キサレハ法律上ニ於テハ單ニ母體ト分離シテ獨立ノ生存ヲ保ツコトヲ得ハ之ヲ以テ權利ノ主格タルコトヲ得トシ通常ノ產期ニ弁テテ出生スルモ亦體質極メテ羸弱ナルモ苟モ母體ト分離シテ生存スルマテニ成熟セルトキハ權利能力ヲ享有スルコトヲ得セシムルヲ以テ至當トス

第二條　外國人

第一　內外人ノ區別ハ人種ノ區別ニ非ス言語ノ異同ニ因ル區別ニ非ス國家主權トノ關係ニ依テ生スル區別ナリ　民法總論 平沼學士

第二　外國人トハ日本ノ國籍ヲ有セサル自然人ヲ謂フ必シモ或外國ノ國籍ヲ有スルモノタルコトヲ要セス（國籍法七）又外國ノ國籍ト共ニ日本ノ國籍ヲ有スルモノヲ包含セサルナリ（法例二七）　民法原論

第三　外國人トハ內國人ニ非サルモノヲ謂フ內國人トハ內國ニ國籍ヲ有スルモノヲ謂フ故ニ外國人ハ內國ニ國籍ヲ有セサル者ナリ無國籍人タルト　民法總論 川名學士

又ハ外國ニ國籍ヲ有スル者タルトヲ問ハス

第四 外國人トハ日本ノ國民分限ヲ有セサル者即チ日本ノ臣民籍ニ列セサル者ト解スヘキモノニシテ日本人ト外國人トノ區別ハ國民分限ノ有無ニ依テ之ヲ決スヘク人種ノ如何ニ依テ定ムルコトヲ得サルモノトス而シテ日本ノ國民分限ヲ有セサル者トハ即チ日本人ノ子ニ非スシテ未タ法律ノ認許ニ依リ我國臣民籍ニ入ラサル者ヲ云フ

第二節 能力

第一款 能力ノ意義

第一 行爲能力ヲ廣義ニ解スルトキハ法律上ノ效力ヲ生スヘキ行爲ヲ爲シ得ヘキ適格ヲ謂フ一切ノ人ハ法律關係ノ當事者タルコトヲ得ヘシ然レトモ人ノ爲シタル行爲カ法律上ノ效力ヲ生スルノ原因ト爲ル爲ニハ其人ニ一定ノ適格アルコトヲ要ス此適格カ即チ行爲能力ナリ

行爲能力ヲ狹義ニ解スレハ有效ニ法律行爲ヲ爲シ得ルノ適格ナリ換言スレハ法律行爲ニ因テ法律上ノ效果ヲ發生シ得ル所ノ適格ナリ行爲能力存否ノ問題ハ一切ノ行爲ニ付キ同一ニ答フルコトヲ得ス人ハ或行爲ニ付テ能力ヲ有スレトモ他ノ行爲ニ付テ能力ヲ有セサル場合アリ法律上ノ效果ヲ生スヘキ行爲中ニ法律行爲ト法律行爲以外ノ行爲トアリ行爲能力ヲ狹義ニ解スレハ法律行爲ニ因リ法律的效果ヲ生シ得ヘキ適格(法律行爲ノ當事者タル適格)ニシテ他ノ行爲ニ付テ存スル能力ヲ包含セス本法ニ於テ能力ト稱スルハ狹義ニ用ヒラレタル行爲能力ヲ意味ス

能力ノ有無ニ依リテ人ヲ能力者及ヒ無能力者ニ分別ス所謂能力者ハ完全ナル行爲能力ヲ有スル者ヲ云ヒ所謂無能力者ハ絕對無能力者及ヒ限定能力者ヲ總稱ス人ハ能力ヲ有スルヲ以テ原則トシ之ヲ有セサルコトハ例外ナリ

法律行爲無能力ハ之ヲ分別シテ絕對無能力及ヒ限定能力ト爲スコトヲ得、絕對無能力ハ意思能力ヲ缺如スルニ因ル限定能力ノ原因ハ絕對無能

力ノ如ク意思能力ノ缺如ニ存セス意思能力ヲ有シタル者ノ中ニ付テ法律カ特ニ其能力ヲ制限スル場合ナリ
本法ハ絶對無能力ニ付テ規定ヲ設ケス其規定シタル所ハ限定能力ノミナリ故ニ本法ニ於テ無能力者ト稱スルハ限定能力者ナリト云フヲ得ヘシ

第二

行爲能力トハ自ラ法律上ノ效果ヲ生スヘキ行爲ヲ爲ス能力ヲ謂フ其一種ナル不法行爲能力ニ關スルコトハ債權法ニ屬ス此ニハ專ラ法律行爲能力ニ付キ説明セントス
本法ニ於テ單ニ能力トハ即チ法律行爲能力ヲ謂フモノナリ
法律行爲能力ハ權利能力ニ同ク何人ト雖モ完全ニ之ヲ有スルヲ原則トシ自ラ一切又ハ或種ノ法律行爲ヲ爲スコトヲ得サル者ハ特ニ之ヲ指定セリ所謂無能力者ト稱スル者即チ是ナリ無能力者トハ單ニ其文字ヨリ觀察スルトキハ全然能力ヲ有セサル者ノ如クニ解セラルヘキモ其實一

切ノ法律行爲ヲ爲スコトヲ得サルニ非ス唯禁治産者ハ例外トシ或人ノ同意又ハ許可ヲ經ルニ非サレハ一般又ハ特定ノ法律行爲ヲ爲スコトヲ得サルノミ尙ホ此原則ト雖モ無制限ナルニ非スシテ無能力者ノ首位ニ在ル未成年者及ヒ禁治産者ノ如キモ或法律行爲ハ有效ニ之ヲ專行スルコトヲ得ヘシ（四乃至六、七五六、七七四、八二八、八四七、一〇六一、一〇六二）又其同意若クハ許可ナクシテ爲シタル行爲ト雖モ當然無效ナルニハ非スシテ通常無能力者タル一方ヨリ之ヲ取消スコトヲ得ルニ過キス（四、二項、九、一二、三項、一四、二項、一二〇）無能力者ハ必シモ意思ヲ有セサルカ爲ニ無能力ナルニ非ス換言セハ本法ニ所謂能力ハ之ヲ意思能力ト混同スヘカラス蓋シ意思ハ法律行爲ノ要素ナルヲ以テ意思能力ヲ缺キタル者ノ行爲ハ全ク行爲ト稱スヘキモノニ非ス故ニ其未成年者又ハ禁治産者ニ出ツルト否トヲ問ハス當然無效ナルコト論ヲ俟タス是レ其行爲ノ當時ニ於ケル各當事者ノ心狀如何ニ依テ決定スヘキ事實問題ニシテ未成年者又ハ禁治産者ナルコトニ關係ナキモノトス故ニ無能力者ニ關スル規定ハ意思能力ノ有無ニ關セス其適用ヲ生スルモノト解スヘシ要スルニ我民法上ノ無能力者ハ獨逸民法ニ所謂無能力者(意思能力ナキ者)ト同一ニ非スシテ該法典ニ所謂限定能力者ヲ謂フモノトス

無能力者ニ二種アリ一般無能力者及ヒ特別無能力者即チ是ナリ特別無能力者トハ特種ノ行爲ヲ爲ス能力ナキ者ヲ謂フ通常或一定ノ人トノ間ニノミ其行爲ヲ爲スコトヲ得サルモノトス(七九二、九三〇、九三一、九三九等)一般無能力者トハ諸般ノ法律行爲ヲ爲ス能力ナキ者ヲ謂フ未成年者、禁治産者、準禁治産者及ヒ妻是ナリ

第三 行爲トハ表示セン意思ヲ以テ一定ノ意思ノ表示セラレタルモノナリ其外界ニ發表セラレタル具體的ノ意思ヲ行爲ト云フ行爲ヲ成立セシメ得ヘキ能力ヲ行爲能力ト云フ故ニ行爲能力ハ意思能力ノ存在ヲ前提トシ且ツ意思ヲ發表スルニ適スル身體ノ動靜ヲ爲シ得ルコトヲ要ス故ニ意思能力ナキ者ハ亦行爲能力ヲ有セスト雖モ意意能力ト行爲能力トハ別個ノ觀念ニ屬ス又意思能力、行爲能力、權利能力ノ三者ハ異ナルヘシ甲ハ

意思ヲ決定スル能力ニシテ乙ハ行爲ヲ成立セシムルノ能力丙ハ權利義務ヲ附著セシメ得ルノ能力ナリ故ニ意思能力、行爲能力ナシト雖モ權利能力ノ存在スルコトヲ妨ケス即チ幼者、法人ノ如キ是ナリ權利能力ナシト雖モ行爲能力意思能力ハ之ヲ有シ得ヘシ羅馬法ニ於ケル奴隷ノ如シ唯現今ニ奴隷ナキカ故ニ權利能力ヲ有セスシテ行爲能力ヲ有スル者ナキノミ其觀念ハ異ナルナリ

行爲能力ヲ分チテ二トス事實上ノ行爲能力及ヒ法律上ノ行爲能力是ナリ甲ハ事實上ニ於ケル行爲能力ナリ事實上一定ノ意思ヲ決定シ且ツ之ヲ發表スルノ能力ナリ乙ハ法律カ認メタル行爲能力ナリ法律カ意思ヲ決定シ之ヲ發表スルノ能力アリト認メタルモノナリ事實上ノ行爲能力ヲ有セサル者ニハ法律上ノ行爲能力ヲ認メスト雖モ事實上ノ行爲能力アル者ハ悉ク法律上ノ行爲能力ヲ有スル者トナスコト能ハス從テ事實上ノ行爲能力ナキ者ハ又法律上ノ行爲能力ヲ有セスト雖モ之ヲ有スルモノニシテ尚ホ法律上ノ行爲能力ナキモノアリ禁治產者未成年者及ヒ

妻準禁治產者ノ如キ即チ是ナリ

法律カ認メテ行爲能力アリト爲スハ唯法律上ノ效果ヲ生スヘキ行爲ニ付キテ稱ス事實上ノ效果ヲ生スヘキ行爲ハ法律ノ眼中ニ入ラサルモノナリ故ニ法律上ノ行爲能力ハ法律上ノ效果ヲ生スヘキ行爲ヲ有效ニ成立セシムルノ能力ナリ此能力ヲ區別シテ二種トス一ハ不法行爲ノ能力ニシテ他ハ適法行爲ノ能力ナリ

不法行爲ノ能力ハ之ヲ責任能力ト稱ス我民法ニ於テハ意思能力ヲ以テ責任能力ノ基礎トナス行爲ノ責任ヲ辨識スルノ智能ヲ有セサル者ハ不法行爲ヲ成立スルコトヲ得ス(七一二)

適法行爲ノ能力トハ法律上ノ效果ヲ有シ且ツ法律ノ禁止セサル行爲ヲ有效ニ爲スノ能力ヲ云フ一ニ之ヲ法律行爲ノ能力ト云フ本法ハ法律行爲ノ能力ト法律行爲ノ相手方タル能力トヲ區別セリ後者ハ法律行爲ノ相手方トシテ有效ニ法律行爲ヲ爲サシムルノ能力ナリ未成年者、禁治產者ハ法律行爲ノ能力ヲ有セサルト同時ニ又法律行爲ノ相手方タル能力ヲ有セス妻、準禁治產者ハ法律行爲ノ能力ヲ有セサルモ法律行爲ノ相手方タル能力ヲ有ス（八九）行爲能力ヲ缺乏スル者ハ之ヲ行爲無能力者ト稱ス其缺乏ノ程度ニ二種アリ一ハ絕對ニ行爲能力ヲ有セサル者ニシテ他ハ制限的ニ行爲能力ヲ有スル者ナリ

絕對的ニ行爲能力ヲ有セサル者ハ獨逸民法之ヲ無能力者ト稱シ制限的ニ行爲能力ヲ有スル者ハ之ヲ限定能力者ト稱ス前者ハ七歲未滿ノ未成年者、精神作用ノ病的故障ニ因テ自由ニ意思ヲ決定スルコトヲ得サル繼續的ノ狀態ニアル者及ヒ精神的ノ爲ニ禁治產ノ宣告ヲ受ケタル者ニシテ其行爲ハ無效ナリ法律上絕對ニ行爲ヲ成立セシムルコトヲ得サルモノナリ又後者ハ一定ノ條件ニ依テ法律行爲ヲ有效ニ成立セシムルコトヲ得ル者ニシテ七歲以上ノ未成年者、心神耗弱者、浪費者、好酒ノ爲ニ禁治產ノ宣告ヲ受ケタル者及ヒ假後見ニ附セラレタル者之ニ屬ス一定ノ條件ノ下ニ於テ有效ニ法律行爲ヲ爲スコトヲ得ル者ナリ

本法ニ於ケル無能力者トハ行爲能力ヲ缺乏スル者ナリト雖モ獨逸民法

ノ無能力者トハ其意義ヲ異ニシ獨逸民法ノ限定能力者ニ相當シ（一九、三乃至一八）未成年者、禁治産者、妻及ヒ準禁治産者ノ四者ヲ包含ス然ラサル者ハ皆能力者ナリ

民法理由

第四

能力ニ二種アリ一ハ權利ヲ享有スル適格ニシテ之ヲ權利能力ト云ヒ他ハ權利ヲ行使スルノ適格ニシテ之ヲ行爲能力ト云フ本法ニ於テ能力トハ單ニ行爲能力ノミヲ指ス

無能力者ハ之ヲ分テ二種ト爲スコトヲ得一ハ一般又ハ一種ノ行爲ニ就キ悉ク能力ナキ者即チ一般無能力ニシテ一ハ特定ノ行爲ニ就キ能力ナキ者即チ特別無能力ナリ而シテ一般無能力者ハ未成年者、禁治産者、準禁治産者、妻是ナリ

民法要義

第五

獨逸法ニ於テハ能力ヲ分テ權利能力、行爲能力ノ二トセリ然レトモ我邦ニ於テハ佛法ノ語例ニ倣ヒ行爲能力ノミヲ能力ト稱スルコト從來ノ慣

例ト爲レルカ如シ本法ニ能力ト云フハ即チ此意義ヲ以テシタルナリ
行爲能力モ權利能力ニ均シク各人皆之ヲ具有スルヲ原則トシ事實上權利ヲ行使スルコトヲ得サル者及ヒ法律ヲ以テ特ニ無能力者トシタル者ノミ之ヲ具有セサルナリ

獨逸學者ハ行爲能力ヲ具有セサル者ヲ分テ無能力者、限定能力者(Geschäftsunfähig ;in der Geschäftsfähigkeit Reschränkt)ノ二種ト爲スト雖モ其所謂無能力者ハ本法ニ於テハ意思無能力者ノミニシテ是レ法能行爲ノ要素タル意思ヲ缺クヲ以テ法律行爲成立セサルモノトシ敢テ之ヲ無能力者ト云ハス本法ニ於テハ獨逸學者ノ所謂限定能力者ノミニ付キ規定ヲ說ケタリ

一般ノ無能力者ノ外ニ特別ノ無能力者アリ例ヘハ後見人ト舊未成年者トノ間ニ於テ後見計算ノ結了マテ契約ヲ爲スコトヲ得ス破産者ハ破産債權者ニ對抗スルコトヲ得ヘキ行爲ヲ爲スコトヲ得サルカ如キ是ナリ(商九八五)

民法正解 第六 行爲能力トハ法律上ノ效果即チ權利義務ノ發生消滅又ハ變更ヲ生セシムル行爲ヲ爲ス能力ヲ云フ本法ニ於テハ單ニ能力ト題スルニ止マルヲ以テ或ハ如何ナル能力ナルカヲ疑ハシムト雖モ權利能力ハ既ニ私權ノ享有ト題セル節ニ於テ之ヲ規定シ意思能力ハ又行爲能力ノ要素トシテ當然其中ニ包含セラルヽモノナレハ所謂能力トハ即チ行爲能力ヲ指スモノトス

第二款 各條

第三條 成年

民法總論平沼學士 第一 成年未成年ノ區別ニ付キ皇室典範第十三條ハ例外ナリ

民法原理 第二 民法上ノ成年ナルモノハ法律行爲ヲ爲スニ必要ナル年齡ヲ謂ヒ彼ノ公法上ノ成年トハ多少其意味ヲ異ニスルモノナリ我皇室典範第十三條ニ

「天皇及ヒ皇太子、皇太孫ハ滿十八年ヲ以テ成年トス」トアリ而シテ同十四條ニ「前條ノ外ノ皇族ハ滿二十年ヲ以テ成年トス」トアルカ如キハ多少疑アリト雖モ余ハ之ヲ以テ公法上ノ成年ナリト解スル者ナリ但シ皇室典範ノ附屬令ヲ以テ民法上ニ於テモ同一ノ成年ヲ採用スルコトアルヘシ

第三 民法總論 川名學士

二十年未滿ノ者ハ如何ナル場合ニ於テモ皆未成年者ナリ皇室典範ハ天皇、皇太子、皇太孫ハ滿十八年ヲ以テ成年トセラルレトモ是レ唯、皇室典範上ニ於ケル成年者タルノ意ニ過キスシテ民法上ノ成年者ノ意味ニ非ス

第四條 同意

第一 民法總論 平沼學士

同意トハ贊成ノ意ニ外ナラス贊成ハ贊成者カ被贊成者ニ對シテ爲ス所ノ意思表示ナリ故ニ法定代理人ノ同意ハ法定代理人カ未成年者ニ對シテ爲ス所ノ意思表示ナリ同意ハ之ヲ立會ト混スヘカラス立會トハ法律行爲ヲ爲ス場所ニ在リテ實見スルコトヲ要件トス同意ハ其場所ニ在ル

コトヲ必要トセス法律行爲ノ相手方カ全ク之ヲ知ラサルモ完全ナル同意ヲ存スルコトヲ得

第二

同意ハ行爲ノ當時又ハ豫メ之ヲ爲シタルモノナラサルヘカラス隨テ事後ノ承諾ハ其效ナシ

第三

同意トハ未成年者カ法律行爲ヲ爲ス以前ニ於テ之ニ贊同スル一方的ノ意思表示ナリ同意ニハ何等ノ方式ヲ必要ト爲サス故ニ暗默ニ同意ヲ爲スコトヲ得ヘシ然レトモ親權者タル母又ハ後見人カ一定ノ法律行爲ニ付キ同意ヲ與フルニハ親族會ノ同意ヲ其要件トナス（八八六、九二九）此要件ヲ缺クトキハ其同意ハ無效ト爲ルヘシ同意ノ意思表示ハ未成年者ニ對スル意思表示ナリ故ニ未成年者ノ相手方ニ對スル同意ハ無效トス凡ソ未成年者ニ對スル意思表示ハ無效ナルコトヲ原則トナセトモ（九八）同意ノ意思表示ハ民法第四條ニ依テ其例外ヲ爲スモノナリ

第四

同意ハ如何ナル形式ヲ以テ與フルモ可ナリ又必シモ明示タルヲ要セス不同意ヲ唱ヘサルヲ以テ足ル

第六條 營業——事跡——取消——制限

甲 營業

民法總論平沼學士

第一

營業トハ一私人カ利得ノ淵源トスルノ意思ト繼續ノ意思トヲ以テ爲ス所ノ行爲ノ全體ヲ云フ即チ營業ハ一私人ノ行動ナリ故ニ公ノ資格ニ於テ爲ス職務行爲ヲ包含セス利得ノ淵源ト爲スノ意思ヲ以テ爲スコトヲ要スルカ故ニ他ノ意思ヲ以テ爲ス行爲ヲ包含セス繼續ノ意思ヲ以テ爲スヲ必要トスルカ故ニ各個ノ行爲ヲ爲シテ其間ニ聯絡ヲ有セサルモノハ營業ニアラス

民法理由

第二

營業トハ商業、工業其他ノ職業ヲ汎稱ス然レトモ必ス營業卽チ常業ト爲

スヲ許サレタルモノナル可シ商業等ニ關スル一取引ヲ許サレタルハ此限ニ非ス

乙　事跡

具體的ニ表ハレタル事實ヲ必要トスルノ法意ナリ即チ法定代理人カ事實ヲ根據トセサル意見ニ依リ取消又ハ制限スルコトヲ得サルヲ意味ス

民法總論　平沼學士

丙　取消

第一

取消トハ將來ニ向ヒ一旦賦與シタル營業ノ能力ヲ失ハシムルコトヲ云フ第百二十一條ニ定メタル取消ハ既往ニ遡リテ效力ヲ生スルモノナリ然レトモ玆ニ所謂取消ハ之ト意味ヲ異ニシ將來ニ向テ效力ヲ有スルモノト解スルヲ要ス

民法總論　平沼學士

第二

許可ノ取消ハ將來ニ向テ成年者タルノ能力ヲ剝奪スル意思表示ナリ

民法總論　川名學士

丁　制限

民法總論 平沼學士

第一 制限トハ將來ニ向テ營業ニ付テ與ヘタル能力ノ一部ヲ失ハシムルヲ云フ

民法總論 川名學士

第二 許可ノ制限ハ將來ニ向テ能力ヲ縮少セシムルノ意思表示ナリ故ニ其能力ヲ剝奪又ハ縮少セス而モ其能力ニ屬スヘキ個々ノ法律行爲ヲ爲スコトヲ禁スルヲ得ス

民法理由

第三 制限ハ一種類、一事業ヲ制限スルモノニシテ特定ノ某々ノ行爲ノミヲ制限スルハ第三者ヲ害スヘキヲ以テ之ヲ許サス

第七條 常況

民法總論 平沼學士

第一 心神喪失ノ常況ニ在ルトハ持續シテ辨識力缺損ノ狀態ニ在ルヲ云フ然レトモ間斷ナキモノト限ラス一時意思能力ヲ回復スルコトアルモ妨ナ

シ

第二　民法原論

心神喪失ノ常況ニ在ルトハ精神障礙ニ因テ平常行爲ノ辨識力ヲ缺クコトヲ謂フ

第三　民法總論　川名學士

心神喪失ノ常況トハ全ク意思能力ヲ有セサル常況ヲ謂フ常況トハ間斷ナキノ意ニ非ス原則トシテ其狀態ニ在ルコトヲ意味ス其常況ノ生シタル原因如何ハ之ヲ問ハス其常況カ全治スヘキモノタルト否トヲ問ハス又其常況ニ在ルト否トハ法律上ノ問題ニ非スシテ事實ノ問題ナリ

第四　民法理由

常況トハ即チ常時辨別力ヲ行用スルコト能ハサルコトヲ云フ其時々本心ニ復スルヤ否ヤハ之ヲ問ハス蓋シ全ク本心ニ復スルコトナキ者ハ意思能力ヲ缺クヲ以テ其行爲ハ當然無效ニシテ敢テ治產ヲ禁スルノ要ナク唯、本心ニ復スルコトアル場合ニ於テ豫メ禁治產ノ宣告ヲ爲シ以テ行

爲カ喪神中ニ爲サレタルヤ否ヤノ爭論ヲ未發ニ防クノ要アルヲ以テナリ

第五 心神喪失ノ常況ニ在ル者即チ精神常ニ錯亂シテ一切本心ニ復スルコトナキ者及ヒ時々本心ニ復スルコトアリト雖モ精神動モスレハ錯亂シ其平態ニ在ルコトハ寧ロ例外タル狀況ナル者ヲ云フ

第六 心神喪失ノ常況ニ在ル者トハ決シテ始終喪心セル者ニ限ラサルナリ常況ナル用語ハ或ハ始終同一ノ狀況ヲ存スルコトヲ意味スル嫌ナキ能ハサルニ因リ舊民法人事編第二百二十二條ニ於テハ故ラニ時々本心ニ復スルコトアルモ治產ヲ禁シ得ヘキ趣旨ヲ明言セリ然ルニ本法ハ此字句ヲ删除シタルニ因リ論者或ハ本法ニ於テハ心神喪失ノ常況ニ在ル者トハ始終喪失セル者ヲ指スノ意ナリトシ而モ本法カ喪心者本人ニ禁治產宣告ノ請求ヲ爲スコトヲ許スハ即チ喪心者ヲシテ裁判上ノ行爲ヲ爲サ

シムルモノナリト論難セリ然レトモ常況ナル用語ハ敢テ始終同一ノ狀況ニ存スルコトヲ意味スルモノニ非サレハ本法ハ單ニ字句ノ重複ヲ避クル爲メ舊民法ノ字句ヲ删除シタルニ止マルノミニシテ恰モ本法カ喪心者本人ニ禁治產宣告ノ請求ヲ爲スコトヲ許シタルハ即チ本人カ時々本心ニ復スルコトアリテ此間ニ自ラ右ノ請求ヲ爲スコトアルヘク又之ヲ爲サシムルノ至當ナルヲ認メタレハナリ

第一一條　保證人

民法總論 平沼學士

第一　保佐人ハ法定代理人ニ非スシテ準禁治產者ノ能力ノ欠缺ヲ補フモノナリ故ニ保佐人ハ準禁治產者ニ代テ法律行爲ヲ爲スコトヲ得ス唯法定ノ行爲ヲ爲スニ付テ其同意ヲ與フルコトヲ得ルノミ

民法原論

第二　保佐人トハ準禁治產者ヲ保佐シ其能力ヲ補充スル者ニシテ準禁治產者ノ法定代理人ニ非サルナリ

民法總論 川名學士

第三

保佐人トハ唯其準禁治產者ノ行爲ニ同意ヲ與フルノ權利ヲ有スルモノナリ後見人ノ如ク代理權ヲ有スルモノニ非ス從テ準禁治者ニ代テ法律行爲ヲ爲スコトヲ得ス又準禁治產者ノ行爲ヲ取消スコトヲ得サルナリ

民法理由

第四

保佐人ハ相談人ノ資格アリ法定代理人ニ非ス準禁治產者ノ智能ノ不足ヲ完ウスルヲ目的トス

第一二條 利用——訴訟行爲——贈與

甲 利用

民法總論 川名學士

利用トハ元本ヲ使用スルコトヲ意味ス元來利用トハ利益ヲ得テ使用スルコトヲ謂フト雖モ此場合ハ然ラス單ニ汎ク使用ヲ意味スルモノナリト信ス

乙 訴訟行爲

民法總論 平沼學士

第一

訴訟行爲ハ法律行爲ナリヤ否ヤニ付キ議論アリ本條ニ於テハ法律行爲ノ一種ト見テ規定シタルモノト思考ス

民法總論 川名學士

第二　訴訟行爲ト法律行爲トハ理論上其性質ニ於テ區別セラルヘシ然ルニ本條ニ依リテ訴訟行爲ハ我民法上亦法律行爲ノ一種ナリト解セサルヲ得ス

民法要義

第三　訴訟行爲ハ法律行爲ノ一種ナリ（民訴四三）

民法總論 川名學士

丙　贈與

贈與ヲ爲スコトトアルカ故ニ單ニ贈與者ト爲ルコトヲ得サルノ謂ナリ然レトモ受贈者タルニモ本條第三號ニ依リ不動產及ヒ重要ナル動產ニ關セサルモノナラサルヘカラス

第一四條　許可

民法總論 平沼學士

第一

許可ハ未成年者、準禁治産者ノ場合ニ於ケル同意ト同一ノ意義ヲ有スレトモ特定又ハ包括的ニ爲スコトヲ得ルノ點ハ未成年者ニ對スル法定代理人ノ同意ト大ニ趣ヲ異ニス

民法總論 川名學士

第二

夫ノ妻ニ對スル許可ハ特定的ニ若クハ包括的ニ之ヲ與フルコトヲ得ヘシ特定的ノ許可ハ即チ妻カ法律行爲ヲ爲スニ當リ一々其各行爲ニ對シテ許可ヲ與フルコトヲ意味シ包括的ノ許可ハ一定ノ標準內ニ屬スル一切ノ法律行爲ヲ許可スル場合ニ生ス此場合ニ於テハ其標準內ニ屬スル無數ノ行爲ニ付キ無數ノ許可ノ存スルモノナリ故ニ此標準內ノ個々ノ行爲ヲ爲スニ際シテハ妻ハ更ニ夫ノ許可ヲ受クルニ及ハサルナリ從テ夫ハ其全體ノ許可ヲ取消サスシテ一定ノ標準內ニ屬スル行爲ノ許可ノミヲ個々的ニ取消スコトヲ得ヘシ(六一)此點ニ於テ未成年者ノ場合トハ大ニ異ナルコトヲ知ラサルヘカラス

民法理由

第三

許可ト同意(四、一)トハ其實質ヲ異ニセス一ハ平等ノ關係ナルヨリ同意ト云ヒ他ハ服從ノ關係アルヨリ許可ト云フニ過キス

第四 本條ニ於テ同意ナル語ヲ用ヒ第六條及ヒ第十三條ニ於テハ許可ナル語ヲ用ヒタルハ別ニ其意義ヲ異ニスルニ非ス只未成年者カ法定代理人ニ對シ又ハ妻カ夫ニ對スル場合ニ於テハ常ニ服從ノ位置ニ立ツニ反シ準禁治產者カ保佐人ニ對スル場合ニ於テハ平等ノ位置ヲ保ツニ因リ此關係ニ相當スル文字ヲ用フル爲メ用語ヲ異ニシタルニ過キサルヘシ

第一五條 營業ノ許可――獨立人

甲 營業ノ許可

第一 夫ノ與フル營業ノ許可ハ妻ノ行爲ニ付テ與フル所ノ包括的ノ許可ナリ即チ營業ノ範圍內ニ於テ爲ス所ノ行爲ハ一々許可ヲ受ケスシテ獨立シテ爲スコトヲ得セシムルモノナリ若シ營業ニ付テモ尙ホ第十四條ニ揭

ケタル制限ニ從フモノトスレハ事ニ臨テ杆格牴齬ヲ生シ實際ノ不便尠シトセス故ニ夫カ妻ノ營業ニ許可ヲ與ヘタルニ拘ハラス尙ホ其範圍ニ入ルヘキ行爲ニ付テ其能力ヲ制限スルハ極メテ不條理ナリト云ハサルヘカラス

第二

夫カ妻ニ獨立人ト同一ノ能力ヲ與フルハ絶對ニ之ヲ爲スコトヲ得ス唯營業ノ許可ヲ與フルニ因テ獨立人ト同一ノ能力ヲ得セシムルニ過キス而シテ營業ノ許可ハ妻ニ獨立人ト同一ノ能力ヲ付與スル行爲ナリ然レトモ唯其營業ヲ爲スニ必要ナル範圍内ニ屬スル法律行爲ニ付キテ獨立人ト同一ノ能力ヲ與ヘタルモノナリ故ニ包括的ノ許可ト營業ノ許可トハ其間ニ差異アリ前者ハ無數ノ許可ニシテ後者ハ能力附與ノ行爲ナリ故ニ前者ノ場合ニハ其全體ノ許可ヲ取消サス而モ其許可シタル個々ノ行爲ノ取消ヲ爲スコトヲ得レトモ後者ノ場合ニ於テハ許可其モノヲ取消シ又ハ制限セサレハ換言スレハ獨立人タル能力ヲ制限シ又ハ消滅セ

シメサレハ其能力ノ範圍內ニ屬スル個々ノ行爲ヲ爲スコトヲ禁スルヲ得サルナリ

乙　獨立人

民法總論 川名學士

第一　獨立人トハ婚姻中ニアラサル女子ト云フノ意ナリ唯夫ハ妻ニ對シテ此能力ヲ與フルコトヲ得ルノミ故ニ妻カ未成年者ナルトキハ夫カ縱令獨立人ト同一ノ能力ヲ與フルモ未成年者タル妻カ其法定代理人ノ同意ナクシテ爲シタル行爲ヲ有效ナラシムルコト能ハス

民法理由

第二　完全ナル能力ノ義ナリ夫ナキ婦ト同一ノ能力ト云フニ非ス

第一六條　取消又ハ制限

民法總論 平沼學士

第一　未成年者ノ法定代理人又ハ準禁治產者ノ保佐人ハ一旦與ヘタル同意ヲ取消又ハ制限スルコトヲ得ス何トナレハ法定代理人又ハ保佐人ハ無能

力者ノ意思ヲ補フモノナリ而シテ一旦同意ニ依テ意思ヲ補ヘル以上ハ同意ヲ與ヘタル行爲ニ付キ未成年者又ハ準禁治產者ニ完全ノ能力ヲ附與ス一旦完全ノ能力ヲ附與シタル以上ハ絕對ニ之ヲ滅スルコトヲ得ス妻ニ對スル夫ノ許可ハ決シテ妻ノ意思ヲ補フモノニアラス夫カ許可ヲ與フルコトハ結局夫權ノ作用ニ外ナラス若シ夫カ一旦與ヘタル許可ヲ取消又ハ製限スルコトヲ得サルモノトスレハ夫ハ一旦ノ意思表示ニ依テ長ク夫權ノ作用ヲ制限セラルヽコトヽナリ夫ニ許否ノ權能ヲ與ヘタル趣旨ト背馳ス許可ノ取消又ハ制限ヲ許シタルノ理由茲ニ存ス

第二

制限トハ如何ナル意味ヲ有スルカ其字義ノミニ拘泥スルトキハ如何ナル制限ヲモ爲スコトヲ得ルカ如シ然レトモ前後ノ規定ヲ對照スルトキハ決シテ斯ノ如キ廣キ意味ヲ有スルモノニ非ス例ヘハ夫ハ或不動產ヲ賣却スルノ許可ヲ與ヘタル後、熟々其概括的ニ與ヘタル許可ノ不可ナルコトヲ覺リ更ニ其許可ヲ制限シテ一萬圓以下ニ賣却スルコトヲ得スト爲シタル如キ又例ヘハ呉服太物ノ卸賣又ヒ小賣ヲ許可シアル後、女ハ小賣ヲナスニハ適當ナルモ卸賣ヲナスニハ適セサルヲ悟リ其小賣ノミヲナスコトヲ得ト制限スルカ如シ而シテ一旦卸賣又ハ小賣ヲ許可シタル上、百圓以上ノ取引ハ一々已レノ許可アルコトヲ要ス某品ハ何百圓以上ニ非サレハ賣却スルコトヲ得スト云フカ如キ制限ヲ爲スハ本條ニ所謂制限ニ非ス何トナレハ呉服、太物ノ卸賣又ハ小賣ノ許可ハ法律行爲ノ許可ナルカ如シト雖モ第十五條ノ規定アルヲ以テ法律行爲ノ許可ニ非ス營業ノ許可ナリ故ニ營業其モノニ付テ制限スルハ可ナリト雖モ其營業ニ包含セル或法律行爲ニ付テ制限スルハ不可ナリ第十五條ニ妻ハ其營業ニ關シテ獨立人ト同一ノ能力ヲ有スト絕對的規定ヲナシタルハ蓋シ此意ヲ示シタルモノナリ要スルニ營業其モノニ付テハ制限スルコトヲ得ルモ營業ニ必要ナル法律行爲ニ付テハ制限スルコトヲ得ス

第一七條 生死不分明

生死不分明ト云フハ夫カ失踪ノ宣告ヲ受ケタル場合ヲ包含セスシテ夫ノ

失踪宣告前ニ於テ妻カ夫ノ生死ヲ知ルコトヲ得サル總テノ場合ヲ包含ス

第二〇條　詐術

詐術ハ詐僞ノ一種ニシテ詐僞ヨリ狹義ナリ詐僞ハ積極ノ行爲ヲ以テ他人ノ錯誤ヲ誘因スレハ足レリ單純ナル陳述ニテモ詐僞ト爲ル場合アリ

詐術ヲ存スルニハ相手方ニ過失アルト否トヲ問ハス欺カレタルコトカ相手方ノ過失ナリトノ理由ヲ以テ詐術ヲ存セスト云フヲ得ス如何ナル拙劣ナル手段ニテモ相手方ヲ欺クニ足ルトキハ詐術タルヲ失ハス

第三節　住所

民法總論 平沼學士

第一

一定ノ場所カ生活ノ本據タル爲ニハ其場所ニ常住スル事實アルコト及ヒ其場所ニ常住スルノ意思ヲ有スルコトヲ必要トス常住ノ事實アリトハ繼續シテ滯留スルノ意ナリ常住ノ事實アル爲ニハ間斷ナク滯留スルコトヲ必要トセス一時其場所ヲ去ルコトアルモ常ニ其場所ニ歸來スレハ可ナリ常住ノ意思トハ繼續シテ其場所ニ滯留スルノ意思ナリ故ニ一

時他ノ場所ニ滯留スルモ其場所ニ歸來スルノ意思ヲ有スレハ常住ノ意思アルコトヲ妨ケス此ノ如ク常住ノ事實ト常住ノ意思ハ住所ノ要件ナリ學者ハ前者ヲ體素ト云ヒ後者ヲ心素ト云フ

假住所ハ特定ノ行爲ニ關シテ選擇スル住所ナリ故ニ一名之ヲ選擇住所ト稱ス

住所ハ元來各人ノ一般ノ生活ノ本據ナリ假住所ハ此住所以外ニ於テ特定ノ行爲ニ關シテ選定スルモノナリ假住所ハ眞ノ住所ト異ナレリ然レトモ住所ナル文字ヲ廣義ニ用フレハ假住所ヲモ包含スルカ故ニ各人ノ一般ノ生活ノ本據ナル眞ノ住所ヲ假住所ニ對シテ本住所ト稱ス

假住所ハ法律ノ規定ニ基キ定ムルコトアリ又任意ニ定ムルコトアリ例ヘハ訴訟行爲ニ關シテ假住所ヲ選定スルハ法律ノ規定ニ因テ訴訟當事者ノ義務ニ屬ス即チ民事訴訟法第百四十三條ニ從ヘハ受訴裁判所ノ所在地ニ住所ヲモ事務所ヲモ有セサル原告又ハ被告ハ其他ニ假住所ヲ定メサルヘカラス法律行爲ニ關シテ住所ヲ定ムルハ當事者ノ任意ナリ單

獨行爲ニ付テハ一方ノ意思表示ヲ以テ足リ契約ニ付テハ相手方ノ承諾ヲ要ス

住所ニ似テ否ナルモノアリ之ヲ混同セサルコトヲ要ス

一　住所ハ之ヲ居所ト混同スヘカラス居所ハ常住ノ事實ナク常住ノ意思ナク一時滯留ノ意思ヲ以テ現ニ滯留スル場所ヲ云フ

二　住所ハ現在所ト異ナル現在所トハ人カ現ニ其身ヲ置ク場所ナリ若シ人カ住所又ハ居所ニ身ヲ置ケハ其住所又ハ居所ハ同時ニ現在所ナリ然レトモ住所又ハ居所以外ニ現在所ノ有リ得ヘキコトハ論ヲ俟タス

三　住所ハ營業所ト異ナル營業所ハ營業ヲ爲ス場所ナリ人ハ必シモ生活ノ本據ニ於テ營業ヲ爲スモノニ非ス故ニ住所ト營業所トハ別ニ存在スルコトヲ得

四　住所ハ國籍ト異ナルコトニ注意スヘシ日本ニ國籍ヲ有スル者カ外國ニ生活ノ本據ヲ置クコトヲ得之ト同シク外國人カ日本ニ生活ノ本

據ヲ設クルコトヲ妨ケス日本人ハ外國ニ生活ノ本據ヲ占メタルカ爲ニ日本ノ國籍ヲ失フコトナク外國人ハ日本ニ生活ノ本據ヲ定メタルカ爲ニ決シテ日本ノ國籍ヲ得ルコトナシ故ニ住所ト國籍トハ常ニ別々ニ存在スルコトヲ得ヘキモノナリ

第二　本法ニ所謂住所ハ從來住所ト稱シタルモノトハ大ニ其性質ヲ異ニシ單ニ文字ノ如ク「住ム所」ト解スヘキモノニ非ス若シ住所ヲ解シテ單ニ住ム所ト爲ストキハ或ハ所謂現住所ヲ意味スルモノヽ如シト雖モ人ハ時々其居ヲ轉スルモノナルカ故ニ實際ニ住ム所ヲ以テ法律上ノ住所トセハ頗ル不便ヲ感スルコト尠シトセス是ヲ以テ事實上ノ住所ト法律上ノ住所トハ宜シク之ヲ區別スヘシ果シテ然ラハ此ニ所謂住所ハ從來ノ本籍ヲ以テ之ニ充ツルヲ至當トスヘキカ如シト雖モ元來本籍ナルモノハ單ニ戸籍ニ關スル帳簿ノ所在地ヲ指シタルモノニシテ帳簿ノ在ル所即チ住所ナリトセハ實際本籍ニハ帳簿アルノミニシテ而モ本人ハ其地ニ住

セサルコト往々ニシテ之アルノミナラス時トシテハ本籍ニハ家族モナク財産モナク而シテ十數年ノ久シキニ彌リ歸來セサルモノ甚タ多シ從テ本籍ヲ以テ法律上ノ住所ト爲スハ亦其當ヲ得ス抑々住所ハ「住ム所」ト讀ムコトヲ得ヘシト雖モ之ヲ法律上「住ムヘキ所」ト看做サレタル地ト解スルトキハ必スシモ現ニ住ム所ト同一ナリト爲スコトヲ得ス故ニ舊民法ノ如キモ同シク「住ム所」ナル文字ヲ用ヒ而シテ現住所ト區別センカ爲メ現住所ハ之ヲ居所ト名ケタリ然レトモ又單ニ「居ル所」ハ即チ居所ナリト云フコトヲ得ス或時期ノ間滯在スルノ意思アルコトヲ要スルハ勿論ニシテ其果シテ居所ナリヤ否ヤハ事實上ノ程度問題ナリ

第三

住所トハ法律上各人ノ常居ト認ムヘキ場所ヲ謂フ本法ニ於テ各人ノ生活ノ本據ヲ以テ其住所ト定メタルハ即チ此意義ナリ(二)此住所ノ定所ハ往時ボチエカ示シタルモノト殆ト相異ナルモノトス(プラニオル第一卷五七四節)

住所ハ之ヲ居所ト區別スルコトヲ要ス居所トハ人カ現在居住スル場所ヲ謂フ故ニ平常所在ノ定マラサル浮浪者ト雖モ居所ハ必ス之ヲ有スルモノト解スヘシ住所ハ之ニ反シテ現ニ居住スルト否トヲ問ハス生活ノ中心ト認ムヘキ場所ヲ謂フモノナリ例ヘハ一時外國ニ旅行スル者ノ如キ其居所ハ現ニ居住スル外國ニ在ルモ其住所ハ通常日本ニ在ルモノト解スヘキナリ

住所ナル語ニ付キ注意スヘキ一事ハ此語ハ法律上ニ於テモ常ニ同一ノ意義ヲ有セサルコトナリ例ヘハ憲法第二十五條ニ於テ日本臣民ハ其許諾ナクシテ住所ニ侵入セラルヽコトナシト云ヒ又刑法第二編第三章第七節ニ住所ヲ侵ス罪トアルカ如キハ何レモ民法ニ所謂住所ノ意義ニ非スシテ寧ロ廣博ナル住居ノ意義ニ解スヘキモノナリトス

第四

住所(Domicil wohnsitz)ノ意義ニ付テハ學説一致セス或ハ一定ノ人ト其人カ絶エス存在スルト認メラルヘキ場所トノ無形ノ關係自體ヲ以テ住所

ト爲スモノアリ或ハ其關係ノ存在スル場所ヲ以テ住所ト爲スモノアリ本法第二十一條ニ依レハ住所ハ各人ノ生活ノ本據ナリ住所ハ各人ノ生活ノ中心點タル場所ヲ謂フト解スルヲ以テ普通ノ見解ト爲ス各人生活ノ中心點タル場所トハ各人カ絶エス滯留スルモノト認メラルヘキ場所ナリ各人カ一定ノ場所ニ絶エス滯留スルト否トハ其意思ニ依テ定マル故ニ住所ハ各人カ絶エス滯留スルノ意思アリト認メラルヘキ場所ヲ謂フナリ從テ住所ハ二個ノ要件ヲ具備セサルヘカラス主觀的ノ要件及ヒ客觀的ノ要件是ナリ

一　主觀的ノ要件(Animus)　各人カ絶エス一定ノ場所ニ滯留スルノ意思(Domicilwille)住所ノ意思アルコトヲ必要ト爲スノ謂ナリ絶エストハ間斷ナキヲ意味スルニ非ス唯一時的ニ非サルヲ謂フナリ

二　客觀的ノ要件(Corpus)　所謂住所ノ意思ヲ推測スヘキ外部ノ狀況ノ存在スルコトヲ必要ト爲スノ謂ナリ或ハ一定ノ場所ニ對シ住所ノ意思ヲ有スルモ未タ其意思ヲ實行セサレハ其場所ハ住所ト爲ラサルナリ

如何ナル場合ニ於テ其意思ヲ實行シタルモノト見ルヘキヤ畢竟其一定ノ場所ニ歸來スヘキ外部ノ狀況アルトキニ於テ其意思ヲ實行シタルモノト云フヘシ

第五

住所トハ法律上ニ於ケル人ノ存在ノ位置ヲ云フ即チ一定ノ人カ法律上ニ於テ常ニ存在スルト認メラルヘキ場所ナリ

住所ハ居所及ヒ現在所ト區別スヘシ居所ハ各人カ多少ノ時間繼續シテ居住スルノ意思ヲ以テ其身體ヲ定着スル場所ナリ故ニ或ハ住所タルコトアリ或ハ否ラサルコトアリ居所ハ一人ニシテ數箇ヲ有スルコト稀有ニ非スト雖モ住所ハ必ス一人一箇ノ外ハ之ヲ有セス又現在地ハ各人カ一時其身體ヲ定着スルノ場所ナリ故ニ住所又ハ居所ト異ナリテ隨時變更ス即チ住所ハ各人生活ノ本據ナリ生活ノ本據トハ有形無形ノ利益ノ中心ヲ云フ

第六

住所トハ法律上人ノ平常居住スヘキ所ヲ云フモノニシテ佛語ノ「ドミシール」(Domicile)獨語ノ「ヴヲーンジッツ」(Wahnsitz)是ナリ

民法正解

第七

住所ハ一定ノ場所ニ居住スル事實ノ外此場所ヲ以テ生計ノ中心ト爲ス意思ノ存スルコトヲ要ス故ニ此兩事實中ノ一ヲ欠クトキハ住所ヲ設定スルニ至ラサルカ將タ從來ノ住所ヲ拋棄スル結果ヲ生スルモノナレハ本法ニ於テ生活ノ本據ト云フハ或人カ此ニ居住スル事實ト生計ノ中心ト爲ス意思ノ並ヒ存スルコトヲ以テ其要件トシ此要件ノ具備スル場所即チ生活ノ本據ヲ以テ各人ノ住所ト爲スモノトス

第四節　失踪

第一款　失踪ノ意義

民法總論　平沼學士

第一

人カ從來ノ住所又ハ居所ヲ去ルコトヲ不在ト云フ不在カ一定ノ條件ヲ具備スルトキハ失踪ノ宣告ヲナシテ死亡ヲ推測ス失踪ナル文字ハ不在

ニ因ル死亡ノ推測ニ該當シ單純ナル不在ニ該當セス

第二 從來失踪ナル語ハ其用例一定セスト雖モ普通ニハ住所ヲ亡失シテ行方不分明ト爲リタル狀態ヲ稱シ來リタルカ如シ舊民法ニ於テモ亡失後音信絶止シ生死不分明トナリタル者ヲ失踪者ト稱シタリ然ルニ本法ニ所謂失踪者トハ之ト異ナリ不在者ニシテ其生死不分明ナルコト數年間繼續セルニ因リ裁判上失踪ノ宣告ヲ受ケタル者ヲ謂フナリ故ニ生死不分明ナルモ未タ失踪ノ宣告ヲ受ケサル者殊ニ住所又ハ居所ヲ去リタルモ現ニ生存スルコトノ確實ナル者ハ單ニ之ヲ不在者ト稱シ失踪者ト謂ハス

民法總論 川名學士

第三 不在者トハ從來ノ住所又ハ居所ヲ去リタル者ニシテ未タ失踪ノ宣告ヲ受ケサル者ヲ謂フ舊民法ハ從來ノ住所又ハ居所ヲ去リタル者ニシテ生存スルコトノ確實ナル者ノミヲ不在者ト稱シタレトモ本法ハ獨リ生存

ノ確實ナル者ノミナラス其生死不明ナル者ヲモ併セテ之ヲ不在者ト稱ス

民法理由 第四 失踪トハ生死不分明ナル人ハ一定ノ期間ヲ經タル後之ヲ死亡セルモノト看做スノ制度ヲ云フ

民法要義 第五 失踪者ハ其生死不分明ナルコト數年ノ後裁判所ノ宣告ニ依テ失踪者ト認メラレタルモノニシテ其宣告前ニ於テハ皆之ヲ不在者ト稱ス而シテ其不在者中ニ生死不分明ナルモノト生存スルコト明ナルモ現ニ其住所又ハ居所ニ在ラサルカ爲メ法律ノ保護ヲ必要トスルモノトノ二種アリ民法ニ於テハ失踪ナル標題ノ下ニ此各種ノモノヲ併セテ規定セリ

第二款 各條

第二五條 管理人——利害關係人

甲 管理人

管理人ハ不在者ノ代理人ナリ而シテ裁判所ニ於テ選任シタル者ハ其法定代理人ナルコト言ヲ俟タス佛國一般ノ學者ハ法定代理人ノ外ニ裁判上ノ代理人ヲ認ムト雖モ本法ハ此區別ヲ採ラス蓋シ裁判所カ法律ノ規定ニ據リテ選任シタル者ナル以上ハ法律上ノ代理人ト見ルヘキコト當然ナレハナリ

乙　利害關係人

民法總論 平沼學士

第一　利害關係人トハ不在者ノ財産ノ消長ニ依テ影響ヲ受クヘキ地位ニ在ル者ヲ云フ不在者ノ債權者、相續人、不在者ヨリ扶養ヲ受クヘキ權利ヲ有スル者、不在者ニ對シテ扶養ノ義務ヲ負擔スル者、不在者ト連帶又ハ不可分ニテ義務ヲ負擔スル者及ヒ不在者ノ保證人、物上保證人ノ如キハ利害關係人ノ主要ナルモノナリ

民法總論 川名學士

第二　利害關係人ナル文字ハ民法上所々ニ散見スル所ナレトモ其意義明瞭ナ

リト云フコトヲ得ス畢竟各法條ニ就テ其中ニ包含セラルヘキ者ヲ探究スルノ外ナシ然レトモ其何レノ場合ニ於テモ所謂利害關係人トハ決シテ事實上ノ利害關係ヲ有スル人ヲ謂フニ非スシテ法律上ノ利害關係ヲ有スル者ヲ指スコト明瞭ナリ故ニ茲ニ所謂利害關係人トハ不在者ノ財産ニ付キ法律上ノ利害關係ヲ有スル者ナリト解スヘキモノトス從テ不在者ニ對シ嘗テ恩惠ヲ施シタルカ爲メ若シ歸來セシナラハ報恩セラルヘシトノ單純ナル希望ヲ有スル者ハ決シテ利害關係人ニ非サルナリ

不在者本人カ其財産ニ對シテ法律上ノ利害關係ヲ有スルコトハ明瞭ナリ然ルニ學者或ハ茲ニ所謂利害關係人中ニハ不在者本人ヲ包含スルコトナシト論スル者アリ謬見タルヲ免レス蓋シ論者ノ説ク所ハ行方不明ナル者又ハ生死ノ分明ナラサル者ノミヲ不在者ト爲スヨリ生スル結果ニシテ其根底ニ於テ誤レルモノナリト信ス

第三〇條　生死不明——沈沒

甲　生死不明

民法總論 平沼學士

第一

不在者ノ生死不明ト云フハ一切ノ人ニ對シテ不明ナルヲ要スルノ意ニ非ス請求者竝ニ裁判所ニ對シテ不明ナレハ足レリ

民法總論 川名學士

第二

生死不明ナルトハ裁判所ニ對シテ不明ナルコトヲ意味ス

民法總論 平沼學士

乙 沈沒

沈沒ノ事實ハ確定スルモ其時期カ不明ナル場合多シ此ノ如キ場合ニ於テハ沈沒シタルヤ否ヤヲ明ニスルヲ得サル最後ノ日ヲ起算點ト爲ス船舶ノ沈沒ニ付テハ實際ニ於テ困難ナル問題ヲ惹起スルコトアリ獨逸民法ニ於テハ此點ニ關シ法律上ノ推定ヲ設ク即チ船舶カ目的地ニ到達セス又ハ確定セル目的地ナキ航海ノ場合ニ於テハ歸港セスシテ三年間ヲ經過シ其間所在不明ナルトキハ沈沒シタルモノト推定ス本法ニハ此ノ如キ規定ナシ理論上不都合ナキモ實際ニ於テハ不便尠ナシトセス寧ロ獨逸ノ如ク規定スルヲ可トス

第一

第三十一條 看做ス

普通ノ說明ニ從ヘハ看做スト云フハ反證ヲ許サヽル事實ノ推測ナリ故ニ法律ヲ以テ死亡シタル者ト看做ストキハ死亡ノ事實ヲ確定シ反對ノ證據ヲ以テ打破スルコトヲ得スト云フニ歸着ス然レトモ法律ハ效力ヲ定ムルヲ得ルモ事實ヲ作成スルヲ得ス看做スト云フハ畢竟或事實カ生シタルトキ他ノ事實ニ連結シタル法律上ノ效力ヲ之ニ連結スルニ外ナラス故ニ本條ニ死亡シタル者ト看做スト云フハ一定ノ期間不在者ノ生死不明ノ狀態カ繼續シタルコトヲ基礎トシテ死亡ノ事實ヲ作成スルニ非スシテ法律上死亡ニ因テ生スヘキ效果ヲ之ニ連結スルニ外ナラス詳言スレハ眞ノ事實ハ死亡シタルヤ否ヤ不明ナレトモ法律上ノ效力ニ關シテハ死亡シタルモノト同一ニ取扱フト云フ意ニ外ナラス

元來失踪ノ效力ハ宣告ニ因テ創設セラルヽモノニシテ宣告ニ因テ認定セラルヽモノニ非ス換言スレハ失踪宣告ハ新ニ效力ヲ發生スルモノニ

シテ宣告以前ニ於テ既ニ發生シタル效力ヲ宣言スルモノニ非ス若シ失踪宣告ノ效力ヲ此ノ如ク創設的ノモノトスレハ其效力ヲ遡及セシメスシテ其確定シタル時ヨリ將來ニ向テ效力ヲ生セシムルヲ以テ至當ト爲スカ如キ感ナキニ非サレトモ此ノ如クスルトキハ大ナル弊害アルヲ以テ之ヲ遡及セシム

一般解釋者ハ本法ノ定メタル失踪ノ效力ヲ認定的ノモノト爲ス其理由ニ曰ク本條ニ死亡シタル者ト看做スト云フハ畢竟既ニ存在スル事實ヲ認定スルモノナリ換言スレハ死亡ノ推定ハ宣告前ニ發生シ宣告ハ之ヲ確定スルニ過キサルナリト余ノ說ニ從ヘハ宣告ハ事實ヲ確定スルモノニ非スシテ事實ニ對スル效力ヲ創設スルモノナリ宣告ノ前提トナルヘキ事實ハ一定ノ期間生死不明ナル狀態カ繼續シタルコトニ外ナラス而シテ宣告ハ此事實ヲ死亡ト同一視シ法律上死亡ニ對シテ生スヘキ效果ヲ之ニ連結シタルモノナリ然ルニ此效果ハ右ノ事實ニ當然伴隨スルモノニ非スシテ宣告ニ因テ初メテ發生スルモノナリ其效力ヲ認定的ノモ

ノト爲スノ誤謬タルヤ明白ナリ

第二

「看做ス」ト「推定」トハ我民法上ノ區別トシテ一定ノ意義ヲ有ス看做スハ法律ノ擬制(fiction)ナルコトアリ又ハ法律上ノ推測ナルコトアリ擬制トハ眞理ニ非サルコトヲ眞理ナリトスルコトヲ謂フ推測トハ法律ノ豫想ナリ故ニ反對ノ證據現出スルトキハ其豫想ヲ爲サヽルコトモ亦之ヲ豫想スルモノナリ推定モ亦推測ナリ乍併此二者ノ異ナル處ハ一ハ確定推測ニシテ他ハ單純推測ナルノ點ニ存ス

單純推測トハ當事者カ其推測ニ反對ノ意思アリト認メラルヘキ反證ノ出ツルニ因テ當然破壞セラルヘキ推測ナリ確定推測トハ反證ニ因テ當然破壞セラレス法律カ特別ノ明文ニ依テ其反證ヲ許容スルニ非サレハ破壞セラレサルノ推測ナリ失踪宣告ニ因テ生スル死亡ノ推測ハ死亡ノ確定推測ニシテ反證明ナルノ一事ニ因テ當然破壞セラレサルナリ(三)

第三二條 財産ヲ得タル者

民法總論 平沼學士

第一

本條第二項ニ所謂失踪ノ宣告ニ因リ財産ヲ得タル者ト云フハ失踪宣告ニ因リ直接ニ財産ヲ得タル者ニ限ル宣告後取消前ニ爲サレタル法律行爲ニ因リ財産ヲ得タル者ハ其行爲ノ有效ナルトキ其財産ヲ返還スルノ義務ヲ負ハサルハ明ナリ其無效ナルトキハ返還ノ義務ヲ負フ場合ト之ヲ負ハサル場合トアリ然レトモ其區別ハ他ノ法條ニ依テ定マルモノニシテ本條ノ適用ニ依ルヘキモノニ非ス

民法總論 川名學士

第二

失踪ノ宣告ニ因テ財産ヲ得タル者トハ失踪宣告ノ直接ノ結果トシテ財産ヲ得タル者ヲ意味ス失踪者ノ相續人、受遺者又ハ失踪者ノ死亡ニ因テ效力ヲ生スヘキ贈與（五五四）ニ基キテ財産ヲ得タル者ノ如シ失踪宣告ノ後特別ノ權原ニ因テ失踪者ノ財産ヲ取得シタル者ヲ包含セス法律行爲ニ因テ失踪者ノ相續人ヨリ失踪者ノ財産ヲ承繼シタル者ノ如シ

民法理由

第三

財産ヲ得タル者トハ失踪者ノ相續ヲ爲シタル者ノミナラス失踪者カ相續人ナリシモ失踪シタルカ故ニ次位ヲ以テ相續シタル者、遺贈ヲ受ケタル者其他凡テ失踪ノ宣告ニ因リ財産權ヲ得タル者ヲ包含ス宣告ニ因リ權利ヲ得タル者ヨリ又權利ヲ取得シタル第三者ハ之ヲ包含セス

第五節　本章中ノ問題

【問題】第七條ニ掲ケタル者カ禁治産ノ宣告ノ請求ヲ爲シタルトキハ裁判所ハ必ス其宣告ヲ爲スコトヲ要スルヤ(七)

第一　民法總論 平沼學士

裁判所カ禁治産宣告ノ請求ヲ受ケタルトキハ其原因アリヤ否ヤヲ調査セサル可ラス裁判所カ調査ノ結果其原因アリト斷定シタルトキハ禁治産ノ宣告ヲ爲ス

第二　民法原論

禁治産ノ請求ハ時トシテハ利慾ノ爲ニ之ヲ爲ス虞ナシトセス故ニ本法ハ通常喪心者ノ利益ヲ保護スヘキ地位ニ在ルモノニ限リテ之ヲ爲ス權

利ヲ有スルモノトシ且ツ裁判所ハ情狀ヲ審査シ必シモ其請求ヲ容ルヽコトヲ要セサルモノトシタルナリ

第三　民法總論 川名學士

裁判所カ禁治産宣告ノ請求ヲ受ケタル場合ニ於テ正ニ心神喪失ノ常況ニ在ルモノナルコトノ確定シタルトキハ必ス其宣告ヲ爲サヽル可ラス本法第七條ニ「裁判所ハ禁治産ノ宣告ヲ爲スコトヲ得」トアルハ必シモ其宣告ヲ爲スコトヲ必要トセサルノ意義ニ非ス唯裁判所ハ職權ニ依テ禁治産ノ宣告ヲ爲スコトヲ得サル旨ヲ規定シタルニ過キサルモノナリ

【問題】未成年者ニ對シテ禁治産ノ宣告ナ爲スコトナ得ルヤ(七)

第一　民法總論 平沼學士

未成年者タルノ故ヲ以テノ無能力ト禁治産者タルノ故ヲ以テノ無能力トノ間ニ差異アリ故ニ未成年者ニ對シテモ特ニ禁治産ヲ宣告スルノ必要アリ

第二　民法原理

未成年者ヲ禁治產者ト爲スノ必要アリヤ否ヤニ付テハ多少疑ヲ抱ク者アルカ如シ而シテ外國ニ於テモ之ニ關スル問題ハ學者ノ喧シク論スル所ニシテ或國ノ如キハ特ニ明文ヲ以テ禁治產者ト爲ルヘキ者ハ必ス成年者タル可キコトヲ規定セリ蓋シ未成年者モ後見ニ服シ又其獨斷ニテ爲シタル行爲ハ後日之ヲ取消スコトヲ得ル等禁治產者ト異ナル所ナキカ如キヲ以テ特ニ之ヲ禁治產者ト爲ス必要ナキニ似タリト雖モ未成年者モ亦之ヲ禁治產者ト爲ス必要アリ

未成年者ノ行爲ハ其成年ニ達シタル後五年ヲ經過スルトキハ之ヲ取消スコトヲ得スト雖モ禁治產者ノ行爲ハ禁治產ノ取消サレタル後禁治產者カ其行爲ヲ覺知シタルトキヨリ五年ヲ經過スルニ非サレハ取消權ヲ失フコトナシ故ニ其取消權ノ期間ニ於テ大ナル差異アリ（一二四、一二六）若シ未成年ノ間ニ禁治產者ト爲サヽルトキハ其者カ成年ニ達スレハ一時能力者ト爲ルカ故ニ更ニ禁治產ノ宣告ヲ受クルマテハ無能力者タル保護ヲ受クルコトヲ得ス此他未成年者ト禁治產者トハ單ニ權利ヲ得義

務ヲ免ルヘキ行爲ヲ爲スコトヲ得ルト否トノ別アリ(九四、)

民法總論 川名學士

第三

未成年者ヲ禁治産者ト爲スコトヲ得ルコト勿論ニシテ禁治産者ノ能力ト未成年者ノ能力トハ其範圍ヲ同ウセサルノミナラス又法律上ノ效果ヲモ異ニスルカ故ナリ未成年者ヲ禁治産者ト爲ストキハ未成年者タルノ故ヲ以テハ其取消權既ニ時效ニ因テ消滅スルモ之ヲ禁治産者ト爲ストキハ尚ホ取消權ハ時效ニ因テ消滅セサルニ至ル若シ未成年者ヲ禁治産者ト爲スコトヲ得サルモノト爲サハ成年ニ達セシ時ヨリ禁治産ノ宣告ヲ受クルニ至ルノ間ニ於テ爲シタル法律行爲ハ取消シ得ヘキモノニ非ス唯非常ノ困難ヲ以テ其行爲ノ當時意思能力アラサリシコトヲ證明スルコトヲ得タル場合ニ限リ無效ナルニ過キス

民法正解

第四

心神喪失ノ常況ニ在ル者ハ成年者タルト否トヲ問ハス總テ禁治産ノ宣告ヲ受タルコトヲ得ヘシ蓋シ未成年者ハ禁治産者ト同シク一般無能力

者ナリト雖モ多少ノ行爲能力ヲ認メラルヽ所アルニ反シ禁治產者ハ總テ之ヲ有セスト認メラルヽヲ以テ未成年者ト雖モ禁治產ノ宣告ヲ受クル必要アルヘク殊ニ未成年者カ成年ニ達シタルモ未タ禁治產ノ宣告ヲ受ケサル限ハ其間ニ爲シタル行爲ハ完全ニ效力ヲ生スト云ハサル可ラサルニ因リ未成年中ニ豫メ禁治產ノ宣告ヲ受ケ置クヘキ利益アリトス

【問題】 禁治產者カ其本心ニ復シタルトキニ後見人ノ同意ヲ得テ爲シタル行爲ハ有效ナリヤ(九)

民法總論
平沼學士

第一 禁治產者ハ自ラ法律行爲ヲ爲スコトヲ得ス故ニ假令後見人ノ同意アルモ其自ラ爲シタル行爲ハ取消シ得ヘキモノナリ此點ニ關シ反對論アリ曰ク後見人カ禁治產者ノ行爲ニ同意ヲ與ヘタルトキハ其行爲ハ有效ナリト其論スル所ニ依レハ後見人ハ本法第百二十條百二十一條ニ依テ追認スルコトヲ得追認ハ事後ニ爲ス取消權ノ拋棄ナリ後見人カ同意ヲ與フルハ事前ニ爲ス取消權ノ拋棄ニシテ追認ト同一ノ效果ヲ生スト此說

ノ不當ナルコトハ論ヲ俟タス元來追認ノ意思表示ハ取消ノ意思表示ト同シク常ニ無能力者以外ノ人ニ對シテ爲ス可キモノナリ相手方ヲ確定スレハ相手方ニ對シテ爲ス可キモノナリ之ニ反シテ同意ハ無能力者本人ニ對スル意思表示ニシテ他人殊ニ相手方ニ對シテ爲ス可キモノニ非ス本人ニ對スル意思表示カ取消權ノ拋棄ト爲ラサルハ明白ナリ他ノ說ニ依レハ後見人カ禁治產者ノ行爲ニ同意ヲ與フルハ自己カ禁治產者ノ爲ニ自ラ爲スヘキ行爲ヲ禁治產者ヲシテ爲サシムルモノナリ而シテ禁治產者ハ代理人タルコトヲ得ルモノナリ故ニ其行爲ハ法律行爲トシテ有效ナリト此議論モ誤レリ此場合ニ於テ禁治產者ハ自ラ行爲ヲ爲スノ意思ヲ有シ後見人ノ爲ニ行爲ヲ爲スノ意思ヲ有セス之ヲ後見人ノ爲ニ爲ス代理行爲ナリト論スルハ附會ノ說ト言ハサルヲ得ス

第二

禁治產者ハ民法上常ニ健全ナル精神ヲ有セサルモノト看做スカ故ニ後見人ノ同意アレハトテ完全ニ法律行爲ヲ爲スコトヲ得ス唯其同意アリ

タル場合ニ於テハ寧ロ後見人ノ行爲（代理行爲）トシテ有效ナルコトアル可シ是レ事實問題ナリ

民法總論 川名學士

第三 有效ナリトノ主張ハ二個ノ異ナリタル根據ニ依テ立論セラル即チ第一ノ根據ハ後見人ノ同意ハ禁治產者ニ代理權ヲ與フルモノナリトスルノ點ニアリ此場合ニ於テハ禁治產者ハ後見人ノ代理人トシテ行爲ヲ爲ス（九九）モノニシテ其行爲ハ有效ナリト主張スルナリ第二ノ根據ハ後見人ノ同意ハ事前ニ於ケル取消權ノ拋棄ナリトスルノ點ニアリ故ニ禁治產者カ後見人ノ同意ヲ得テ爲シタル行爲ハ有效ナリト主張ス

余ハ此說ヲ採ラス第一ノ根據ノ維持スルコト能ハサルハ明白ナリ第二ノ根據ハ取消權ノ拋棄ハ行爲ノ相手方ニ對シテ之ヲ爲シ同意ハ禁治產者ニ對シテ之ヲ爲スコトヲ忘ルヽモノナリ禁治產者ノ行爲ハ尙ホ解釋上取消シ得ヘキモノナリト信ス

第四

禁治產者カ其後見人ノ同意ヲ得テ爲シタル行爲ハ苟モ其行爲カ後見人ノ權限內ニ在ル以上ハ全ク有效ナルコト勿論ナリ蓋シ禁治產者ハ心神喪失ノ常況ニ在ル者ナルカ故ニ其本心ニ復スルコトハ稀ナルヘク隨テ後見人ノ同意ヲ得テ法律行爲ヲ爲スカ如キ極メテ例外ニ屬スル事項ナルヲ以テ法文ニハ敢テ未成年者ニ於ケルカ如ク禁治產者カ法律行爲ヲ爲スニハ其後見人ノ同意ヲ得ルコトヲ要スト云ハス後見人常ニ之ニ代ツテ法律行爲ヲ爲ス可キモノトストモ若シ其本心ニ復シタル間ニ於テ後見人ノ同意ヲ得テ之ヲ爲サンニハ後見人ノ代理人トシテ之ヲ爲シタルモノト觀ルコトヲ得ヘク從テ其法律行爲ノ有效ナルコトハ固ヨリ論ヲ俟タサルナリ

第五

理論ニ拘泥シテ之ヲ判斷スルトキハ禁治產者カ其本心ニ復シタル間ニ爲シタル行爲ハ有效ニ成立シ得ヘキモノレハ更ニ後見人ノ同意ヲ得テ之ヲ爲シタルトキハ決シテ其取消ヲ許ス可キモノニ非サルカ如シ然レ

トモ禁治產者カ果シテ本心ニ復シタル間ニ右ノ行爲ヲ爲シタルヤ否ヤハ充分疑ハシキノミナラス苟モ心神喪失ノ常況ニ在テ爲ニ禁治產ノ宣告ヲ受ケタル者カ後見人ノ同意ヲ得テ行爲ヲ爲スト云フ如キハ極メテ疑ハシク一層紛爭ノ媒介タルニ過キス且ツ實際上ニ於テモ心神喪失ノ常況ニ在ル者ヲシテ後見人ノ同意ヲ得テ行爲ヲ爲スコトヲ得セシムル必要ナキニ依リ寧ロ禁治產者ノ行爲ハ總テ之ヲ取消スコトヲ得ト爲スヲ以テ却テ法律保護ノ精神ニ適スルモノトス只後見人カ禁治產者ノ行爲ニ同意ヲ與フト云フハ寧ロ後見人カ禁治產者ヲシテ自己ニ代テ或行爲ヲ爲サシメタルニ外ナラサル事實カ明確ナル以上ハ此行爲ハ完全ニ其效力ヲ生シ敢テ取消シ得ヘキモノニ非ス何トナレハ代理人ハ能力者タルコトヲ要セサルハ第百二條ノ規定ニ依テ明白ナレハ禁治產者ト雖モ其意思能力ヲ有スル間ニ後見人ニ代テ爲シタル行爲ハ完全ニ其效力ヲ生スル可ケレハナリ

【問題】法律行爲ノ當時禁治產者カ心神ヲ喪失セシ證據アルトキハ禁治產

者及ヒ後見人ヨリ之ヲ取消シ得ルニ止マルカ將タ絕體ニ無效ナルヤ

民法原理

第一

行爲ノ當時禁治產者カ心神喪失ノ證據アルトキハ單ニ禁治產者及ヒ後見人ヨリ之ヲ取消シ得ルニ止マルカ將タ絕體無效、即チ當事者雙方ヨリ其無效ヲ主張スルコトヲ得ルカ是レ外國ニ於テモ種々議論アリト雖モ余ハ意思カ法律行爲ノ要素タル以上ハ意思ナキ行爲ハ絕體的無效ナリト信ス第九條ニ「禁治產者ノ行爲ハ之ヲ取消スコトヲ得」トアルハ意思アル場合ヲ想像シタルモノニシテ其意思ノ缺如スル場合ハ一般ノ原則ニ依リ全ク無效タラサル可ラス隨テ意思ナキコトノ證明セラレタル以上ハ其行爲ハ當然無效ニシテ更ニ之ヲ取消スコトヲ要セサルナリ

民法要義

第二

外國ニ於テモ種々議論アル所ナリト雖モ余ノ信スル所ニ據レハ意思カ法律行爲ノ要素ナル以上ハ苟モ反對ノ明文ナキ限ハ意思ナキ法律行爲ノ有ルヘキ謂レナシ今禁治產者ノ行爲ハ之ヲ取消スコトヲ得ト云フニ

止マルカ故ニ其行爲ハ普通ノ要素タル意思アルモノタラサル可ラス若シ然ラハ禁治產者カ行爲ヲ爲スニ當テ意思全ク欠缺セシ證據ヲ提出セハ禁治產者モ單ニ之ヲ取消スコトヲ得ルニ止マラスシテ其行爲全ク無效、不成立ナリ故ニ取消權時效ニ罹ルノ後ト雖モ尙ホ其無效ヲ唱フルコトヲ得ヘク相手方モ亦其無效ヲ唱ヘテ其行爲ノ履行ヲ拒ムコトヲ得ヘシ是レ或ハ禁治產者ニ不利ナルカ如シト雖モ事實ニ於テ心神喪失ヲ證明スルコト難キカ故ニ敢テ弊害ナカルヘシ是レ恰モ幼兒カ爲シタル行爲ハ意思ナキカ爲ニ全ク無效ニシテ其者ヨリモ相手方ヨリモ其無效ヲ唱フルコトヲ得ルト異ナルコトナキナリ

【問題】未成年者ニ對シテ準禁治產ノ宣告ヲ爲スコトヲ得ルヤ(一一)

準禁治產ノ宣告ハ禁治產ノ宣告ニ同シク未成年者ニ對シテモ亦之ヲ爲スコトヲ得ヘシ而シテ其必要アルコトハ禁治產ノ宣告ニ於ケル如キニハ非スト雖モ亦之ヲ許ス可ラサル理由ヲ見サルナリ

【問題】準禁治產者ニハ必ス保佐人ヲ附スルコトヲ要スルヤ(一一)

第一

準禁治産者ニハ必ス保佐人ヲ附スルコトヲ要スルヤ否ヤ法文ニハ單ニ「保佐人ヲ付スルコトヲ得」ト規定セリ此保佐人中ニ所謂法定法佐人ト稱スルモノト選任保佐人ト稱スルモノトノ二アリ所謂法定保佐人トハ親族編ノ規定ニ依リ當然保佐人ト爲ル可キモノナリ所謂選任保佐人トハ親族會ノ選任ニ依テ其任務ヲ帶フルニ至ル所ノモノナリ此ノ如ク法定保佐人ハ準禁治産ノ宣告アルニ依テ當然其任務ヲ帶フル者ナルカ故ニ此場合ニ於テハ別ニ問題ヲ生セス問題ヲ生スルハ選任保佐人ノ場合ナリ元來選任保佐人ハ法定保佐人タル者アラサル場合ニ親族會カ選定スルモノナリ若シ準禁治産者ハ必ス保佐人ニ付セサル可ラストノ議論ヲ採レハ親族會ヲシテ必ス選定セシムルコトヲ要シ保佐人ヲ付セサルモ可ナリトノ説ヲ採レハ親族會ノ選定ヲ强フルヲ要セス法文ニハ保佐人ヲ付スルコトヲ得トアルヲ以テ付スルト付セサルトハ隨意ナリト解シテ可ナリ又實際準禁治産者ノ能力ノ程度、財産ノ狀況等ヨリ考ヘテ保佐人ヲ付スルノ必要ナキ場合アリ斯ル場合ニ於テハ强テ保佐人ヲ選定セシムルハ無用ノ手續ナリ故ニ法文ノ上ヨリ考フルモ實際ノ便宜ヨリ考フルモ必ス保佐人ヲ付スルニ及ハサルモノト論スルヲ至當ナリト信ス

第二

此問題ハ本法第十一條ノ解釋ニ依テ定マル即チ同條ハ其讀方ニ因リ二樣ニ解釋シ得ヘシ余ハ唯之ヲ付スルコトヲ得ルモノニシテ必シモ之ヲ付セサル可ラサルノ必要ナシト解ス即チ親族會ハ必シモ保佐人ヲ選任セサル可ラストノ解釋ヲ爲サヽルナリ(九〇五)蓋シ保佐人ハ後見人ノ如ク代理權ヲ有スルモノニ非ス準禁治產者ニ代テ法律行爲ヲ爲スコトヲ得サル者ナルカ故ニ之ヲ一日モ缺ク可ラサルモノト云フヲ得ス唯準禁治產者ヲシテ有效ニ法律行爲ヲ爲サシムルノ必要存スル場合ニ於テハ保佐人ヲ付スルノ必要アリト雖モ準禁治產者ノ行爲ヲシテ取消シ得ヘキモノト爲セハ之ヲ保護スルニ充分ナルヘク或者ヲ準禁治產者トナシタル場合ニ於テハ準禁治產者ヲシテ保佐人ノ同意ヲ得セシメテ有效ニ其

行爲ヲ爲サシムルノ必要ナキカ故ニ又保佐人ヲ置クノ必要モ存セサルナリ故ニ親族會カ保佐人ヲ選任スルト否トハ第九百五條ノ規定ノ場合ヲ除ク外ハ其自由ナリト解スルヲ以テ當ヲ得タルモノト信ス

民法理由

第三 必シモ準禁治産者ト爲スヲ要セス是レ第八條ト異ナル所ナリ

民法要義

第四 準禁治産者ニハ保佐人ヲ附スルコトヲ得ルニ止マリ敢テ必シモ之ヲ附スルコトヲ要セス蓋シ其精神ノ狀況ニ依リ之ヲ附スル必要ナキコトアレハナリ

【問題】準禁治産者ハ保佐人ノ同意ナクシテ第六百二條ニ定メタル期間ヲ超エサル賃貸借契約ヲ爲スコトヲ得ルヤ(一二)

民法總論
平沼學士

第一 元來賃貸借ヲ爲スハ元本ノ利用方法ナリ元本ノ利用ヲ爲スハ本法第十二條第一號ニ於テ有效ニ之ヲ爲スコトヲ得サルコト、爲シタリ此點ヨリ考フレハ一切ノ賃貸借契約ハ之ヲ爲スコトヲ得スト解ス可キナリ然レトモ其第九號ニ於テ第六百二條ニ定メタル期間ヲ超エサルモノニ限リ之ヲ禁シタルヲ以テ第六百二條ニ揭ケタル期間ヲ超エサル賃貸借契約ハ第一號ニ對スル例外トシテ之ヲ許容シタルモノト解スルヲ至當トス

第二

本法第十二條第九號ト第一號トノ關係ニ付テハ單ニ第九號ノミニ依テ見ルトキハ第六百二條ニ定メタル期間ヲ超エサル賃貸借契約ハ準禁治產者獨斷ニテ爲スコトヲ得ルカ如キモ第一號ハ元本ノ利用行爲ヲ絕對ニ禁セリ而シテ賃貸ハ一種ノ元本ノ利用行爲ナルヲ以テ兩者ノ間ニ之ヲ調和スルノ解說ヲ覓メサル可ラス之ヲ二樣ニ解スルコトヲ得一ハ即チ第一號ハ準禁治產者カ他人ニ使用權ヲ與フル賃貸借契約ヲ爲スコトヲ禁シ第九號ハ第六百二條ニ定メタル期間ヲ超エテ自己ニ使用權ヲ取得スヘキ賃貸借契約ヲ禁止シタルモノト見ルコトヲ得ヘク他ハ即チ第

九號ニ依リ一切ノ賃貸借ハ第一號ヨリ除外セラレタルモノト解スルコトヲ得第二ノ見解ヲ正當トス

【問題】未成年ノ夫カ許可シタル其妻ノ法律行爲ヲ取消シ又ハ制限スル場合ニ於テ法定代理人ノ同意ヲ要スルヤ(一六)

民法總論
平沼學士

第一

未成年ノ夫ハ第十六條ノ規定ニ依テ一旦與ヘタル許可ヲ取消又ハ制限スルコトヲ得此取消又ハ制限ハ夫權ノ實行ナリ此夫權ノ實行タル取消行爲ニ付テハ敢テ法定代理人ノ許可ヲ要セス即チ許可ヲ與フルニ付テハ法定代理人ノ同意ヲ要スレトモ許可ヲ取消又ハ制限スルニ付テハ其同意ヲ要セス其理由ハ許可ノ取消又ハ制限ハ單純ナル夫權ノ實行ニシテ未成年者本人ノ利害ニ影響セサルカ故ニ其意思ヲ補充スルノ必要ヲ生セス又此ノ如キ事項ニ付テ後見人ノ同意ヲ要スルモノトスレハ他ヨリ夫ノ主宰權ニ干渉スルノ虞アルヲ以テナリ

民法原論

第二

夫カ未成年者ナル場合ニ於テ其法定代理人ノ同意ヲ得ルコトハ妻ノ行爲ノ完成ニ缺ク可ラサル要件ナルニ由リ此要件ノ具ハラサルトキハ法律上全ク許可ナキト同一ナリ故ニ相手方カ善意ナル場合ニ於テモ一般ノ規則(一四)ニ從ヒ其行爲ヲ取消スコトヲ得ヘキハ疑ナキ所トス但シ此規定ハ夫カ妻ノ行爲ヲ許可スル場合ニノミ適用スヘキコト法文ニ徵シテ明ナリ故ニ其一旦與ヘタル許可ヲ取消スコトハ夫獨斷ニテ之ヲ爲スコトヲ得ルモノト解スルヲ至當トス是レ蓋シ他人ノ意思ヲ以テ其欲セサル行爲ヲ許可セシムルコトヲ不當ト認ムルカ故ナリ立法問題トシテハ聊カ意見ナキニ非スト雖モ此ニハ之ヲ述ヘス

第三　未成者ノ夫カ其妻ノ行爲ヲ許可スルニ付キ第四條ノ規定ニ從フコトヲ要スル以上ハ右ノ許可ヲ取消シ又ハ之ヲ制限スルニ付テモ第四條ノ規定ニ從ヒ法定代理人ノ同意ヲ得ルコトヲ要セサルヘカラサルカ如シ然ルニ第十八條ハ許可ヲ與フル場合ノミヲ規定スルニ止マリ之ヲ取消シ

又ハ制限スル場合ヲ規定セサルニ因リ許可ノ取消又ハ制限ハ未成年ノ夫ト雖モ獨斷ニテ之ヲ爲スコトヲ得ト云ハサルヘカラス是レ或ハ前後權衡ヲ失スルモノニアラサルカ抑モ夫妻ノ關係ハ單ニ財産上ノ利害得失ヲ標準トシテ論スヘカラサルノミナラス此關係ハ法定代理人タル父母又ハ後見人ト雖モ漫ニ容喙シテ其和合ヲ妨ケ或ハ夫ノ感情ヲ害シ或ハ妻タル義務ニ背カシムルカ如キコト勿カラシメサルヘカラス故ニ未成年ノ夫カ其妻ノ行爲ヲ許可スルニ當リ其利害得失ヲ鑑別セシムル爲メ法定代理人ノ同意ヲ得ルコトヲ要ストナスハ假令夫タルモ尚ホ未成年者タル者ノ保護ニ必要ナリト雖モ一旦妻ニ與ヘタル許可ハ特別ノ事情ニ因リ夫カ之ヲ取消又ハ制限セントスルモ未タ成年年齡ニ達セサルカ爲メ法定代理人ノ同意ヲ得ルニアラサレハ之ヲ爲スコトヲ得ストセハ法定代理人ノ同意ノ有無ニ因リテ往々夫妻ノ關係ノ融和ヲ妨クルコトアルヘシ是レ即チ本法ニ於テ未成年ナル夫カ其妻ノ行爲ヲ許可スルニハ第四條ノ規定ニ從フコトヲ要スルニ拘ハラス許可ノ取消又ハ制限

ハ之ヲ夫ノ獨斷ニ任セ寧ロ第十六條ノ規定ニ從ハシムル所以ナリ

【問題】未成年ノ夫カ法定代理人ノ同意ヲ得スシテ妻ノ行爲ヲ許可シタルトキハ其法律上ノ效果如何(一八)

民法總論
平沼學士

第一

夫カ第四條ノ規定ニ從ヒ法定代理人ノ同意ヲ得テ許可ヲ與フヘキ筈ナルニ若シ之ニ違反シ獨斷ニテ許可ヲ與ヘタルトキハ如何ナル結果ヲ生スルカ或論者ハ此ノ如キ許可ハ全ク無效ナリト論スルモ是レ不條理ナリ第四條第二項ノ規定ハ當然此場合ニモ適用セラルヽモノトス換言スレハ此許可ハ絶對ニ無效ナルモノニ非スシテ取消シ得ヘキモノナリ其場合ニ於タル取消ハ第十六條ノ取消トハ全ク其性質ヲ異ニス即チ此場合ニ於テハ自己ノ爲シタル許可ナル法律行爲ヲ第四條ノ規定ニ從ヒテ取消スモノニシテ全ク初メヨリ許可ヲ與ヘサリシト同一ノ狀態ニ復スルモノナレトモ第十六條ノ場合ハ將來ニ向テ許可ノ效力ヲ消滅セシムルモノナリ

又此場合ニ於ケル取消ハ未成年者ノ意思ノ不完全ナルコトヲ理由トスルモノナレトモ第十六條ノ場合ハ夫權ノ實行トシテ爲スモノナリ

又此場合ニ於ケル取消ハ未成年者保護ノ爲ニ存スルモノニシテ善意ノ第三者ニ之ヲ對抗スルコトヲ得レトモ第十六條ノ取消ハ善意ノ第三者ニ對抗スルコトヲ得ス

又此場合ニ於ケル取消ハ夫タル未成年者本人竝ニ法定代理人ニ於テ之ヲ行フコトヲ得レトモ第十六條ノ取消權ハ夫權ノ實行トシテ夫ノミ之ヲ行フコトヲ得ルナリ

第二

此場合ニ於テ夫ノ許可ハ之ヲ取消スコトヲ得ヘキモノタルコト殆ト疑ヲ容レサルヘシ何トナレハ第十八條ハ夫ノ許可ヲ要件トシテ第四條ノ規定ニ從フヘキコトヲ明示スル以上ハ此要件ニ反シタル許可モ亦第四條二項ノ規定ニ依テ取消スコトヲ得ルハ至當ノ事タレハナリ然ラハ此場合ニ於ケル許可ノ取消ハ之ヲ總テノ第三者ニ對抗スルコトヲ得ルカ

將タ第十六條但書ノ規定ニ因リ善意ノ第三者ニ對シテハ之ヲ主張スルコトヲ得サルカ是レ又殆ト疑ヲ容レサル所ニシテ未成年者ノ行爲ノ取消權ハ此者ノ利益ノ爲ニ法律カ特ニ之ヲ認メタルモノナレハ相手方ハ勿論總テノ第三者ニ之ヲ對抗スルコトヲ得ルハ當然ノ事タルニ因リ未成年ノ夫カ法定代理人ノ同意ヲ得スシテ妻ニ與ヘタル許可ヲ取消シタル場合ニ於テハ此取消ヲ以テ總テノ第三者ニ對抗スルコトヲ得セシメサル可カラス是レ未成年者保護ノ立法ノ本旨ニ因リ未タ成年年齡ニ達セサル夫モ亦當然享有スル法律上ノ保護ナリト雖モ苟モ未成年ノ夫カ法定代理人ノ同意ヲ得テ妻ノ行爲ヲ許可シタル後第十六條ノ規定ニ依リ隨意ニ之ヲ取消シタル場合ニ於テハ此取消ヲ以テ善意ノ第三者ニ對抗スルコトヲ得ス即チ第十六條但書ノ規定ニ隨フコトヲ要ス何トナレハ未成年ノ夫カ法定代理人ノ同意ヲ得テ妻ニ與ヘタル許可ハ完全ナル效力ヲ有スルモノニシテ此許可ニ基キ妻カ爲シタル行爲ハ之ヲ取消スコトヲ許サス第三者モ亦此許可ヲ信シテ妻ト取引ヲ爲スモノナレハ後

ニ至リテ夫カ隨意ニ其許可ヲ取消スモ未タ取消ノ事實ヲ知ラサル善意ノ第三者ニ對シ之ヲ主張スルコトヲ許サヽルハ右ノ許可カ完全ニ成立シタル當然ノ結果ニシテ第三者ノ保護ニ必要ナレハナリ

民法總論平沼學士

【問題】期間ヲ定メス若クハ一ケ月未滿ノ期間ヲ定メテ爲シタル催告ノ效力如何(一九)

相手方カ期間ヲ定メスシテ催告シ又ハ一ケ月以下ノ期間ヲ定メテ催告シタルトキハ其催告ハ無效ナリ何トナレハ法律カ一ケ月ノ期間ヲ置クコトヲ要件トナシタレハナリ茲ニ注意スヘキハ第十九條第一項ニ於テ無能力者カ其期間內ニ確答ヲ發セサルトキハ其行爲ヲ追認シタルモノト看做スト規定シアルモ其實、被催告者カ確答ヲ發スヘキ時期ニ於テハ既ニ能力者ト爲リ居ルコト明ナリ故ニ法文ノ書キ方ハ不穩當ナリト云フヘシ

民法總論平沼學士

【問題】無能力者カ同意又ハ許可ヲ得タルコトヲ信セシムル爲ニ詐術ヲ用ヒタル場合ニハ之ヲ取消スコトヲ得サルヤ(二〇)

第一

無能力者カ同意又ハ許可ヲ得タルコトヲ信セシムル爲ニ詐術ヲ用ヒタル場合ハ無能力者カ能力者タルコトヲ信セシメタル場合ト同一ノ理由ニ依リ取消シ得ヘカラサルモノト爲スヲ以テ至當トス然ルニ法文ニハ此場合ヲ包含セス故ニ解釋論トシテハ相手方ハ損害賠償ノ請求權ヲ有スルニ止マルモノト斷定セサルヘカラス

民法原論

第二

本法第二十條ニ所謂能力者タルコトヲ信セシムル爲メ詐術ヲ用フルトハ例ヘハ法定代理人ノ同意ヲ得タル證書ヲ僞造シ又ハ人ヲシテ成年者タルコトヲ僞證セシムルカ如キ積極的ニ詐僞ノ方略ヲ行フコトヲ謂フ故ニ自ラ成年者又ハ寡婦ナルコトヲ明言シ又殊ニ相手方ノ錯誤ニ乘シテ自己ノ無能力者ナルコトヲ告白セサルカ如キハ取消ヲ爲スノ妨ト爲ルコトナシ

民法總論
川名學士

第三

本法第二十條ハ無能力者カ能力者タルコトヲ信セシメタル場合ノミヲ

規定スルヲ以テ無能力者カ無能力者ナリト陳述シタル場合ニハ其適用ナキカ如シ例ヘハ無能力者カ其法定代理人、保佐人又ハ夫ノ同意書若クハ許可書ヲ僞造シテ相手方ヲ欺キタル場合ニ於テハ無能力者ハ自己ノ能力者タルコトヲ信セシメタルニ非ス本條ニ依ルコト能ハサルカ如シ從テ其行爲ハ依然トシテ取消スコトヲ得ヘキカ如シト雖モ右二ツノ場合ハ之ヲ區別スルノ理由ナシ甲ノ場合ニ於テハ取消ヲ許サス乙ノ場合ニ於テハ取消スヲ許ス其行爲ノ取消アリタル、カ爲メニ相手方ニ損害ヲ生シタル場合ニ於テハ相手方ハ不法行爲ニ因ル損害賠償ヲ請求スルコトヲ得ルモノトナスノ理由ヲ發見スルコトヲ得ス故ニ第二十條ニ所謂能力者トハ唯、個々ノ行爲ニ付テノ能力者ナルコトヲ意味シ能力ノ點ニ於テ自己ノ行爲ヲ取消ス可ラサルモノト信セシムル云云ノコトヲ意味スルモノト解セサルヲ得ス從テ又乙ノ場合ニ於テモ無能力者ノ行爲ハ取消シ得サルモノトナルヘシ

【問題】二個以上ノ住所ヲ有スルコトヲ得ルヤ

民法總論
平沼學士

第一

生活ノ本據ハ其總括シタル生活ノ中心點ナリ故ニ各法律關係ニ付テ個々別々ニ存在スルモノニ非ス故ニ各人ノ住所ハ唯一ニシテ一人カ同時ニ數個ノ住所ヲ有スルコトハ有リ得ヘカラサルコトナリ此點ニ付テ獨逸法ハ我國法ト異ナレリ獨逸法ニ從ヘハ一人カ同時ニ數個ノ住所ヲ有スルコトヲ得即チ或關係ニ於テハ一ノ場所ヲ本據トシ他ノ關係ニ於テハ他ノ場所ヲ本據トスルコトヲ許セリ佛法ハ我國ト主義ヲ同ウシ一般ノ住所即チ本住所ハ一人一個所ニ限ル英國法亦同シ

民法原論

第二

住所ハ生活ノ本據ナルカ故ニ必ス唯一ナルモノトス一人ニテ二個以上ノ住所ヲ有スルコトヲ得サルモノト解スヘシ是レ英佛一般ノ立法例ナリ（「プラニオル」一卷六二〇節「カピタン」六二頁）獨逸民法ハ之ニ反シテ其國ノ舊慣ニ基キ數個ノ住所アルコトヲ得ルモノトセリ（獨七）本法ハ此制度ヲ以テ錯雜ヲ生スル基トシ苟モ生活ノ本據ヲ以テ住所トスル以上ハ如何ナル場合ニ於テモ必

ス一個ニ限ルモノトスルコトヲ至當ト認メタルナリ

第三

本法ノ所謂住所ハ生活ノ本據ナリ畢竟歸來スヘキ外部ノ狀況アル場所ナリ故ニ二個以上存在スヘキ理由ナシ佛、伊、英等ノ民法亦皆此主義ニ依ル然レトモ獨逸民法ハ之ニ反シ生活ノ本據ヲ以テ各人ノ住所ナリト爲サヽルカ故ニ理論上住所ハ二個以上アリ得ヘク且ツ法文ニ於テモ明ニ之ヲ認メタリ本法ハ二個以上ノ住所ヲ認メサルヲ以テ其結果前住所ヲ廢止セスシテ新ナル住所ヲ設定スルコトヲ得ス然ラサレハ同時ニ二個以上ノ住所ヲ有スルノ結果ヲ生スヘキヲ以テナリ

第四

佛法系ハ之ヲ許サス英法系ハ本住所ハ一個ノ外ハ之ヲ許サス然レトモ商業上住所、政治上住所等ヲ認ム獨法系ハ之ヲ許ス（普總二七、索二七、獨二草一七）本法ハ之ヲ認メス蓋シ已ニ生活ノ本據ヲ以テ住所ト爲ス以上ハ生活ノ中心ハ必ス一地ニ歸ス可キヲ以テナリ

第五　諸國ノ立法例ハ一ニ歸セス獨逸普通法ヲ始メトシテ普國國法、索遜民法等ハ一人カ同時ニ數個ノ住所ヲ有シ得ルコトヲ認メ佛國民法法系ノ諸法典ハ之ニ反對ノ立法主義ニ依リ英米法ニ於テハ主タル住所ハ必ス一ケ所ニ限リ別ニ商業上ノ住所、政治上ノ住所、裁判上ノ住所等ヲ定ムルカ如シ而シテ本法ハ既ニ生活ノ本據ヲ以テ住所ト定メタルニ因リ一人カ同時ニ數個ノ住所ヲ有スルコトヲ得サルハ當然ニシテ生活ノ本據ハ果シテ何處ニ存スルカヲ定ムルハ事實問題ニ屬スト雖モ各人生計ノ中心タヘキ本據ハ必ス一ニシテ同時ニ數個アルコトヲ得サルハ當然ノ事理タルヘシ

【問題】新ニ住所ヲ設定セスシテ前住所ヲ廢止スルコトヲ得ルヤ

民法總論
平沼學士

第一　人カ全ク住所ヲ有セサルコトハ有リ得ヘキコトナリ即チ事實上生活ノ本據ヲ有セサル者ハ無住所ト爲サヽル可ラス例ヘハ浮浪人ノ如シ

民法總論 川名學士

第二

本法ハ無住所ヲ認ムルヤ否ヤ之ヲ認ムルモノト斷定セサル可ラス蓋シ住所ハ生活ノ本據ナルヲ以テ一定ノ住所ヲ定メス常ニ旅行スル旅役者ノ如キ又ハ漂泊スル浮浪人ノ如キハ住所ヲ有スルコトナケレハナリ從テ我民法上新ナル住所ヲ設定セスシテ前住所ヲ廢止スルコトヲ得ルモノト謂ハサルヲ得ス英法ニ於テハ法定住所ヲ認メ本住所ヲ廢止シ新ニ住所ヲ設定セサル間ハ從來ノ法定住所ヲ復活セシメテ住所ノ法律上ノ效果ヲ附着セシメタリ佛國民法ノ如キモ亦無住所ヲ認メス一ノ住所ヲ廢止シテ新ニ住所ヲ設定セサル限リハ前ニ廢止シタル住所ノ繼續セルモノト看做セリ獨逸民法ハ之ニ反シテ無住所ヲ認ムルモノトス

民法理由

第三

英佛法系ハ之ヲ認メス前住所繼續スルモノトス獨法系ハ住所ナキコトヲ認ム（獨民訴一八 同草一七）而シテ本法ハ住所ヲ有セサル者アルコトヲ認メタリ

（二三）蓋シ生活ノ本據ヲ以テ住所ト爲ス以上ハ其本據ヲ定メサルモノアル

可ク而シテ尚ホ前住所繼續スルモノトスルノ法制ヲ設クルノ要ナキヲ以テナリ

【問題】 失踪者ハ絕對的ニ之チ死亡シタル者ト看做スヘキヤ(三一、三二)

第一

一 失踪宣告ノ效力ハ一般ノ人ニ對シテ發生スヘキモノナルカ 失踪ノ宣告ハ判決ヲ以テ爲ス元來判決ノ效力ハ訴訟當事者ノミニ對シテ發生スルヲ原則トス換言スレハ判決ハ一般ニ訴外人ヲ益セス又之ヲ拘束セス然ルニ失踪ノ宣告ハ此法則ノ外ニ在ルモノナリ即チ失踪宣告ノ效力ハ單ニ失踪宣告ノ請求者並ニ失踪者ニ對シテノミ發生スルモノニ非スシテ一般ノ人ニ對シテ生スルモノナリ故ニ利害關係人ハ失踪宣告ノ請求者ナルト否トヲ問ハス總テ其效力ヲ主張スルトヲ得ルナリ

二 失踪宣告ノ效力ハ如何ナル法律關係ニ付テ發生スルカ 本法ハ單ニ死亡シタルモノト看做スト規定シ之ニ對シテ何等ノ制限ヲ示サス

故ニ文字通リニ解釋スレハ絶對ニ其人ヲ死亡シタルモノト同一視スルモノト論スルヲ正當ト爲スヘキカ如シ若シ此解釋ヲ正當トセハ實ニ奇怪ナル結果ヲ生スヘシ即チ本法ニ於ケル失踪ノ效力ハ宣告ヲ取消サヽレハ之ヲ消滅セシムルコトヲ得ス假令其人カ事實生存スコト明確ナルニ至ルモ宣告ヲ取消サヽル間ハ依然死亡者ト看做サル若シ總テノ關係ニ於テ絶對ニ此效力ヲ生スルモノトセハ其人ハ假令生存スルモ人格ヲ有セサルコト、爲ル詳言セハ其人ハ事實上ノ生活ヲ有スルニ過キスシテ法律上全ク權利能力ヲ有セス事實上活動スルモ有效ニ法律的行爲ヲ爲スヲ得ス宣告ノ取消サレサル間ハ一切ノ權利ヲ取得スル能ハス一切ノ義務ヲ負擔スル能ハス人類ノ形體ヲ具フル一種ノ生物トシテ生存スルノ外ナク法律上(少クモ私法上)禽獸ト同一ノ境遇ニ陷ルニ至ラン或ハ曰ハン死亡者ト看做サルヽ者カ人ニ非サルハ當然ナリ法律上人格者ニ非サル人類ヲ認ム可ラサルノ理由ナシト此ノ如キ解釋ハ徒ニ文字ニ拘泥シタルモノニシテ不當ナルコト明白ナリ勿論法律ハ萬能ナレハ此ノ如キ結果ヲ生セシムルコトヲ得ヘキモ正義ノ觀念ト背馳スル正義ノ觀念ト背馳スルカ如キ見解ハ之ヲ避クルコトヲ努メサル可ラス然ラハ如何ニ之ヲ解スヘキカ元來不在者ニ對シテ失踪ノ宣告ヲ爲ス目的ハ其者ノ親族上財產上ノ法律關係ヲ長ク不確定ノ狀態ニ置クコトヲ防クニ在リ其目的以外ニ不在者ヲ死亡者ト看做スノ根據ナシ然ラハ其目的ノ範圍內ニ其效力ヲ限定シテ可ナリ而シテ確定ヲ要スル法律關係ハ效力ヲ發生スヘキ當時ニ於ケル法律關係ニ外ナラス故ニ法定期間ノ滿了ノ時ニ於テ死亡シタルモノト看做スト云フ法文ハ其期間滿了ノ時ニ於ケル親族上財產上ノ法律關係ニ關シテ死亡者ト看做スト ノ意ニ解ス可キモノニシテ之ヲ解シテ一切ノ法律關係ニ付キ絕對ニ死亡シタルモノト看做スノ趣旨ト爲スハ最モ不當ナリ

失踪宣告ノ取消ハ本人之ヲ請求シ得ルコトハ第三十二條ノ規定スル所ナリ之ニ付テハ說明ヲ要ス元來失踪宣告ノ取消ハ本人自身ニ對シ

テ重大ナル影響ヲ及ホスハ勿論ナルヲ以テ此點ヨリ論シテ本人ニ請求權ヲ與フルハ當然ナリ然ルニ若シ本人カ宣告ノ效果トシテ一切ノ關係ニ於テ絕對ニ死亡シタルモノト看做サルヘキモノナルトキハ本人ハ宣告後有效ニ一切ノ行爲ヲ爲スコトヲ得サル筋合ナリ故ニ失踪宣告ノ效力ヲ絕對的ノモノト爲ス說ヲ採用セハ本人カ裁判所ニ請求ヲ爲ス行爲モ亦無效ナリト結論セサルヲ得ス之ニ反シテ若シ宣告ノ效力ハ法定ノ時期ニ現存スル法律關係ニ付テノミ生スルモノトセハ本人ハ失踪宣告後ニ於テ有效ニ一切ノ行爲ヲ爲スコトヲ得ルハ明ナリ故ニ當然宣告ノ取消ヲ裁判所ニ請求シ得ヘキコト、ナル可シ右ノ理由ナルヲ以テ若シ失踪宣告ノ效力ヲ絕對的ノモノト爲ス說ヲ採レハ第三十二條ニ於テ本人ニ請求權ヲ與フルコトヲ說明スルニ當テ大ナル困難ヲ感スヘシ之ニ反シテ若シ失踪宣告ノ效力ヲ相對的ノモノト爲サハ論理ヲ貫徹シテ此法文等ヲ解スルコトヲ得、余ハ相對說ニ從フ者第三十二條ヲ讀ミテ益々其正確ナルヲ覺ユ

法文ニハ汎ク「死亡シタルモノト看做ス」トアルニ由リ失踪ノ宣告ハ絶對的效力ヲ生スルモノト解セサル可ラス從テ失踪者カ他人ト爲シタル賣買其他ノ法律行爲及ヒ他人トノ間ニ生シタル不法行爲ノ如キモ總テ其效力ナキモノト謂ヲヘシ此等ノ行爲ヲシテ其效果ヲ生セシムルニハ先ツ第三十二條ノ規定ニ依テ失踪宣告ノ取消ヲ請求スヘキナリ民法解釋者中ニハ此點ニ付キ反對ノ見解ヲ採ル者ナキニ非サルカ如シ其說ニ失踪ノ宣告ハ人格ヲモ喪失セシムル者ニアラスト云フモ現ニ死亡者ト看做ストアル以上ハ已ニ人ニ非サルコトヲ明言セルモノニ非スヤ或ハ曰ハン法律上死亡者ト看做スコトハ專ラ利害關係人ノ爲ニ從前ノ權利關係ヲ確定スル趣旨ニ外ナラサレハ其目的ノ範圍外ニ適用スヘカラスト然ルニ此見解ノ如キモ亦確タル根據アルモノト認ムルコトヲ得ス蓋シ契約ノ相手方ト云ヒ不法行爲ノ被害者ト云ヒ何レモ利害關係人ニ非サルハナシ又其行爲ノ發生シタル時期如何ニ依テモ區別スヘキ理由アル

コトヲ發見セサレハナリ今夫レ立法問題トシテ考フルトキハ異見ナキニ非スト雖モ法文昭トシテ寸疑ヲ容ルヘキ餘地ナキヲ如何セン思フニ民法ハ同一ノ私法關係上ニ於テ或ハ死亡者ト爲シ或ハ生存者ト見ル如キ結果ヲ生スルコトヲ欲セス人格問題ノ如キハ最モ確實ニ定マルコトヲ必要トシ失踪ノ宣告ニハ其取消ノ言渡ナキ間完全ナル效力アルモノトシタルナリ但シ公法關係ハ民法ノ所轄ニ非サルカ故ニ失踪者ト雖モ刑法上ノ人格者タルコトハ妨ケサル所ナルヘシ

第三

失踪ノ宣告ハ失踪者ノ權利能力ヲ剝奪スル效力ノアルヤ否ヤハ疑問ナリ若シ其權利能力ヲ剝奪スルモノト爲サハ事實ニ於テ生存セル失踪者ハ何等ノ權利ヲ取得シ義務ヲ負擔スルコト能ハス其行爲ハ犬猫ノ行動ト毫モ異ナラス從テ人類ニシテ權利能力ヲ有セサルモノヲ生ス

獨逸ノ學者ギルケー氏獨逸私法論中ニ於テ死亡ノ宣告ハ失踪者ノ權利能力ヲ剝奪スルモノナリト說明セリ余モ亦爾ク信シタレトモ事實不都

合ノ結果ヲ生スルコト論ヲ俟タス又本法ハ失踪者ニ失踪宣告ノ取消ヲ請求スル權利ヲ與フルヲ見レハ(三二)爾ク解セサルヲ正當ト爲スヘキカ如シ從テ失踪ノ宣告ヲ認メタル目的ニ從テ本法第三十一條ノ所謂死亡ノ意義ヲ定メ此問題ヲ決スルヲ以テ其當ヲ得タルモノト信ス然則同條ニ所謂死亡トハ失踪期間滿了ノ時ニ於ケル法律關係ニ付キ其時ニ於ケル利害關係人ニ對シ又其者ノ爲ニ死亡シタルモノト爲スノ意味ニシテ其以後ノ法律關係ニ付キテ死亡シタルモノト爲スニ非サルヘシ失踪宣告ノ制度ハ生死不明ナル者ニ對スル利害關係人ノ法律上ノ地位ヲ確定スルヲ以テ其目的トナスカ故ナリ從テ失踪者自身ノ權利能力ヲ剝奪スルモノニ非サルコトヽ爲ル然ラハ失踪者カ尚ホ事實生存スルトキハ本人ハ從前ノ權利能力カ保續シ人類ニシテ自然人ニ非サルモノヲ生スルコトナキニ至ルヘシ

第二章　法人

第一節　法人ノ本質

第一

人類ハ總テ權利能力ヲ有シ人類ニシテ權利主體トナリ得サルモノナシ然則一切ノ權利ハ自然人ニ歸屬スヘキモノナルカ換言スレハ自然人以外ニハ權利ノ主體ヲ認ムルコトヲ得サルカ現今ノ法制ハ自然人ニ歸屬セサル權利ヲ認ム自然人ニ歸屬セサル權利ハ自然人ト別異ノ生存ヲ有スル組織體ニ歸屬ス

社會ニ數多ノ組織體ノ現存スルハ事實ナリ然レトモ社會ニ現存スル總テノ組織體カ權利主體タルヲ得ルモノニアラス法律ニ依テ人格ヲ與ヘラレタルモノト與ヘラレサルモノトアリ法律ヲ以テ人格ヲ與ヘラレタルニ由リ權利能力ヲ有スル組織體ヲ自然人ニ對シテ法人ト云フ

法人ヲ存スルニハ人格ヲ附與セラルヘキ本體ナカルヘカラス法人ノ本

體ノ性質ニ付テハ種々ノ學說アリ余ノ信スル所ヲ以テスレハ法人ハ法律ニ因テ權利能力ヲ賦與セラレタル所ノ實在ノ組織ナリ換言スレハ其本體ハ自然人ノ本體ト同シク實在スルモノニシテ其實在スル本體カ法律ニ因テ權利能力ヲ賦與セラル、モノナリ之ヲ虛無假裝ノモノトナシ單ニ法律ノ擬制ニ因テ存スルモノト論斷スルハ謬說ナリ

凡ソ生活アレハ生活ノ需要アリ法律ハ正當ナル需要ノ滿足ト正當ナラサル需要ノ滿足トヲ分別シテ前者ヲ保護ス法律カ權利ヲ認ムルハ其保護ヲ完ウスル所以ナリ需要ノ滿足ハ單一ノ人類ノミニ依テ遂行セラル、モノニ非ス人類箇々ノ目的ノ外ニ共同ノ目的アリ個々ノ人類ニ依テ達シ得ヘキ目的ノ外ニ人類孤獨ノ力ニ依テ達スルコトヲ得サル目的アリ故ニ一定ノ目的ノ爲ニ人類ノ結合ヲ生シ財產ノ集合ヲ釀成スルハ止ムヲ得サルノ現象ナリ法人ノ本體ハ人類若クハ財產ノ集合ニシテ獨立ノ組織體トナリタルモノニ外ナラス

一　社團法人　人ノ結合アレハ結合ノ目的アリ此目的ハ必シモ之ヲ組

織スル所ノ個人ノ目的ト一致セス啻ニ之ト一致セサルノミナラス時トシテハ之ト衝突スル場合アリ故ニ此目的ヲ達スルニハ個人ノ意思ト異ナリタル獨立ノ意思ヲ要シ個人ノ生活機能ト異ナリタル獨立ノ生活機能ヲ要ス即チ人類ノ結合カ固有ノ目的、固有ノ意思、固有ノ生活機能ヲ具備スルニ至ルトキハ之ヲ組成スル個人ト別異ノ生存ヲ有スル一ノ組織體ヲ生ス此ノ如ク人類ノ結合ニ由テ生スル獨立ノ組織體ヲ社團ト云フ

人類ノ結合ニ由テ成立スル組織體ニ固有ノ目的アルコトハ個人ニ固有ノ目的アルト同シク敢テ怪ムニ足ラス此組織體ニ固有ノ意思アルモ亦當然ナリ個人ノ意思ハ觀念ノ競合ニ由テ生ス此特徴ハ組織體ノ意思ニ付テモ亦存在ス即チ之ヲ構成スル所ノ各員ノ個々ノ意思カ共同ノ目的ノ爲ニ競合スルトキハ個々ノ意思ト異ナリタル新意思ヲ成立セシム個々ノ意思カ合シテ新意思ヲ成スハ恰モ觀念ノ競合ニ由テ個人ノ意思ヲ形成スルカ如シ組織體カ固有ノ生活機能ニ依ル固有ノ

働ヲ爲スコトモ明白ナリ組織體ハ其意思ヲ遂行スルカ爲メ人力ヲ使用シ其作用カ結局組織體自身ノ行爲ヲ形成ス而シテ使用セラレタル個々ノ人力カ組織體ニ對シテ有スル關係ハ人類ノ諸種ノ機關カ人類ニ對シテ有スル關係ト同一ナリ

右ノ如ク固有ノ目的、固有ノ意思、固有ノ生活機能ヲ有スル組織體ハ素ヨリ人類ノ如ク形體ヲ具フルモノニ非ス故ニ眼ヲ以テ之ヲ視ルコト能ハス手ヲ以テ之ニ觸ルヽコト能ハス然レトモ決シテ虛無假裝ノモノニ非ス形體ヲ具ヘサルカ故ニ幻影ナリト云フハ誤ニシテ其實在ハ吾人ニ於テ確ニ之ヲ感知スルコトヲ得ルナリ若シ形體ナキカ故ニ實在セスト云ハヽ法律モ亦實在セスト言ハサルヲ得ス電氣モ亦實在セスト言ハサルヲ得ス今日國家、地方團體又ハ諸種ノ公益若クハ營利ヲ目的トスル所ノ團體ハ現ニ其實在ヲ吾人ニ感知セシメツヽアルニ非スヤ

實在ノ組織體ハ法律ノ創設物ニ非ス人類共同生活ノ產出物ナリ元來

人類ハ自然ニ存在スル生理的作用ニ依テ發生スルモノニシテ法律ノ産出物ニ非サルハ明ナリ此組織體ハ素ヨリ人類ト其發生原因ヲ異ニス然レトモ其法律ノ産出物ニ非サルノ點ニ於テハ之ト異ナルコトナシ

共同生活ノ産出物ナル組織體ハ人類ト同シク其目的ヲ達スル爲ニハ法律ノ保護ヲ受ケサルヘカラス其生活ノ需要ヲ滿足スルカ爲メ法律關係ノ當事者ト爲ラサルヲ得ス故ニ法律ハ其目的ノ範圍ニ應シテ之ニ權利能力ヲ賦與スルナリ組織體ハ自然ノ人類ト同シク法律ノ産出物ニハ非サルモ其權利能力ハ法律ヲ離レテ存在スルモノニ非ス恰モ人類ノ權利能力カ法律ニ依テ存在スルカ如ク組織體ノ權利能力モ亦法律ニ依テ存在ス

之ヲ要スルニ人類ノ結合カ固有ノ目的、固有ノ意思、固有ノ生活機能ヲ有スル一個ノ組織體トシテ成立スルトキハ法人ノ本體ヲ生シ此本體カ法律ニ依リ權利能力ヲ賦與セラレテ人格ヲ有スルニ至ルトキハ法

人トシテ存在ス

二　財團法人　社會萬般ノ目的ハ單ニ人類ノ結合ニノミ依テ遂行セラルヽモノニ非ス個人又ハ社團ニ歸屬セサル營造物カ公共ノ用ニ供セラルヽコトアリ例ヘハ祭祀宗教ニ關スル目的ヲ有スル寺院、教育ヲ目的トスル學校、慈惠ヲ目的トスル病院、養育院ノ如シ此ノ如キ營造物カ、一個人ノ所有ニ屬シ又ハ國家、地方團體其他ノ社團ノ爲ニ設立セラレタルモノナルトキハ個人又ハ社團ノ機關タルニ過キス故ニ獨立ノ本體トシテ存立スル能ハス然レトモ此ノ如キ營造物カ現ニ存在スル所ノ權利主體ニ從屬セスシテ一定ノ目的ニ供セラルヽトキハ獨立ノ組織體トシテ存在ヲ有スルニ至ル此ノ如クシテ發生シタル組織體ヲ財團ト稱ス

財團モ亦固有ノ目的ヲ有ス而シテ固有ノ目的ハ固有ノ意思ヲ發生シ固有ノ意思ハ固有ノ生活機能ニ依テ遂行セラル

前述スルカ如ク財團モ亦社團ト同シク社會的ノ産出物ニシテ固有ノ

目的、固有ノ意思、固有ノ生活機能ヲ有スル實在ノ組織體ナリ此組織體ハ社團ト同シク法人ノ本體トナルコトヲ得法律ノ規定ニ從テ人格ヲ賦與セラルヽトキハ法人トシテ存立ス

以上説示スル所ニ依リ左ノ如ク論結スルコトヲ得ヘシ

人類以外ニ人格ヲ有シ權利主體トナリ得ヘキ者アリ之ヲ法人ト稱ス法人ノ本體ハ實在ノ組織體ナリ此組織體ハ其組成分子ノ合計ニ非スシテ別異ノ生存ヲ有シ別異ノ意思ヲ有ス

余カ説示スル所ハ所謂團體説ナリ團體説ハベーセレル氏ニ發シギルケー氏之ヲ唱ヘレーゲルスベルゲル其他多數ノ獨逸學者ノ主張スル所ナリ之ニ反對スル數多ノ學説アリ其大要ヲ左ニ示ス

第一説ニ曰ク社團又ハ財團ノ目的ノ爲ニ存在スル財産權ハ其實、權利主體ヲ缺如スルモノナリ然レトモ權利ハ主體ナクシテ成立スルコト能ハス故ニ法律ハ之カ爲ニ一ノ主體ヲ假想ス法人ハ此ノ如ク假装セラレタル主體ニシテ實在スルモノニ非ス

右示ス所ノ學說ヲ擬制說ト稱ス法人擬制說ハサヴィニー、プフタ、ウィンドシャイド等ノ唱道スル所ニシテ今日最モ汎ク行ハレ團體說ニ對スル最モ有力ナル反對論タリ

擬制說ヲ主張スル學者ハ法人ヲ以テ實在セサル假想ノモノト爲ス此說ハ權利主體ハ人類ニ限ルト云フ見解ヲ根據トスルモノナリ抑モ權利主體ハ人類ニ限ルト云フハ一ノ獨斷ニ過キス故ニ擬制說ハ根本ニ於テ誤謬アルモノト云ハサルヘカラス或ハ曰ク權利ノ目的タル利益ヲ享有スル者ハ人類タラサルヘカラス故ニ人類ニ非サル者ハ權利主體タルコトヲ得スト是レ權利ノ名義人ト權利ノ目的タル最終ノ利益ヲ享有スル者トヲ混同シタル謬說ニ外ナラス二者別異ノ人格者タルコトヲ得ルモノナリ此ノ如キ根據ニ依テ正解ヲ得ル能ハサルヤ明白ナリ

第二說ニ曰ク財產ハ之ヲ大別シテ二ト爲ス一ハ人ニ屬スルモノニシテ人ノ財產ナリ一ハ何人ニモ屬セスシテ一定ノ目的ニ供セラルヘキ目的財產ナリ所謂法人ハ目的財產ニ外ナラスト此說ハブリンツ、ベッカー等

ノ唱道スル所ニシテ一時勢力アリシモ今日ニ於テハ之ニ從フ者多カラスブリンツ等ハ權利主體ハ自然人ニ限ルト云フ根據ヨリ立論シテ主體ヲ發見スルコトヲ能ハサリシヨリ此說ヲ爲スニ至リシモノニシテ其基本ニ於テ誤謬アリ其結論ノ正確ナラサルヤ明白ナリ

第三說ニ曰ク元來社團又ハ財團ノ財產ニ依テ利益ヲ享有スヘキ者ハ自然人ナリ即チ社團ニ在テハ之ヲ組成スル社員タリ財團ニ在テハ寄附財產ニ依テ利益ヲ受クヘキ者例ヘハ病院ニ於テハ病人養育院ニ於テハ貧民ナリ權利ノ眞實ノ主體ハ之ヲ措テ他ニ求ムヘカラス然レトモ此ノ如クナルトキハ權利主體カ無制限ニ多數トナリ且ツ不確實タルコトヲ免レス隨テ外ニ向テノ關係ヲ錯雜ナラシメ正確ニ外人トノ取引ヲ爲ス能ハサルノ結果ヲ生スルニ至ルヘシ是ニ於テカ其全體ト外人トノ關係ノ爲ニ人工的ニ一ノ享有者ヲ作成スルコトヽシ社團又ハ財團ヲ假像シテ之ヲ權利ノ主體ト爲ス故ニ法人ハ純然タル人工的想像的ノ產出物ニシテ權利ノ實行ヲ容易ナラシムルノ機械タルニ過キス（「イエリング」等）此說モ亦權

利主體ハ自然人ニ限ルト云フ謬見ニ基クモノナリ

第二

法人ハ法律ノ假定ニ因テ人ト同一視スルモノナリ故ニ法律カ特ニ認許スルニ非サレハ存在スルコトヲ得サルハ言フヲ俟タサル所ナリ然ルニ外國例ヘハ獨逸等ニ於テハ法人ハ法律ノ認許ヲ待タス自然ニ存在スルモノナリト主張スル學者アリ是レ余ノ甚タ了解ニ苦シム所ニシテ自然ニ存在スル人ハ人類ナル動物ノ外、斷シテ有ルコトナシ而シテ社團法人ノ自然ノ狀態ハ單ニ自然人ノ集合タルニ過キスシテ其團體カ特ニ人體ヲ形成スルモノニ非ス況ヤ財團法人ニ至テハ全ク人ヲ離レテ存在シ財產ノ集合ナリト云フノ外自然ニ存スル人格ヲ認ムルコトヲ得ス蓋シ此ノ如キ誤謬ヲ生シタルハ畢竟法人タル人格ト其基礎タル分子トヲ混同シタルカ爲ニシテ社團法人ニ在テハ其基礎タル自然人ノ集合ハ法律ノ規定ヲ待タスシテ自然ニ存在スルコトヲ得ヘシ然レトモ之カ爲ニ其分子タル自然人ヲ離レテ人格ヲ生スルコトナシ又財團法人ニ在テハ財產ノ集合ハアルヘシ然レトモ之カ爲ニ自然ニ存在スル人格ヲ認ムルコトヲ得ス即チ此等ノ財產ハ法律ノ規定ヲ待チテ法人ヲ生スルニ非サレハ或ハ自然人ニ屬シ或ハ無主物タルヘキモノナリ故ニ法律ノ認許ヲ待タスシテ法人アリト云フハ殆ト想像ノ及ハサル所ナリトス

第三

法人ハ本來如何ナル性質ノモノナルヤ肉身ト共ニ意思能力ヲ具有セサル無形體ニシテ權利ヲ有シ義務ヲ負フハ唯外觀ニ過キサルヤ將タ人格ノ存在ヲ證スルモノナルヤ若シ果シテ獨立ノ人格ヲ有スルモノナリトセハ其原理ハ如何ニ之ヲ說明スヘキヤ惟フニ法人トハ自然人ニ非スシテ人格ヲ有スル者即チ或目的ノ爲ニ存立スル無形ノ團體ニシテ權利義務ノ主格ト爲ル者ヲ謂フトハ少クモ法人ノ存在ヲ認ムル者ニ取リテ異議ナキ所ナルヘシ然リト雖モ此ノ如キ定義ハ消極的ニ失シ法人ノ本質ヲ明ニスルニ足ラストスルハ普通一般ノ見解ナリトス而モ更ニ進ンテ積極的ニ其所謂法人ノ本質ヲ究メントスルニ當リテハ古來學說紛然ト

シテ歸着スル所ヲ見ス今玆ニ此問題ニ付キ諸學者ノ說ヲ擧ケテ其當否ヲ詳論スルコトヲ得スト雖モ余ノ所見ニ依テ之ヲ大別スレハ左ノ三說ニ歸着スヘシ

一 擬制說 此說ニ依レハ法律ハ自然人ノ爲ニ存在スルモノナルカ故ニ自然人以外ニ人格ヲ有スル者ハ本來之アルヘカラス唯、社會生活ノ必要上ヨリ法律ハ擬制ヲ以テ一種ノ人格ヲ創造セリ法人トハ即チ是ナリ擬制ナル語ヲ俗解セハ畢竟法律カ自然ノ狀態ニ反シテ假設シタルモノナルコト即チ自然人ニ非サルモノヲ恰モ自然人ノ如クニ觀察シ獨立ニ權利義務ノ主體タルコトヲ得セシメタルモノナリトノ觀念ニ外ナラス此說ハ羅馬以來最モ汎ク行ハレタルモノニシテ今日ニ在テモ佛國ノ法學者ハ尙ホ一般ニ此說ヲ主張セリ獨逸ニ於テモサヴィニー、アルンツ、プフタ、ヴィンドシャイド等ノ諸學者ハ何レモ此說ヲ採用セリ思フニ法人ナル語ハ獨逸學者ノ首唱ニ係ルモノニシテ畢竟此見解ニ基因セルモノナルヘシ即チ自然人ト異ナリテ法律カ製造シタル人格

ト云フ意義ニ外ナラサルナリ

抑モ何故ニ自然人ニ限リテ人格ヲ有スルコトヲ前提トスルヤト云フニ此根本ニ遡テ考フルトキハ學説更ニ一定セス然リト雖モ普通一般ノ説ニ依レハ自然人ニ限リテ意思能力ヲ有ス其意思能力カ即チ人格ノ基礎ニシテ法律ハ唯其人格ヲ承認スルニ過キス之ニ反シテ法人ニハ意思能力ナキカ故ニ法律ハ擬制ニ依テ特ニ人格ヲ創造スルモノニ外ナラスト云フニ在リ然ルニ此觀念タルヤ根底ニ於テ誤レルモノト信ス蓋シ意思ハ自己又ハ他人ノ爲ニスル行爲能力ノ要件ナルモ權利能力即チ人格ノ要件ニハ非ス若シ夫レ意思能力ナキカ故ニ法律ノ擬制ニ因リ始メテ人格ヲ有スルモノナリトセハ嬰兒又ハ喪心者ノ人格モ亦擬制ニ基クモノト謂ハサルヘカラス此ノ如キ法理ハ未タ曾テ聞カサル所ナリ

二　自然存在説　此説ノ要旨ハ法人ハ決シテ法律ノ創設物ニ非ス人間共同生活ノ必然ノ結果トシテ發生スルモノニシテ法律ハ自然人ニ對

スルト同一ニ其人格ヲ認定スルニ過キス之ヲ認定セサラント欲スルモ能ハサルナリ古代ニ於テモ國其他ノ公法團體ノ如キハ既ニ其人格ヲ認メラレタルコト疑フヘキニアラス後世種多ノ法人ノ存立ヲ見ルニ至リタルモ是レ唯實際ニ法人ノ數カ加ハリタルノミニシテ毫モ論理ニ變更ヲ來スコトナシ畢竟社會ノ必生物ニシテ法律ハ往昔自然人ニ付キ奴隷ナル無人格者ヲ認メタルト同一ニ或團體ニ對シテ其人格ヲ許否シ又ハ制限スルコトヲ得ルハ論ナシト雖モ法人其モノハ法律ノ創定ヲ俟タスシテ當然存在スルモノナリト云フニ在リ此說ハ獨逸ノ學者チーテルマン及ヒベゼレル之ヲ首唱シギールケ之ヲ傳唱シテ以來頗ル有力ナル學說ト爲レリ而シテ其論據ニ至テハ多少說明ヲ異ニスル所ナキニ非スト雖モ要スルニ此等諸學者ノ說ニ依レハ法人ニハ決シテ意思ナキニ非ス自然人ト全ク同一ニ意思能力ヲ有スルモノナリ然ラハ其意思如何ト云フニ畢竟法人ヲ組織スル者ノ意思ノ集合ヨリ成ル共同意思ニシテ其各自ノ意思ト混同セサル一種集合的ノモ

ノニ外ナラス而モ其意思ハ現實ニ存在シ機關ニ依テ之ヲ表示スルモノナリト云フニ在リ財團法人ニ付テハ多少議論ナキニ非スト雖モ今此ニハ之ヲ述ヘス此學說ハ近時擬制說ノ中心タル佛國及ヒ白耳義ニ於テモ漸ク勢力ヲ有スルニ至レリ例ヘハオーリユー、ミシユー、レネ、カピタン等ノ諸氏ハ即チ此說ニ贊同スル者ナリ

此學說ハ人格ノ範圍ニ關シテ擬制說ト結果ヲ異ニスル所ナキヲ得ス即チ擬制說ニ於テハ擬制ヲ必要トシタル理由ノ存在スル範圍內ニ於テノミ之ヲ認メントスルモ自然存在說ニ在テハ之ニ反シテ法人ノ性質上適用ヲ生シ得ヘカラサルモノヲ除ク外ハ一切ノ點ニ於テ自然人ト同一視セントスル傾向アリ思フニ法人ニ名譽權アルト否トノ如キハ即チ兩說カ其結果ヲ異ニスル一點ナルヘシ

三　不存在說　此說ノ要旨ハ法人ナルモノハ全ク空物ニシテ獨立ノ人格者カ實在スルニ非ストノ見解ナリ而シテ此說ニ數派アリ或ハ法人ヲ以テ或目的ノ爲ニ存在スル無主財產トスル說アリ（「ブリンツ」「ベツケル」）或ハ擬

制人ニ裝ヒタル共同財產ニ外ナラストノ說モアリ（「プラニオル」）或ハ又法人ナル獨立ノ人格者アルハ唯外觀ニ過キス眞實ノ權利主體ハ其裏面ニ匿ル丶自然人ナリトスル說モ之ナキニ非ス（「ロギン」「ファンデンホイヴエル」）此他學者中ニハ法人ノ種類ニ依テ人格アルモノトナキモノトヲ區別スル種々ノ說アリ（「カピタン」一二八頁同註）學說紛々トシテ殆ト歸着スル所ヲ見サルナリ

以上述ヘタル所ハ法人ノ性質ニ關スル歐洲學說ノ概況ナリトス此問題ハ學理上甚タ重要ノモノナルコトヲ疑ハスト雖モ現ニ內外諸國ノ法典ニ於テ一定ノ要件ノ下ニ法人ナル一種ノ人格ヲ認メ權利義務ノ主格タルコトヲ得ルモノトセル以上ハ其人格ノ存在セサルコトヲ主張スル餘地アルヲ見ス若シ夫レ立法ノ理由ニ遡テ法人ハ自然人ノ爲ニ設ケラレタル制度ナリトスルハ別論ナルモ國法ノ說明トシテ人格ノ存在ヲ否認スル如キハ妄見ト謂ハサルコトヲ得ス又本法ニハ現ニ法人ハ「法律ノ規定ニ依ルニ非サレハ成立スルコトヲ得ス」トアルニ因リ（三三）自然存在說ヲモ採用セサリシコト明瞭ナリト謂フヘシ然ラハ此規定ハ擬制說ヲ採リ

タル證據ト見ルヘキヤト云フニ本法ハ決シテ此ノ如キ學理上ノ問題ヲ決定スル趣意ニ非ス又其必要アルコトナシ學者ハ尙ホ此點ニ於テ裕ニ議論ノ自由ヲ有スルモノト解スヘキナリ

擬制說ト自然存在說トハ現ニ互角ノ勢力ヲ以テ學界ニ覇ヲ爭ヒツヽアリ然ルニ學理上ヨリ考究スルモ此兩說ハ何レモ人格ノ基礎ヲ誤解セルコトナキヤ余輩ノ所見ヲ以テスレハ右多數學者ノ議論ハ少クモ人格ノ觀念ヲ明ニセサルヨリテ自然法又ハ天賦人權主義ヲ根據トセル觀ナキ能ハス今夫レ人格ニ意思ヲ必要トスルノ當否ハ別問題トシテ先ツ擬制說ニ在テハ自然人ニ限リテ當然人格ヲ有スルコトヲ前提トスルモ是レ自然人ヲ以テ自然界ノ一生物ト見ルト法律上權利義務ノ主體即チ人格ト見ルトノ兩方面ヲ混同シタルモノニ外ナラス如何ニ自然人ト雖モ其天然ニ固有スルモノハ唯肉身ノミ生活ノ必要ニ迫ラレテ衣食住ノ欲望ヲ充タスコトノ如キハ他ノ生物ニ付テモ見ル自然界ノ一現象ニシテ恰モ風吹キ雨降ル事實ト一般ニ自然界ノ法則ニ支配セラルヽモノナリ此

點ヨリ人類ヲ研究スルニハ生物學其他ノ學科アリ法律ノ關知スル所ニ非ス之ニ異ナリ人類カ他人トノ關係ニ於テ或ハ權利ヲ有シ或ハ義務ヲ負フコトアルハ畢竟其共同生活ノ規則タル法律ナルモノアリテ始メテ起ル事實ナリトス自然人ト雖モ法律ニ因ラスシテ人格ヲ有スルコトハ斷シテ之ナキナリ唯古來自然人ノ人格ハ法律ヲ以テ特ニ之ヲ賦與スル形式ヲ取ルコトヲ必要トセス何レノ國ノ法律ニ於テモ自然人ハ恰モ當然人格ヲ固有スルモノヽ如クニ見テ其權利義務ヲ定メタルハ事實トス然リト雖モ是レ唯人格ヲ認ムル方式ニ關スルコトタルノミ決シテ法律以外ニ人格ヲ有スルモノト解ス可ラス自然人ト雖モ人格ヲ有セサリシコトアルハ奴隷又ハ准死ノ制度行ハレタル一事ヲ以テモ之ヲ知ルコトヲ得ヘキナリ是ニ由テ觀レハ人格ナルモノハ全ク法律ノ效果ニシテ自然人ト法人トノ間ニハ唯之ヲ享有スル方式及ヒ範圍ヲ異ニスルノミ即チ此點ヨリ言ヘハ人ハ皆法人ニシテ自然人ト法人トノ間ニ區別アルコトナシ法人ニ限テ法人ナル名稱ヲ用フルハ便宜上慣例ニ從ヒタルモノ

ニ過キス法人ノ人格ヲ認ムルコトハ社會生活上自然人ノ人格ヲ認ムルト同一ノ必要ニ出テタルモノナリ唯一切ノ點ニ於テ之ヲ認ムルコトヲ必要トセサルノミ

自然存在說ニ在テハ自然人ト法人トノ間ニ以上述ヘタル如キ懸隔アルコトヲ認メス自然人ニ限テ人格ヲ固有スルモノニ非ストスル點ハ可ナリト雖モ法人モ自然人ニ同シク當然人格ヲ有スルモノト爲スニ至テハ謬見ト謂ハサル可ラス抑モ何故ニ此ノ如キ說カ近世ニ起テ大ニ勢力ヲ占ムルニ至リタルヤト云フニ全ク歷史上ノ理由ニ基クモノト信ス即チ此說ハ古來一般ニ流行シタル擬制說ニ於テ法人存立ノ範圍ヲ定ムルコト狹隘ニ失シ現社會ノ實際ニ適セサルヨリ其反動トシテ起リタルモノニ外ナラス故ニ近世ニ於ケル法律運用ノ實況ヲ表彰スルモノトシテハ寔ニ無理ナラサル觀念ト謂フヘシ然リト雖モ學理上人格ノ基本ヲ誤解セル點ハ敢テ擬制說ニ讓ルコトナシ要スルニ自然存在說即チ實在說ニ於テハ人格ヲ享クヘキ團體ト人格其モノトヲ混同シタルモノトス恰モ

擬制說ニ於テ自然界ノ一生物タル人類ト法律上ノ人即チ人格トヲ混同シタルト同一ナリ人格ヲ享クヘキ團體ハ自然且ツ現實ニ存在スルモノナランモ人格其モノハ法律ヲ俟チテ始メテ存在スルモノト謂ハサルヘカラス

之ヲ要スルニ所謂法人ノ本質ニ關スル問題ハ今日尙ホ未タ研究ヲ盡サレタルモノト謂フヘカラス將來斯學ノ攻究益々進ムニ從ヒ遂ニ解決ヲ得ル時期アルヘシ思フニ前記ノ三說ハ何レモ其基ク所ノ思想ヲ一ニスルモノニシテ畢竟自然法又ハ天賦人權ノ觀念ニ其源ヲ汲ムモノナルヘシ殊ニ佛國諸學者ノ說ニ至リテハ最モ其觀ナキコトヲ得サルナリ今ヤ之ニ反シテ成法ヲ基礎トシテ人格ノ事ヲ說明スル以上ハ法人ノ觀念ハ毫モ奇異トスルニ足ラス國法上ニ於テ人格ヲ有スヘキモノハ必シモ或種ノ團體ニ限ルコトヲ前提ス可ラス例ヘハ相續人アルコトノ分明ナラサル場合ニ於テ一時相續財產ヲ以テ法人ト爲ス如キコトモ之アルナリ

(一〇五一)苟モ立法者ニ於テ社會生活上必要ト認ムルトキハ如何ナルモノニ

人格ヲ賦與スルモ固ヨリ其權能ナリトス唯必要ノ範圍外ニ於テ之ヲ爲サヽルノミ法人ヲ認メタルハ畢竟自然人ノ爲ナリト云フ如キハ立法ノ理由ヲ說明スル方法ニ過キス法人其者ノ性質ヲ說明スルニ足ラサルナリ要スルニ法人ハ自然人ト毫モ其人格ノ基本ヲ異ニスルモノニ非ス何レモ法律ニ因テ存在スルモノニシテ唯其人格ヲ享有スル方式及ヒ範圍同一ナラサルノミ法人ナレハトテ特ニ其人格ノ基礎ヲ論スル必要ヲ見サルナリ

第四

法人ハ自然人ニ非スシテ權利能力ヲ有スルモノ(Wesen)ヲ謂フ其モノトハ何ソヤ是レ法人ノ本體本質ニ關スル問題ニシテ法律學上ノ一大難問ナリ法人ノ本體ニ關スル從來ノ學說ヲ大別スルトキハ三說アリ曰ク目的財產說曰ク實在說曰ク法律擬制說是ナリ

一 目的財產說　此說ニ依レハ法人ハ一定ノ目的ヲ有スル財團ナリトナシ財產ト法人トハ異名同物ナリト解ス其說ニ曰ク總テノ財產ハ之

ヲ二個ニ大別スルコトヲ得一ハ何人ニモ屬セサル財産ニシテ唯或一定ノ目的ノ用ニ供セラルヽモノナリ二ハ或人ニ屬スル財産ナリ前者ハ之ヲ目的財産(Zweckvermögen)ト稱シ後者ハ之ヲ人的財産(Personenvermögen)ト名ツク所謂法人ト稱スルモノハ目的財産ナリト是レドメリユース氏ノ主唱ニ始マリプリンツ、ベツカー氏等之ニ和シ一時有力ナル說ナリシト雖モ近世ノ學者ハ概ネ之ヲ排斥スルニ至レリ蓋シ此學說ニ從フトキハ何人ニモ屬セサル財産ヲ以テ法人ナリトスルカ故ニ其財産ハ主體ナキ財産ナリ從テ所有者ナキ所有權權利者ナキ物權、債權者及ヒ債務者ナキ債權債務ヲ生スルニ至リ主體ナキ權利義務ノ存在ヲ認ムルモノナルノミナラス近世ノ所謂法人ヲ認メサルモノナレハナリ

三　法人實在說　法人ハ假想上ノ一體ニ非スシテ現實ニ存在スルモノナリト說クモノナリ此說ニ依レハ法人ハ自然人ノ集合セル實物ナリ即チ自然人ノ集合體ナル實物ヲ離レテ無形ノ一體ヲ想像スルコトナ

ク社團其モノヲ以テ法人トナスモノナリベーセレル氏ノ首唱ニ係リギルケー氏ニ至テ其基礎ヲ固メロージン、レーゲルスペルグル氏等極力主張スル所ナリ其要ニ曰ク凡ソ獨立ノ意思ハ人格即チ權利能力ノ本體ヲ爲スモノニシテ自然人カ權利能力ヲ有スルハ此獨立ノ意思アルカ故ナリ而シテ或共同ノ目的ヲ爲スニ一定ノ組織ヲ以テ集合シタル人類ノ團體ハ之ヲ組織セル各個人ノ意思ノ働キニ因テ其各個人ノ意思ト異ナリタル獨立ノ意思ヲ生スルモノナリ此意思ハ各個人ノ意思ノ合計ニ非スシテ之ト別異ナル獨立ノ意思ナリ之ヲ總意（Gesammtwille）ト稱ス一定ノ目的ノ爲ニ集合セル組織的ノ團體ハ必ス總意ヲ生ス是レ乃チ團體其モノヽ意思ナリ團體ハ團體トシテ意思能力ヲ有ス獨立ノ意思ヲ決定スルノ能力ヲ有ス其能力ヲ有スルカ故ニ團體其モノカ乃チ權利能力ヲ有スルナリ法人ナリトスルニアリ然レトモ此學說ハ財團法人ノ本體ヲ說明スルコト能ハサルノミナラス社團法人ノ權利義務ハ其團體ヲ組成スル社員ノ權利義務ノ集合ナリト論決セサルヘカラサルヲ以テ法人カ獨立シテ權利ヲ有シ義務ヲ負フモノナリトノ觀念ニ反スルモノナリト謂ハサルヘカラス且ツ又人類ノ權利義務ノ集合ハ即チ法人ノ權利義務ナルカ故ニ自然人ノ享有スルコトヲ得ル總テノ權利ハ法人ノ享有スルコトヲ得ルモノナリトノ論決ヲ生スルニ至ル是レ固ヨリ何人モ認メサル所ニシテ此説ノ缺點ヲ示スモノト謂フヘシ

三　法律擬制説　法律ノ擬制(fiction)トハ法律ノ力ヲ以テ眞實ナラサル事實ヲ眞實ナリトスルコトヲ謂フ法律擬制説モ亦此意義ニ外ナラス分テ左ノ二説ニ大別スルコトヲ得

甲　自然人擬制説　法人ハ自然人ト看做サレタルモノナリトナス其要ニ曰ク權利能力ハ自然人獨リ之ヲ有ス故ニ自然人ニ非スシテ權利能力ヲ有スルモノナシ從テ權利能力ヲ有スル法人ハ法律ノ力ニ依リ自然人ニ非スシテ自然人ト看做サレタルモノナリト説明スルナリ此説ハ權利能力ノ享有ハ獨リ自然人ノミナリトシ自然人以外

ニ於テ權利能力ヲ有スルモノナシトスルヲ以テ其基礎ト爲ス其本源ノ觀念ハ權利ハ意思ノ力ナリトノ意義ノ誤解ニ基クモノナリ權利ハ意思ノ力ナリト雖モ只一定ノ意思ヲ實行スルコトヲ得ルノ力ナルコトヲ意味ス敢テ權利者自ラ其意思ヲ實行スルコトヲ必要トスルノ意思ニ非ス或ハ權利ハ獨リ自然人ノ利益ノ爲ニ存在スルモノナルヲ以テ自然人ニ非サレハ之ヲ享有スルコトヲ得ス法人ハ自然人ト看做サレタルモノナリト說明スル者ナキニ非スト雖モ自然人以外ノモノニ權利能力ヲ享有セシムルモ敢テ權利ハ自然人ノ利益ノ爲ニ存在スルモノナルコトヲ妨ケス自然人以外ノモノニ權利ヲ享有セシムルコトカ自然人ノ利益ヲ保護スルコト丶ナレハナリ法人ハ權利能力ヲ有スルニ因リ之ヲ自然人ナリト看做スト爲スハ到底採用スルコトヲ得サルナリ假ニ一歩ヲ讓リ此說ニ從ハンカ法人ハ自然人ト同一ノ權利能力ヲ有スルモノトセサルヲ得ス實際ニ於テ不當ナルコト明ナリ

乙　法人假想説　法人ハ假想上ノ一體ニシテ法律ハ之ニ權利能力ヲ與フルモノナリト爲ス故ニ此説ニ依レハ法人ハ決シテ自然人ト看做サレタルモノニ非ス唯法律ニ依テ假想セラレタル無形ノ一體ニシテ法律ハ之ニ權利能力ヲ附與スト爲ス詳言スレハ社團法人ニアリテハ之ヲ組成セル社團ナル實物ヲ基礎トシテ社團ナル一ノ抽象的無形ノ一體ヲ想像シ財團法人ニアリテハ財團ナル實物ヲ基礎トシテ財團ナル無形ノ一體ヲ想像シ之ニ權利能力ヲ附與シタルモノナリト爲スウインドシヤイド、ザルコースキー氏等ノ主張スル所ナリ余ハ姑ク此學説ニ從フ

第五

法人トハ法律ノ擬制ニ因ル權利ノ主體ナリ（リユーメリン（Methodisches über Juristische Personen. ローギン La Begle du Droit 三八五頁以下）（以下分析説明）

一　法人ハ法律ノ擬制ナリ　法人ニ關シテハ學説極マリ無シ或ハ擬制ニ非スト爲シ（非擬制主義）或ハ通常法人ト稱スルモノノ中或モノハ擬制ニ

シテ或モノハ然ラスト爲シ（折衷主義）或ハ法人ハ擬制ナリト爲ス（擬制主義）然レトモ近時ニ至テハ其法律ノ擬制ニ係ル權利主體タルノ點ニ於テハ殆ト異論ナシトス

二　法人ハ社團又ハ財團ニ人格ヲ與ヘタルモノナリ　法人ハ法律ノ權力ニ依テ創設シタル權利ノ主體タルニ外ナラス即チ人類ノ集合體又ハ財産ノ集合體ニ擬制ニ依テ人格ヲ與ヘタルモノタリ是レ甚タ奇怪ナルカ如シト雖モ自然人ト雖モ人類ナルカ故ニ人格アルニ非ス法律ノ認ムルニ因テ人格アリ唯人格トハ意思ヲ主張スルノ能力ナルヲ以テ自然人ニ對シテハ法律ハ當然其固有ノ人格ヲ認ムルニ過キスト雖モ人類又ハ財産ノ集合體ハ素ヨリ意思ヲ有スルモノニ非サルカ故ニ法律ハ擬制ヲ以テ之ニ人格ヲ與フルモノタリ

三　法人ノ能力ハ法律ニ因ルモノナリ　法人ハ法律ノ擬制ニ出ツルヲ以テ其人格ヲ有スルノ範圍モ亦法律ニ依テ定マル法人ハ人格ヲ得ルカ故ニ自然人ト同一ノ能力アリト云フ可カラス法律ノ認許スル範圍

內ニ於テ人格アルニ過キサルナリ而シテ法律カ法人ヲ設クルノ目的ハ專ラ近世ノ公共心ノ發達ト經濟上ノ進步ニ在ルカ故ニ從テ法人ノ能力ハ主トシテ財產權ニ限ラレ法人カ親族權ヲ有スルコトナシトス

民法要義 **第六**

法人トハ人ニ非サル者ヲ以テ法律上或範圍內ニ於テ人ト同一視シタルモノニシテ權利義務ノ主體ト爲リ訴訟其他法律行爲ノ當事者ト爲ルコトヲ得ルモノナリ

民法正解 **第七**

法人ノ本質ニ關スル學者ノ見解ハ頗ル區々ニシテ法人ナルモノノ法律上ノ存在ヲ否認セントスル論者ノ如キハ法人ノ本質ニ關スル從來ノ學說ヲ以テ徒ニ空理空想ヲ弄スルモノトシ敢テ之ヲ顧ミスト雖モ既ニ立法上相當ノ理由ノ存スルアリテ法人ナルモノヲ認ムル以上ハ又自ラ學理上其本質ヲ講究セサル可カラス今之ニ關スル學說ヲ概括的ニ分類スルトキハ凡ソ三種ノ學說即チ實在說、意思說及ヒ假想說ノ三種ニ大別ス

ルコトヲ得ヘシ左ニ其要領ヲ述ヘ併セテ之カ當否ヲ辯セン

一　實在說　抑モ法人トハ共同ノ力ニ依テ繼續的ノ或目的ヲ實行センカ爲メ多數人ノ結合シタル團體其モノニ外ナラストノ見解ハ所謂社團法人ニ付キチボー、カウフマン諸氏カ既ニ唱導セシ所ニシテ之ヲ財團法人ニ附會セシムルトキハ即チ財產ノ集合體其モノハ財團法人ノ實體ヲ爲スモノト云フヘク要スルニ法人ハ自然人ノ如ク實質的存在ヲ有スルモノナリト認ムルヲ以テ法人實在說ノ本領トス然レトモ若シ果シテ法人カ自然人若クハ財產ノ集合體其モノヲ以テ自己ノ本體トシ之ニ依テ實在ヲ保ツモノトセハ團體員若クハ財產部分ノ增減變更ハ直チニ法人ノ存在ニ影響ヲ及ホシ其消滅變更ノ原因タラサルヲ得ス殊ニ實在說ニ依レハ社團法人ノ團體員ト法人トハ全ク同一體ニ歸シ法人ノ權利義務ハ即チ團體員ノ權利義務ニシテ法人ノ財產ハ即チ團體員各自ノ財產ヲ爲スニ非サレハ少クトモ其共有ニ屬シ法人ハ獨立ノ主格トシテ特別ノ財產ヲ有セストト云ハサルヲ得ス然ルニ以上二個ノ論結ハ恰モ法律カ自然人以外ニ於テ特ニ法人ナルモノヲ認メタル立法ノ主旨ニ悖リ法人カ權利ノ主格トシテ法律上獨立ノ存在ヲ保ツコトヲ得ヘキ理論ノ要旨ニ反スルコト更ニ喋々ノ辯ヲ要セス蓋シ法律カ認メテ權利ノ主格トナシ得ヘキモノハ理論上必スシモ實在ヲ有スル本體ニ限ラサルヘカラサル理由ナク寧ロ自然人若クハ財産ノ集合體ト實質的關係ヲ有セスシテ別ニ權利ノ主格ノ存在ヲ認ムルコトヲ得ルハ當然ノ事理タルノミナラス之ニ因テ始メテ各個人ノ任意ノ處置ニ因リ濫リニ存廢セシメラルヽコトナクシテ公私ノ目的ニ從事スル權利ノ主格ヲ制定スルコトヲ得ヘキノミ然ラハ法人實在說ハ皮相ノ見解トシテ普通ニ了解シ易シト雖モ立法上ハ勿論理論上ニ於テモ其當ヲ得サルモノト云フヘシ

二　意思說　法人ノ本質ハ人ノ意思ニ存ストノ學說ハ近時チーテルマン氏等ノ主張スル所ニシテ實在說ノ如ク法人ノ實質的存在ヲ認ムルニ至ラスト雖モ亦後ニ說明スル所ノ假想說ノ如ク法人ヲ以テ單ニ虛

空ノ觀念ニ止マルモノト爲スニ至ラス寧ロ法人ハ人ノ意思ヲ本體トシテ抽象的存在ヲ保ツモノナリトシ即チ社團法人ニ在テハ團體員ノ合致ノ意思ヲ以テ又財團法人ニ在テハ設立者ノ意思ヲ以テ法人ノ本體ヲ爲スモノナリト解說セリ然レトモ本說ハ團體員ノ各自ノ意思カ合致シテ事實上獨立ノ一體ヲ爲シ能ク其存在ヲ保チ得ヘキモノタルコトヲ論證シタルニ非ス却テ斯ノ如キ意思ノ獨立存在ハ單ニ一個ノ空想タルニ止マリ團體員ヲ離レテ其合致ノ意思カ事實上獨立ノ一體トシテ存在スト云フ如キハ意思ノ性質上肯認スヘカラサル所トス而シテ財團法人ニ於ケル設立者ノ意思ニ付テモ之ト同一ノ理論ニ從ハサルヲ得サルモノニシテ設立者カ或目的ノ爲ニ財團法人ヲ設立セントト欲シタルコトヲ標準トシテ法人ヲ創設スヘシト雖モ設立者ヲ離レテ此者ノ意思ノ獨立存在ヲ認メ財團法人ノ本體ハ此意思ニ存スト云フ如キハ是レ亦一個ノ空想ニ基クニ非サレハ意思ノ性質ニ反スル見解ト云ハサルヲ得ス加之法人ノ本質ヲ以テ人ノ意思ニ歸セントスル

學說ハ或ハ權利ノ主格タル者ハ意思ヲ有スルモノタルコトヲ要ストノ論據ニ出ツルニ非サルカヲ疑ハシムルモノニシテ若シ果シテ斯ノ如キ論據ニ基クモノナルニ於テハ本說ハ既ニ其根本ニ於テ誤謬ニ陷レルモノト云ハサル可カラス何トナレハ權利ヲ行使スルニハ意思ノ存在ヲ要スト雖モ權利ノ主格タルニハ敢テ意思ノ存在ヲ必要トセサレハナリ要スルニ意思說ハ法人ノ本質ヲ假想シタルニ止マリ事實上法人ノ本體ハ意思ニ存スルコトヲ論證シタルニ非ス且ツ此論斷ハ意思ノ性質ト相容レサルモノト云フヘシ

三 假想說　法人ハ無形ノ主格トシテ自然人ノ如キ實質的存在ヲ有スルモノニ非ス又假設ノ觀念トシテ意思ノ如キ抽象的存在ヲモ有スルニ至ラス單ニ吾人ノ想像力ニ據テ或本體ヲ假想シ之ニ人格ヲ附與シテ以テ權利ノ主格ト認メタルモノ是レ即チ法人ニシテ法人ハ想像上ノ一觀念タルニ過キスト云フヲ以テ假想說ノ要領トシ羅馬法學者ヲ始メトシテ多數ノ學者カ普通ニ唱道スル有力ナル學說トス蓋シ本說

ニ依レハ社團法人ニ於ケル各團體員若クハ團體員全體ヲ以テ直チニ權利ノ主格ト認ムルニ非ス團體員ノ集合體ヲ基礎トシテ單一ナル包括的ノ觀念ヲ描出シ此假想的本體ヲ以テ權利ノ主格ト認ムルモノニシテ既ニ想像上ノ單一體タル以上ハ其存在ニ付キ團體員ト實質的關係ヲ有セサルコト理論上明白ナルノミナラス實際上ニ於テハ之ニ因テ或目的ノ爲ニ創設セラレタル法人ハ團體員ノ增減變更ノ爲ニ其存在ヲ左右セラルヽコトナク能ク其目的ニ隨フテ存續スルコトヲ得以テ法律カ特ニ法人ナルモノヲ制定シタル立法ノ本旨ニ適セシムルコトヲ得ヘシ而シテ財團法人ニ付テモ假想說ハ財產ノ集合體ニ基キテ單一ナル包括的ノ本體ヲ想像シ之ヲ以テ權利ノ主格ト認ムルモノニシテ其理論上及ヒ實際上ノ結果ハ社團法人ニ付テ述フル所ト異ナルコトナシ然ラハ假想說ハ法人ノ性質ヲ說明シテ理論上並ニ實際上適當ノ論結ヲ收ムコトヲ得ルモノト云フヘシ

第二節　法人ノ種類

第一　公法人及ヒ私法人　此區別ハ所謂權力團體及ヒ非權力團體ノ區別ニ該當ス公法人ニ於テハ團體ト其分子トノ間ニ命令服從ノ關係アリ私法人ニ於テハ此ノ如キ關係ヲ存セス從テ公法人ハ其目的ヲ達スル力爲ニ强制ヲ用フルコトヲ得レトモ私法人ハ强制ヲ以テ其目的ヲ達スルノ手段ト爲スコトヲ得ス

國家ハ公法人ノ最モ顯著ナルモノナリ國家ノ行政區畫ハ一面ニ於テ國家ノ機關タルト同時ニ他ノ一面ニ於テ獨立ノ生存ヲ有シ獨立ノ人格ヲ有スルコトヲ得此ノ如キ場合ニ於テハ其行政區畫ヲ以テ公法人ト爲ス其他法令ノ規定ニ依リ人格ヲ賦與セラレタル團體ニシテ强制力ヲ有スルモノハ國家ノ行政區畫ト同シク公法人ニ屬ス例ヘハ商業會議所、産業組合ノ如シ官廳ハ純然タル國家機關ニシテ獨立ノ人格ヲ有セス故ニ之ヲ法人ト爲スコトヲ得ス

商法ノ規定ニ依テ設立セラレタル商事會社及ヒ民法ノ規定ニ從テ成

立スル所ノ社團、財團ハ總テ私法人ナリ

公法人私法人ノ區別ハ目的ノ異ナルニ依テ生スルモノニ非ス或ハ曰ク公法人ハ公益ヲ目的トシ私法人ハ私益ヲ目的トスト公法人カ公益ヲ目的ト爲スハ勿論ナリ然レトモ公益ヲ目的トスルハ敢テ公法人ニ限ラス私法人ト雖モ公益ヲ目的トシテ存立スルコトヲ得ヘシ

公法人、私法人ノ區別ハ私法上ノ權利義務ノ主體ト爲リ得ルヤ否ヤニ由テ生スルモノニ非ス私法上ノ權利義務ハ公法人モ私法人モ同シク之ヲ享有スルコトヲ得、公法人ハ其公法的方面ニ於ケル生活關係ノ外ニ私法的方面ニ於ケル生活關係ヲ有ス即チ私法人ト同シク財産權ノ主體ト爲リテ所有權其他ノ物權ヲ享有シ債權關係ノ當事者ト爲ルコトヲ得ヘシ

公法人私法人ノ區別ハ公法上ノ法律關係ノ當事者ト爲ルコトヲ得ルヤ否ヤニ由テ生スルモノニ非ス私法人ト雖モ私法的法律關係ノ當事者ト爲ルノ外、公法的方面ニ於ケル生活關係ニ入リテ權利ヲ享有シ義

務ヲ負擔スルヲ得ヘキヤ勿論ナリ

公法人私法人ノ區別ハ其成立ノ本源ニ由ルモノニ非ス公法人ハ私法上ノ法律行爲ニ由テ成立スヘキモノニ非スシテ共同生活ノ發展ニ伴フテ自然ニ發生シ又ハ法令ニ依テ特ニ設立セラルヽモノナリ私法人ハ多クノ場合ニ於テ私法上ノ法律行爲ヲ成立ノ基礎ト爲ス然レトモ之ヲ以テ發生ノ唯一ノ原因ト爲スコトヲ得ス其本源ヲ公法人ト同一ノ事由ニ求メ得ヘキ場合アルヤ明白ナリ

二　社團法人及ヒ財團法人（一五三乃至一五七頁參照）

三　公益法人及ヒ營利法人　公益法人及ヒ營利私人ノ區別ハ其目的ノ異ナルニ依テ生スルモノナリ公益法人ハ財産上ノ利益（有形利益）ニ關セサル事項ヲ目的トスル法人ナリ本法第三十四條ニ於テ祭祀、宗教、慈善學術、技藝其他公益ニ關スル社團又ハ財團ニシテ營利ヲ目的トセサルモノト言ヘルハ之ニ該當ス本法ニ於テ列記スルモノヽ外ニ法人ノ目的ト爲シ得ヘキ公益ノアリ得ヘキコトハ勿論ナリ例ヘハ政治、社交ヲ

目的トスル團體ノ如キハ皆公益ニ關スルモノナリ

公益法人ハ財產上ノ利益ヲ目的トセサルモ財產ヲ以テ其目的ヲ達スルノ手段ト爲スコトヲ得サル可ラス故ニ公益法人カ活動スルニ當リ財產上ノ利益ヲ目的トスル行爲ヲ爲シ得ヘキヤ明ナリ例ヘハ學術ヲ目的トスル法人カ雜誌ヲ發行シテ之ヲ販賣スルカ如シ

營利法人ハ財產上ノ利益（有形利益）ニ關スル事項ヲ目的トスル法人ナリ

營利ハ必シモ收利ヲ意味セス財產上ノ利益ニシテ全ク收利ト爲ラサルモノアリ例ヘハ物品ノ賣買、交換ヲ目的トスル場合ニ於テ假令之ニ由リテ利潤ヲ得ルコトヲ目的ト爲サヽルモ營利タルコトヲ失ハス

營利法人、公益法人ノ區別ハ私法上ノ社團ニ付テ生スルモノナリ財團法人ニハ此區別ナシ即チ財團法人ハ總テ公益法人ナリ元來財團ハ財產ヲ一定ノ目的ニ供スルニ由テ存立スルモノニシテ之ヲ組成スル社員ヲ有セス然ルニ法人ノ目的トスル財產上ノ利益ハ結局其社員ニ歸スヘキモノナリ故ニ獨立ノ財團ヲ設ケテ全ク個人ニ歸ス可ラサル財

産上ノ利益ヲ増進スルト云フコトハアリ得ヘカラサルコトナリ即チ財團ノ目的ハ常ニ個人ニ屬セサル公共ノ利益ヲ増進スルニ在リ財團法人中、營利法人ニ屬スヘキモノナキ理由明白ナリト云フヘシ本法第三十四條ニ於テ公益ニ關スル社團、財團ト云ヒ第三十五條ニ於テ營利ヲ目的トスル社團ト云ヒ營利ヲ目的トスル財團ニ付テ規定ヲ存セサルハ當然ノ筋合ナリトス

營利法人ハ商事ヲ目的トスルモノアリ商事ニ非サル事項ヲ目的トスルモノアリ商事ヲ目的トスルモノハ商事會社ナリ商法ニ所謂合名會社、合資會社、株式會社、株式合資會社是ナリ商事ニ關セサル營利社團ハ民事上ノ社團法人（民事會社）ナリ商事會社ハ總テ商法ノ規定ニ依テ支配セラル商事ヲ目的トセサル營利法人ハ直接ニ商法ノ適用ヲ受クルモノニ非サルモ本法第三十五條ニ從ヘハ商事會社ニ關スル規定ヲ之ニ準用ス

法人ハ之ヲ大別シテ公法人及ヒ私法人ノ二種トス
公法人トハ國其他國家公共ノ事業ノ爲ニ存立スル法人ヲ謂フ府、縣、郡、市町、村等是ナリ公法人ト雖モ財産權ノ主體タルコトヲ得ルハ私法人ト相異ナル所ナシト雖モ其本來ノ目的カ國家的事業ニ在ルヨリシテ之ニ關スル規則ハ公法殊ニ行政法ニ於テ之ヲ定メ民法ノ範圍ニハ屬セサルモノトス
私法人トハ私ノ事業(國家ノ公務ニ對スル意)ヲ營ムコトヲ目的トスルモノヲ謂フ即チ個人ニ依テ設立且ツ維持セラルヽモノナリ普通之ヲ分テ(一)公益法人及ヒ營利法人(二)社團法人及ヒ財團法人トス
一　公益法人、營利法人　公益法人トハ祭祀、宗教、慈善、學術、技藝其他公益ニ關スル社團又ハ財團ニシテ營利ヲ目的トセサル法人ヲ謂フ(三四)公益法人ハ公法人ト相似テ混同スヘカラサルモノトス蓋シ公益法人ハ公共ノ便益ヲ目的トスルモ國家ノ公務ヲ行フモノニ非ス公益事業ハ決シテ國家ノ專有物ニ非サルナリ公益法人ハ常ニ私ノ事業ヲ營ムモノ

ト見ルヘシ唯其目的カ公益ヲ計ルニ在ルカ故ニ國家ハ一定ノ條件ヲ以テ之ニ人格ヲ賦與スルニ過キス故ニ純然タル私法人ナルコト疑ヲ容レス是レ即チ普通私法タル民法中ニ於テ之ニ關スル規定ヲ置カレタル所以ナリ

營利法人トハ經濟上ノ利益ヲ營ムコトヲ目的トスルモノヲ謂フ其主要ナルモノヲ商事會社トス

民法ニ於テハ内國法人ハ公益法人ト營利法人トノ二種ヲ出テサルモノトセルカ如シ(三四、三五)故ニ一法人ニシテ同時ニ公益及ヒ營利ヲ目的トスルモノナキコトハ疑ナキ所トス然リト雖モ公益ヲ目的トセサルモノハ必ス營利ヲ目的トスルモノト解スヘキヤニ付テハ疑ナキ能ハス例ヘハ産業組合又ハ相互保險會社ノ如キハ其何レニモ屬スルモノニ非サルヘシ思フニ是レ公益及ヒ營利ナル語ヲ以テハ未タ盡サヽル所アルニ因ルモノナルヘシ或ハ獨逸民法ニ於ケル如ク經濟上ノ目的ヲ有スルト否トニ依テ區別スルコト至當ニハ非サリシカ(獨二一、二二)但シ右

二種中ノ何レニモ屬セサルモノハ各特別法ニ規定シアリ民法ノ適用ヲ受クヘキモノハ實際殆ト之アルコトヲ見サルナリ

二　社團法人、財團法人　社團法人トハ共同ノ事業ヲ營ム目的ヲ以テ集マル人ノ團體ヨリ成ル法人ヲ云ヒ、財團法人トハ一定ノ目的ニ供セラレタル財産ヨリ成ル法人ヲ云フ

第三

一　公法人　公法人トハ公法上ノ法人ニシテ公法ニ依テ發生シタル法人ナリ國家、行政區劃、公ノ目的ノ爲ニ設ケラレタル團體之ニ屬ス國家ハ法人ナリヤ否ヤニ付テハ議論ノ存スル所ナレトモ多數ノ學説ニ從ヘハ國家ヲ以テ公法人ト爲ス或ハ法人ハ法律ノ規定ニ依テ作成セラレ法律ハ國家ノ命令ナルヲ以テ國家ナキ以前ニ於テ法律ナク從テ又法人ナキナリ故ニ國家ヲ法人ト爲スニハ國家ナキ以前ニ於テ既ニ法律ノ存在シタルコトヲ想像セサル可ラスト爲シ國家法人説ヲ破ラントスル者アリト雖モ國家ヲ法人ナリト主張スルハ其生來ニ於テ

法人ナリト謂フニ非ス法律ハ勿論國家アリテ後ニ制定セラルヽモノナリト雖モ國家ハ其法律ニ依テ自己ヲ法人ナリト爲スコトヲ得ルハ妨ケサル所ナリ其時ニ於テ國家ハ法人トナルナリ換言スレハ國家ハ法律ヲ以テ自己ヲ獨立ノ權利主體ト爲シタル時ヨリ法人トナルナリ現ニ獨逸帝國ノ如キハ其帝國憲法ノ制定ニ依テ獨逸帝國ナル國家ヲ獨立ノ權利義務ノ主體ト認メタルモノナルヲ以テ獨逸ノ國家ハ此時ヨリ法人トナレリト云フヘク此意義ニ於テ近世ノ國家ハ法人ナリ

二　私法人　私法人トハ私法ニ依テ發生シタル法人ナリ公益ヲ目的トスルモノアリ私益ヲ目的トスルモノアリ而シテ私法人ト公法人トノ區別ハ其目的ノ公私ニ依ルニ非スシテ其發生ノ淵源タル法律ノ公私ニ因ルモノナリ私法人ハ之ヲ分チテ二ト爲ス一ハ社團法人ニシテ二ハ財團法人ナリ

甲　社團法人　社團法人トハ一定ノ目的ノ下ニ集合セル權利主體ノ團體ヨリ成立スル法人ナリ之ヲ組織スル各團體員ハ之ヲ社員ト稱

ス社團法人ハ之ヲ二個ニ區別ス一ヲ公益法人ト謂ヒ他ヲ營利法人ト稱ス

子　公益法人　公益法人トハ財産上ノ行爲ニ關セサル事項ヲ目的トスル法人ナリ獨逸學者ハ之ヲ理想法人(Idealverein)ト稱ス即チ祭祀、宗教、慈善、學術、技藝ヲ目的トスル法人ハ本法第三十四條ニ依テ當然公益法人タリ然レトモ公益法人ハ單ニ此等ノモノニ止マラス政治上ノ目的ヲ以テ集合シタル政社ノ如キ又ハ親睦ヲ圖ルカ爲ニ合同シタル團體ノ如キモ之ヲ法人ト爲ストキハ公益法人タリ然レトモ財産上ノ行爲ニ關セサル事項ヲ目的トストハ之ヲ以テ其直接ノ目的ト爲スコトヲ意味スルモノナリ故ニ其目的ヲ達スルノ手段トシテ財産上ノ行爲ヲ爲スモ敢テ公益法人タルコトヲ失ハサルナリ例ヘハ會員ノ親睦ヲ目的トスル法人カ會員ノ便利ノ爲ニ煙草又ハ飲食物ヲ會員ニ販賣スルカ如キ又ハ讀書ノ奬勵ヲ目的トスル法人カ其目的ニ必要ナル書籍、新聞、雜誌等ヲ購求シ又ハ不用トナリタル書籍等ヲ賣却スルカ如キハ法人ノ目的ヲ達スルノ手段トシテ財產上ノ行爲ヲ爲スモノニシテ之ヲ以テ直接ノ目的トスルモノニ非ス其法人ハ公益法人タルヲ失ハサルナリ

丑　營利法人　營利法人トハ財產上ノ行爲ニ關スル事項ヲ目的トスル法人ナリ敢テ收益ヲ目的トスルコトヲ必要トセス故ニ例ヘハ町村組合ナル法人カ貨物ヲ買入レ之ヲ其買入代金ト同一ノ價額ヲ以テ町村內ニ居住スル者ニ販賣スルコトヲ目的トスル場合ニ於テハ是レ敢テ利益ヲ得ルコトヲ目的トスルモノニ非スト雖モ財產上ノ行爲ニ關スル事項ヲ目的トスルモノナルヲ以テ營利法人タルヲ失ハス所謂營利ヲ目的ト爲ストハ（三五）其直接ノ目的カ營利ニアルコトヲ意味シ間接ノ目的ノ何タルヲ問ハサルナリ例ヘハ數人合同シテ一ノ法人ヲ設立シ勞働者ノ健康ニ適スヘキ家屋ヲ造リ之ヲ勞働者ニ賃貸シ其純益ヲ或ハ法人ニ收メ或ハ資本

ヲ醸出シタル者ニ分配スト爲シタル場合ニ於テ此法人ノ目的トスル所ハ家屋ヲ建テヽ之ヲ勞働者ニ賃貸スト謂フニアリテ勞働者ノ健康ヲ圖ルコトハ寧ロ其間接ノ目的即チ遠因ナルヘシ其法人ハ營利法人ナリト謂ハサル可ラス

營利法人ハ其目的ノ商事ニアルト民事ニアルトニ依テ之ヲ民事會社及ヒ商事會社ノ二ト爲ス營利法人ニシテ而モ商事會社ニ非サルモノトハ例ヘハ物品ノ轉換ヲ目的トスルモ之ニ依テ收益スルコトヲ目的トセサル法人（前示町村法人）又ハ專ラ賃銀ヲ得ルヲ目的トシテ卷煙草ノ製造ヲ爲ス所ノ法人ノ如シ（商二六四）

乙　財團法人　財團法人トハ一定ノ目的ノ爲ニ供用セラルヘキ財產ノ集合體ヨリ成ル法人ナリ社團法人ハ之ヲ分テ公益法人及ヒ營利法人ト爲スコトヲ得レトモ財團法人ハ單ニ公益ヲ目的トスルモノノミニシテ營利ヲ目的トスルモノナシ本法第三十四條ハ「其他公益ニ關スル社團又ハ財團ニシテ營利ヲ目的トセサルモノ」ト規定スル

カ故ニ其裏面ニ於テ營利ヲ目的トスル財團法人アルカ如ク見ユ然レトモ同條ニ所謂營利ヲ目的トセサルモノトハ公益ヲ目的トスルコトヲ意味シ敢テ財團法人ニシテ營利ヲ目的トスルモノアリトノ謂ニ非ス若シ然ラストセハ本法ハ營利ヲ目的トスル社團法人ノ設立及ヒ其存立ニ關スル規定ノミヲ設ケ營利ヲ目的トスル財團法人ノ設立及ヒ其存立ニ關シテハ何等ノ規定ヲ設ケサリシモノト謂ハサル可ラサルニ至ルヘシ是レ民法ノ精神ニ非ス民法ハ營利ヲ目的トスル財團法人ヲ認メサルナリ蓋シ一定ノ財産ヲ以テ營利的ノ事業ヲ營マントスル場合ニ於テハ其利益ノ結局ノ享有者ヲシテ其財産ノ主體タラシムレハ足レリ敢テ殊ニ財團法人ヲ設立スルノ必要ヲ認メサルカ故ナリ故ニ學問奬勵ノ目的ニ供用セラルヘキ財産ヲ提供シ財團法人ヲ設立スルコトヲ得レトモ一定ノ商業ノ用ニ供セラルヘキ目的ニ於テ一定ノ財産ヲ提供シ財團法人ヲ設立スルコトヲ得ス

一　公法人　公法人トハ即チ公ノ事業ノ爲ニ存在スルモノヲ云フ其重ナルモノハ國、行政區劃（例ヘハ市町村）公ノ目的ヲ有スル造營物（例ヘハ學校、病院）公ノ目的ヲ有スル會合（例ヘハ水利組合、商業會議所）等ナリ公法人ハ勿論私權ノ主格タルモノナリト雖モ之ニ關スル規則ハ行政法ヲ以テ之ヲ定ム

二　私法人　私法人トハ即チ公益又ハ營利ヲ目的トシテ私ノ事業（國家ノ公務ニ關係ナキ）ヲ營ムモノヲ云フ私法人ハ又分テ二ト爲ス

甲　社團法人　即チ一定共同ノ目的ノ爲ニ集マリタル自然人ノ集合體ヨリ成立スル法人ニシテ其公益ヲ目的トスルト營利ヲ目的トスルニ因テ公益的社團法人及ヒ營利的社團法人ノ二ト爲シ營利的社團法人即チ會社ハ其目的ノ民事ニ在ルト商事ニ在ルトニ依テ民事會社、商事會社ニ分ツ

乙　財團法人　即チ一定ノ目的ニ供セラレタル無主財産ノ集合體ヨリ成立スル法人ナリ例ヘハ寄附金ヲ以テ設立シタル病院、目的ヲ定

メテ學校ニ寄附シタル金錢土地(其金錢土地カ自ラ人格ヲ有ス)財團法人ハ悉ク公益的法人ナリ其他相續人ノ曠缺セル財產、要役地、君主、官吏等ヲ法人ト爲ス者アレトモ誤ナリ

第五

法人ニ二種アリ一ヲ社團法人トシ一ヲ財團法人トス社團法人トハ二人以上相集マリテ一定ノ目的ノ爲ニ設立シタルモノナリ財團法人トハ或財產ヲ一定ノ目的ニ供シ其財產ノ主體ヲ創生センカ爲ニ設立シタルモノナリ例ヘハ會社協會等ノ名義ヲ以テ營利ヲ計リ公益ヲ圖ルモノ、類ハ社團法人ニシテ社寺、養育院等或財產ヲ以テ宗教、慈善ノ目的ヲ達センカ爲ニ設立スル法人ハ財團法人トス

第三節　法人ノ權利能力

第一

法人ハ權利能力ヲ有スルモ其範圍ハ自然人ト同一ナルコトヲ得ス即チ法人ノ權利能力ニ對シテハ法人タルノ性質ヨリシテ當然生スヘキ限界

アリ其目的ヨリ生スル限界アリ法律ノ規定ニ由テ生スル制限アリ

一　法人ノ性質ニ基ク限界　法人ハ自然人ノ如ク身體ヲ有セサルカ故ニ人身權ヲ有スルコト能ハス即チ生命權、身體權及ヒ自由權等ノ如キ人身ニ關係アル權利ハ事實上法人ニ歸屬スヘカラサルモノナリ法人ハ又自然人ノ如ク親族關係ノ當事者タルコトヲ得ス故ニ親族權ヲ享有スルコト能ハス例ヘハ法人カ親權、夫權、後見人ノ權ヲ取得スルコトハ想像シ得ヘカラサルコトナリ

法人カ名譽權ヲ有スルコトヲ得ルヤ否ヤニ付テハ議論アリ余ハ法人ハ自然人ト同シク名譽權ヲ有スルモノト信ス法人ノ社會上ノ地位ニ危害ヲ加ヘタル場合ニ於テ其害ヲ被ルヘキモノハ法人自身ニシテ其組成分子ニ非ス隨テ法人自身ハ名譽毀損ヲ理由トシテ加害者ニ對シテ損害賠償ノ訴ヲ提起スルコトヲ得ヘシ

法人カ主トシテ有スヘキ權利ハ財産權ナリ法人ノ性質ニ基キテハ其享有スルコトヲ得ヘキ財産權ニハ制限ナシ即チ動産不動産ニ對スル

所有權其他ノ物權ヲ享有スルコトヲ得ルハ勿論、債權ヲ有シ債務ヲ負擔スルノ能力ヲ有ス唯人身ヲ要素トスル所ノ債務ヲ負擔スルコトヲ得サルノミ

二 法人ノ目的ニ由リ生スル限界　法人ハ其目的ノ範圍内ニ於テ權利能力ヲ有ス即チ目的ニ關係ナキ權利ヲ有シ又ハ義務ヲ負擔スルコトヲ得ス法人ノ目的ハ定款又ハ寄附行爲ニ由テ定マル法人ハ此目的ニ屬セサル事業ヲ爲スコトヲ得ス法人ニ權利能力ヲ認ムルハ此目的ノ爲ニ必要ナルカ故ナリ故ニ此目的ト關係ナクシテ得タル權利又ハ負擔シタル義務ハ之ヲ法人ノ權利義務ト爲スコトヲ得ス(三四)

三 法律ノ規定ニ由ル制限　法律ハ自然人ノ權利能力ニ限界ヲ付スルコトヲ得ルカ如ク法人ノ權利能力ニ對シテモ制限ヲ付スルコトヲ得今日ノ法制ノ下ニ於テハ自然人ノ權利能力ニ對スル制限ハ外國人ニ付テ存在スルノミ將來ニ於テモ之ニ制限ヲ加フルコトナカラン是レ文明社會ニ於ケル一般ノ法律現象ナリ法人ニ付テハ然ラス法人カ或

程度ヲ越エテ強大ト爲ルハ國家ノ存立ヲ危クスルノ虞アリ又法人カ過度ニ財產ヲ集中スルトキハ經濟社會ヲ攪亂スルノ虞アルカ故ニ其權利能力ヲ制限シテ其財產上ノ力ヲ過大ナラシムルコトヲ防止スルノ必要アリ故ニ外國ニ於テハ法人カ特殊ノ權利ヲ取得スルニ付キ國家ノ承認ヲ必要トスル等ノ規定アリ本法ニハ此ノ如キ規定ヲ存セス

第二

法人ノ人格即チ權利能力ノ範圍ハ其本質ニ關スル學說ニ依テ差異ナキコトヲ得スト雖モ普通一般ノ說ハ財產上ノ權利能力ヲ有スルモノニ過キストセリ(佛國公法雜誌一九〇一年第二號「サレイユ」法人論二〇二頁)固ヨリ法人ハ無形ノ人格者ナルカ故ニ婚姻其他親族關係ヨリ生スル權利義務ノ主格ト爲ルコトナキハ言ヲ俟タス然リト雖モ其權利能力ヲ以テ一ニ財產權ノ範圍ニ限ルモノトスルコトハ當ヲ得サルヘシ苟モ或目的ノ爲ニ獨立ノ人格ヲ認メタル以上ハ其目的タル事業ヲ完成スルニ必要ナル名譽、信用等ヲ保全スル權利ナカル可ラス是レ決シテ法人ヲ設立又ハ組織セル各人ノ權利ト混同スヘキモノニ非サルナリ本法ニ於テモ財産權ト限定セル明文ナキ以上ハ此解釋ヲ下スニ妨ケナカルヘシ但シ此點ニ關シテハ佛獨等ノ國ニ於テモ議論ナキニ非ス

第三

法人ノ權利能力ハ我民法上二個ノ限界ニ依テ限定セラル法人其モノ、一般ノ性質ヨリ生スル限界及ヒ法律ノ規定ヨリ生スル限界是ナリ

一　法人其モノヽ一般ノ性質ヨリ生スル限界　法人ハ自然人ニ非ス從テ人類ヲ條件トシテ享有スヘキ權利ハ之ヲ享有スルコト能ハス例ヘハ生命、身體ノ安全權、自由權及ヒ親族、後見ノ權等ノ如キ親族法上ヨリ生スル多クノ權利ニ付キ總テ之ヲ享有スルノ能力ナキナリ

法人ハ自然人ト同シク名譽權ヲ有スルヤ否ヤニ付テハ大ニ議論ノ存スル所ナリ然レトモ名譽權ヲ有セサルヲ以テ通說トス蓋シ所謂法人ニ對スル誹毀ハ社團法人ニアリテハ其社員若クハ理事、監事、財團法人ニアリテハ其理事若クハ監事ニ對シ各別ニ其名譽權ヲ害スルモノト

云フヘケレハナリ從テ法人ノ理事ハ當然他ノ理事又ハ監事ノ代理人トシテ損害賠償ヲ請求スルコトヲ得ス

三　法律ノ規定ヨリ生スル限界　權利能力ハ法律ノ付與スルモノナルカ故ニ其範圍ハ法律ヲ以テ隨意ニ限定スルコトヲ得ヘシ本法ハ第四十三條ニ於テ法人ノ權利能力ノ範圍ヲ規定シ「法人ハ法令ノ規定ニ從ヒ定款又ハ寄附行爲ニ因テ定マリタル目的ノ範圍內ニ於テ權利ヲ有シ義務ヲ負フ」ノ能力ヲ有スト爲ス故ニ

甲　法人ハ其目的ノ範圍內ニ於テ權利能力ヲ有ス　目的ノ範圍內トハ法人ノ目的トナシタル事業ヲ遂行センカ爲ニ必要ナル範圍ナリ法人ハ必ス一定ノ目的ヲ有シ法律ハ其目的ヲ達セシメンカ爲ニ之ヲ法人ト爲スモノナリ法人ノ權利能力ハ其目的ノ範圍ニ因テ限定セラルヘキコト當然ナリ法人ノ目的ハ定款又ハ寄附行爲ニ依テ定マルモノナルカ故ニ法人ノ有スル權利能力ノ範圍ハ定款又ハ寄附行爲ニ因テ決定スヘキモノトナル

乙　法人ハ法令ノ規定ノ範圍內ニ於テ權利能力ヲ有ス　法人ノ權利能力ハ其目的ノ範圍內ニ於テ之ヲ有ストトモ公益上ノ理由ニ基キ法令ヲ以テ其權利能力ヲ制限セラルヽコトアリ例ヘハ神社、教會又ハ寺院ニ對シテ妄リニ信徒ヨリ寄附金ヲ募リ又ハ過分ノ負債ヲ爲スコトヲ制限又ハ禁止スルカ如キ是ナリ

然ラハ法令ヲ以テ法人ノ目的ノ範圍外ニ存スル權利能力ヲ法人ニ附與スルコトヲ得ルヤ余ハ此問題ニ對シテ消極的ノ斷定ヲ與ヘソト欲ス蓋シ第四十三條ニ「法人ハ法令ノ規定ニ從ヒ――權利ヲ有シ義務ヲ負フ」ト規定シタルハ其目的ノ範圍外ニ於テモ法人ニ權利能力ヲ認ムルコトアリトノ意義ニアラス其目的ノ範圍內ニ於テ權利能力ヲ制限セラルヽコトアルヲ示シタモノナレハナリ蓋シ本法ハ既ニ定款又ハ寄附行爲ニ依テ定マル目的ニ基キ其設立ヲ認許シ及ヒ其目的ノ範圍內ニ於テ權利能力ヲ認メタルニ拘ラス後ニ至テ法令ノ規定ヲ以テ目的外ニ權利能力ヲ擴張セシムルコトヲ得ルカ如

キハ特定セル目的ノ爲ニ法人ノ設立ヲ認ムル立法ノ主旨ニ反スルノミナラス何故ニ同條ニ「目的ノ範圍内ニ於テ權利ヲ有シ義務ヲ負フ」ト規定シタルヤノ理由ヲ發見スルコト能ハサルニ至ルヘケレハナリ

第四 法人カ名譽權ヲ有スルヤ否ヤニ付テハ學說及ヒ立法例ニ於テ故ラニ之ヲ決定シタルモノナキカ如シト雖モ既ニ法人ハ獨立ノ主格トシテ其名義ヲ以テ社會ニ存立シ世人ノ褒貶毀譽ニ因テ法人其モノ丶名聲ニ良醜ノ差異ヲ生シ從テ法人ニ對スル社會ノ信用ハ著シク增減シ法人ノ消長ニマテ其影響ヲ及ホスモノナレハ法人ハ其名ヲ重ンセサル可ラサル點ニ於テ敢テ自然人ト異ナルヘキ理由ナク從テ法律ハ法人ノ良名ヲ保護セサル可ラサルコトハ自然人ノ名譽ヲ保護スル必要ニ比シテ其間ニ差別ヲ立ツヘキ理由ナシトス然ラハ法律ハ法人ニ對シテ其名譽權ヲ認ムルハ固ヨリ至當ノ事ニシテ法人ハ即チ名譽權ヲ有スルモノト云フヘク

殊ニ本法ハ法人ノ名譽權ヲ否認スルモノニ非スシテ寧ロ廣ク法人ノ諸種ノ權利ヲ認メントスルモノナレハ法人ハ名譽權ヲ有スト解釋スルモ敢テ立法ノ本旨ニ牴觸スルコトナカル可シト信ス

第四節　法人ノ行爲能力

第一　自然人ニ意思アルカ如ク法人ニモ亦意思アリ自然人ノ意思カ生理的作用ニ由テ發生スルカ如ク法人ノ意思モ一定ノ形式ニ由テ成立ス自然人ノ行爲ハ意思ノ表白ナリ法人ノ行爲モ亦意思ノ表白ナリ法人ハ意思能力ヲ有スルト共ニ行爲能力ヲ有ス

自然人ノ行爲ハ其自然ニ具有スル所ノ機關ノ活動ニ由テ生ス法人カ法律、定款若クハ寄附行爲ニ由テ定マルヘキ機關ヲ有スルコトハ恰モ自然人カ出生ト同時ニ機關ヲ具有スルカ如シ而シテ法人ノ機關ハ自然人ノ機關ノ如ク活動シ法人ハ機關ニ由テ意思ヲ作成シ其機關ノ發動ニ由テ之ヲ表白ス法人ハ一定ノ目的ヲ具ヘテ成立スヘキモノニシテ其目的ヲ離レテハ存在スルコトヲ得ス法人ノ意思並ニ法人ノ活動モ其目的ノ範圍ニ限定セラル可キモノナリ故ニ法人ハ其目的ノ範圍内ニ於テ意思能力ヲ有シ行爲能力ヲ有スルモノト言ハサル可ラス

法人カ其目的ノ範圍内ニ於テ有スル行爲能力ハ法律行爲能力ニ限ラス責任能力ヲモ包含ス法人ノ機關カ法人ノ業務ヲ執行スルニ當リ其資格ニ於テ法律行爲ヲ爲ストキハ之ヲ法人ノ法律行爲ト爲ス可キモノナルコト明白ナリ法人ノ機關カ其業務ヲ行フニ當リ其資格ニ於テ不法行爲ヲ爲スコトヲ得ルヤ不法行爲ヲ爲スハ勿論法人ノ目的ニ非ス然レトモ不法行爲ヲ爲スコトカ目的ヲ遂行スル爲ノ手段トナルコトヲ妨ケス法律行爲ヲ爲スコトハ夫レ自身法人ノ目的ニ非サルモ其目的ヲ達スルノ手段トシテ之ヲ爲セハ其目的ノ範圍内ノ行爲ナルカ故ニ之ヲ法人ノ行爲ト爲スコトヲ得既ニ法人ノ目的ヲ遂行スル爲ニ爲ス所ノ法律行爲カ法人自身ノ行爲ナルトキハ同一ノ目的ノ爲ニ爲ス所ノ不法行爲ヲ法人

ニ歸ス可ラサル理由ナシ即チ法人ノ理事カ其資格ニ於テ法人ノ業務執行トシテ爲シタル行爲カ法律ヲ以テ不法ト爲ス行爲ナルトキハ之ヲ以テ法人自身ノ不法行爲ト爲スコトヲ妨ケサルナリ故ニ法人ハ其目的ノ範圍内ニ於テハ法律行爲能力ト共ニ責任能力ヲ有スルモノト斷定セサル可ラス

反對ノ學說ハ擬制說ヲ根據トシテ法人ノ行爲能力殊ニ責任能力ヲ否認セリ擬制說ハ法人ノ實在ヲ否認スルカ故ニ當然ノ結論トシテ其意思能力ヲ否認ス其說ニ曰ク法人ハ嬰兒又ハ精神病者ト同シク意思ヲ缺如スルカ故ニ自ラ行爲ヲ爲スコトヲ得ス代理ノ原則ニ從ヒ代理人ノ行爲ニ依テ生シタル效果ヲ之ニ歸スルニ過キス仍テ之ニ代テ行爲ヲ爲スヘキ代表機關ヲ設ク法人ノ代表機關ハ親權者又ハ後見人ト同シク無能力者ノ法定代理人ナリト此議論ノ採ル可ラサルハ法人擬制說ノ誤謬ナルコトヲ知レハ自ラ明白ナリ

一說ニ曰ク法人ノ意思及ヒ行爲ト稱セラルヽモノハ其實法人ノ意思及

ヒ行爲ニ非スシテ自然人ノ意思及ヒ行爲ナリト此說モ亦誤レリ法人ノ意思ハ自然人ノ意思ヲ基礎トシテ生スルモノニ相違ナケレトモ自然人ノ意思カ直ニ法人ノ意思ト爲ルモノニ非ス自然人ノ意思カ原素トナリテ新ナル意思ヲ發生スルモノナリ法人ノ意思ヲ形成スルハ合議體カ決議ニ由テ意思ヲ形成スルト同一ナリ例ヘハ合議裁判所ノ意思ハ之ヲ構成スル所ノ判事ノ意見ノ合計ニ非スシテ合議ナル形式ヲ經テ發生スル新ナル意思ナリ法人ノ意思ヲ形成スルニ付テモ之ト異ナルコトナシ法人ノ意思ハ自然人ノ意思ニ外ナラスト論スルハ恰モ水カ酸素ト水素トノ化合ニ因リ生スル新ナル物質ナルコトヲ忘却シテ水ハ酸素ナリ水素ナリト云フニ同シ右說明スルカ如ク法人ノ意思カ自然人ノ意思ニ非スシテ之ト獨立シタル新ナル意思ナルコトヲ考フレハ其意思ノ表白タル行爲モ亦法人自身ノ行爲ナルコト論ヲ俟タス

本法第四十四條ニ曰ク法人ハ理事其他ノ代理人カ其職務ヲ行フニ付キ他人ニ加ヘタル損害ヲ賠償スルノ責ニ任スト蓋シ法人ニ責任能力アリ

トノ說ヲ採レハ理論ヲ貫徹シテ此法文ヲ解釋スルコトヲ得、即チ理事其他ノ代理人ハ法人ノ機關ニシテ恰モ自然人ノ手足ノ如シ自然人カ手足ノ活動ニ由テ他人ニ害ヲ加フルトキハ當然自己ノ行爲ニ由テ之ヲ生セシメタルモノトシテ賠償ノ責ニ任セサル可ラス法人ノ機關カ法人ノ業務ヲ執行スルニ當リ他人ニ害ヲ加フルハ自然人カ手足ノ活動ニ由テ他人ニ害ヲ加フルト同一ナリ故ニ本法第四十四條ハ法人カ自己ノ行爲ニ由テ生シタル結果ニ付キ當然責任ヲ負擔スヘキコトヲ規定シタルニ外ナラス

法人ノ行爲能力ヲ認メサル反對說ハ法人カ代理機關ノ爲シタル法律行爲ニ由テ權利ヲ得、義務ヲ負フハ代理關係ノ結果ナリト爲セリ然ルニ不法行爲ノ結果ヲ法人ノ責任ニ歸スルハ代理關係ニ由テ之ヲ說明スルコトヲ得ス故ニ反對說ニ從フトキハ第四十四條ヲ解決スルニ付キ別ノ理由ヲ發見セサル可ラス

玆ニ於テカ反對論者ハ說明シテ曰ク法人ハ資産ヲ有ス法人ノ代理者ハ

資産ヲ有セス法人ニハ賠償ノ力アルモ代理人ニハ賠償ノ力ナシ故ニ理事其他ノ代理人カ法人ノ業務ヲ執行スルニ當リ爲シタル不法行爲ニ付キ法人ニ責任ヲ負ハシムルコトヲ得ストスレハ相手方ハ不慮ノ損失ヲ被ルニ至リ取引ノ安全ヲ期スルコトヲ得ス茲ニ於テカ法律ハ公平ト便宜トヲ維持スルカ爲ニ法人自身ヲシテ責任ヲ負ハシメタルモノナリト法人ノ行爲能力ヲ否定スルハ此ノ如ク論スルノ外ナカラン

法人ニ犯罪能力アリヤ否ヤノ問題アリ若シ法人ニ責任能力アリトスレハ犯罪ト私法上ノ不法行爲トヲ區別スルノ理由ナシ法人ノ爲シタル不法行爲カ刑法ノ罰條ニ該當スレハ之ヲ犯罪ト爲シ刑罰ヲ加フルコトヲ妨ケス

第二

法人ハ其目的ノ範圍內ニ於テ活動スルコトヲ得ヘシト雖モ素ト一ノ無形人ニシテ自ラ活動ヲ爲スコト能ハサルカ故ニ勢ヒ有形人ニ依テ代表セラレサル可ラス然ルニ其代表者カ他人ニ損害ヲ加ヘタルトキハ法人

ニ於テ其責任ヲ負擔セサル可ラサルヤ否ヤ是レ一個ノ問題ナリ蓋シ不法行爲ノ一般ノ原則トシテハ本人カ代理人ノ行爲ニ付キ其責ヲ負ハサル可ラサルコトハ第七百十五條ニ依テ明ナリト雖モ是レ本人カ代理人ノ選任ヲ誤リ又ハ監督ヲ怠リタルカ爲メ其責ニ任スルモノナルコトハ同條但書ニ於テ「使用者カ被用者ノ選任及ヒ其事業ノ監督ニ付キ相當ノ注意ヲ爲シタルトキ又ハ相當ノ注意ヲ爲スモ損害ヲ生ス可カリシトキハ此限ニ在ラス」トアルニ依テ知ルヘキナリ故ニ本人カ意思ヲ有セサル場合即チ法人ノ如キニ在リテハ此規定ヲ適用スルコトヲ得ス人或ハ右ノ第七百十五條ノ規定ハ代理ノ原則ヨリ出テタルモノニシテ本人ニ意思アルト否トハ問フ所ニ非スト論セント雖モ本法ハ此ノ如キ説ヲ採用セス何トナレハ代理ノ原則ニ依レハ代理人ノ不法行爲ハ全ク權限外ノ行爲ナルカ故ニ之ニ對シテ本人カ責ヲ負フヘキ謂レナケレハナリ然リト雖モ法人ハ其代表者ノ不法行爲ニ對シ全ク責任ヲ負ハサルモノトスルトキハ實際上頗ル不便アルヲ免レス蓋シ其代表者ハ往々ニシテ資産

ニ乏シク被害者ニ對シテ十分ノ賠償ヲ爲スコトヲ得サル場合稀ナリトセサルカ故ニ若シ法人ニ賠償ノ責任ナシトスルトキハ他人ハ安シテ之ト取引ヲ爲スコトヲ得ス隨テ法人ノ信用ヲ薄ウシ啻ニ一般人ノ爲ニ不便ナルノミナラス法人ノ爲ニモ亦大ニ不利トスル所ナルヲ以テ本法ハ理論ニ拘泥スルコトナク主トシテ實際ノ便宜ニ鑑ミ第四十四條第一項ノ規定ヲ爲セリ曰ク「法人ハ理事其他ノ代理人カ其職務ヲ行フニ付キ他人ニ加ヘタル損害ヲ賠償スル責ニ任ス」本條ニハ「其職務ヲ行フニ付キ」トアリ是レ一ノ制限ニシテ法人カ其代理人ノ不法行爲ニ對シ其責ニ任スル場合ハ代理人カ法人ノ目的ノ範圍內ニ於テ爲シタル行爲ナルコトヲ要ス蓋シ法人ハ其目的ノ範圍外ノ事項ニ付テハ代理人ノ爲シタル契約ト雖モ之カ責任ヲ負擔スルコトナシ況ヤ其不法行爲ヲヤ然ラハ代理人カ法人ノ目的ノ範圍外ニ於テ不法行爲ヲ爲シタルトキハ其責任ノ所在如何此點ニ付テハ同條第二項ニ規定セリ曰ク法人ノ目的ノ範圍內ニ在ラサル行爲ニ因テ他人ニ損害ヲ加ヘタルトキハ其事項ノ議決ヲ贊成シ

タル社員、理事及ヒ之ヲ履行シタル理事其他ノ代理人連帶シテ其賠償ノ責ニ任ス

第三　法人ハ其目的ノ範圍內ニ於テハ他人ノ代理人トシテ法律行爲ヲ爲スコトヲ得ヘシ一說ニ法人ハ代理人タルニ必要ナル意思能力ヲ有セサルニ因リ一切ノ代理行爲ヲ爲スコトヲ得サルモノトスルモ是レ意思能力ノ有無ト法律行爲ヲ爲ス方法ノ有無トヲ混同セル謬見ニ外ナラス法人ニシテ其法定代理人ニ依リ法律行爲ヲ爲スコテヲ得ル以上ハ同一ノ方法ニ依テ他人ノ爲ニ效力ヲ生スヘキ代理行爲ヲ爲スコトヲ得ヘキハ疑ナキ所トス唯其目的ノ範圍內ニ於テスルコトヲ要スルノミ法人ハ理事其他ノ代理人カ其代理權ノ範圍內ニ於テ爲シタル法律行爲ニ因リテ權利ヲ得義務ヲ負フコトハ代理ノ通則ニシテ說明ヲ俟タサル所ナリ(九九)然リト雖モ代理人ノ不法行爲ニ關スル責任ニ關シテハ從來學說及ヒ立法例一定セサル所アリ本法ノ規定ニ依レハ此問題ニ付テハ二

種ノ行爲ヲ區別スルコトヲ要ス即テ代理人カ其職務ヲ行フニ付キ爲シタル行爲及ヒ法人ノ目的ノ範圍外ニ於テ爲シタル行爲是ナリ理事其他法人ノ代表機關ハ不法行爲ヲ爲ス代理權ヲ有セス故ニ右第一種ノ行爲ト雖モ純理上ヨリ言ヘハ法人ハ其責ニ任スヘキモノニ非サルナリ然リト雖モ近世一般ノ立法例及ヒ學說ハ法人ニ賠償ノ義務アルモノトスルニ至レリ蓋シ代理人ハ往々ニシテ賠償ヲ爲ス資力ヲ有セサルコトアルヘシ故ニ世人ヲシテ安全ニ之ト契約取引ヲ爲スコトヲ得セシムルニハ法人ノ財産ヲ以テ其賠償ヲ爲サシムルコトヲ要ス是レ第三者ノ利益ヲ保護スル爲ノミニ非ス間接ニハ法人ノ利益ヲ保護スル目的ニ外ナラサルナリ本法モ此主義ヲ採用シ其第四十四條ニ於テ法人ハ理事其他ノ代理人カ其職務ヲ行フニ付キ他人ニ加ヘタル損害ヲ賠償スル義務ヲ負フモノトセリ

第四

法人カ行爲能力ヲ有スルヤ否ヤハ頗ル議論ノ存スル所ニシテ左ノ二說

アリ

三 法人行爲能力說(更ニ左ノ二說ニ細別セラル)

甲 法人ハ自然的ノ意思能力ヲ有ストスル說 ギルケー、レーゲルスベルゲル等ノ極力主張スル所ナリ其要ニ曰ク社團法人ニ於ケル社員總會ノ決議ハ一ノ意思ヲ作爲ス其意思ハ社員ノ意思ノ集合ニ非スシテ之ト全ク別異ナル新意思ナリ其意思ハ即チ法人ノ意思ナリ故ニ社團法人ハ社員總會ニ依テ其意思ヲ形成スルコトヲ得既ニ意思能力ヲ有ス行爲能力ヲ有スルコトハ勿論ナリ然レトモ此說ニシテ正當ナリトスルモ是レ唯、社團法人ニ行爲能力アルコトヲ說明スルヲ得ルニ止マリ移シテ以テ財團法人ニ行爲能力アルコトヲ說明スルヲ得ス寄附行爲者ノ意思ヲ以テ財團法人ノ意思ト爲スコトヲ得サルハ勿論ナリ

乙 法人ハ自然的ノ意思能力ヲ有セストモ雖モ法律ノ力ニ因テ其能力アリト看做サルヽカ故ニ行爲能力アリトスル說 此說ニ從ヘハ法

人ハ敢テ自然的ニ意思能力ヲ有スルモノニ非スト雖モ法人ノ代表機關ノ意思ハ法律上ニ於テ法人ノ意思ト看做サルヽモノナリ故ニ法人ハ法律ノ力ニ依テ意思能力ヲ有スルモノト看做サル從テ法律上ニ於テハ又行爲能力ヲ有セサルヲ得スト蓋シ此說ヲ主張スル論者ハ法人ノ代表機關ヲ以テ法人ノ代理人ト爲サヽルナリ法人ノ代表機關(例ヘハ理事取締役等)ハ人ノ手足ノ如シ手足ノ動作ヲ爲スハ手足カ動作スルニ非ス手足ニ依テ人カ動作ヲ爲スナリ法人ハ其代表機關ニ依テ意思ヲ決定シ之ヲ表示ス法律上ニ於テハ法人其モノカ意思ヲ決定シ之ヲ表示スルモノト爲ス余ハ其說明ノ正當ナルヲ信スルモノナリ

法人ト其代表機關トハ本人ト代理人トノ關係ニ非ス法律上法人ハ其代表機關ニ依テ其意思ヲ決定シ之ヲ表示スルモノト爲スハ立法論トシテ正當ナルヲ信ス獨逸民法ハ「法人ノ代表機關ハ法定代理人ノ地位(Die Stellung eine gesetzlichen Vertreters)ヲ有ス」ト規定シ

(獨民二六參照)法人ノ代表機關ノ性質ニ付キテ議論ノ餘地アルヲ認ム然レトモ我民法及ヒ商法ノ解釋論トシテハ代表機關カ法人ノ代理人タルコト疑ヲ存セス(五四、五七商六二、一七〇參照)代理人ノ行爲ハ法律上ニ於テ代理人自身ノ行爲ニシテ本人ノ行爲ニ非ス代理人自ラ意思ヲ決定シ之ヲ表示スルモノナルカ故ニ代理人ノ意思ヲ以テ法律上本人ノ意思ト看做スコトヲ得ス從テ又法律上ニ於テ法人ハ意思能力ヲ有スルモノト看做スコトヲ得ス行爲能力ヲ有スルヲ得サレハナリ

二　法人ハ行爲能力ヲ有セストノ說　其理由トスル所甚タ簡單ナリ即チ法人ハ假想的無形ノ一體ナルヲ以テ意思能力ノ存在シ得ヘキ理由ナク從テ行爲能力アルコトナシト謂フニアリ余ハ本法ノ解釋トシテハ此說ノ正當ナルヲ信スルナリ

前述ノ如ク法人ハ意思能力ナシ不法行爲ヲ爲スノ能力ナキコト自ラ明ナリ不法行爲ハ故意又ハ過失ニ因テ他人ノ權利ヲ侵害スル行爲ナリ意思能力ナキ者ニ故意又ハ過失アルコトナク又行爲アリ得ヘカラサレハ

ナリ又法人ノ理事其他ノ代理人カ不法行爲ニ因テ他人ニ損害ヲ加ヘタル場合ニ於テモ法人ハ其行爲ヨリ生スル責任ヲ負擔スルコトナシ蓋シ法人ノ理事其他ノ代理人カ其權限内ニ於テ法人ノ爲ニ法律行爲ヲ爲シタル場合ニ於テハ固ヨリ其行爲ニ因テ法人ハ直接ニ權利ヲ有シ義務ヲ負フニ至ルハ代理ノ原則ヨリ生スル結果ナリト雖モ不法行爲ノ代理ナキカ故ニ理事其他ノ代理人カ法人ノ代理人トシテ不法行爲ヲ爲スモ法人ニ於テ其責任ヲ負擔スル理由ナキヲ以テナリ然ラハ法人ノ代理人カ不法行爲ヲ爲シタル場合ニ於テハ立法上全ク法人ニ責任ナシト爲スヘキヤ夙ニ議論ノ存スル所ニシテ獨逸古代ノ法律ニ於テハ法人ハ此等ノ者ノ不法行爲ニ付キ責任ヲ負擔スヘキモノトナシ羅馬法ニ於テハ此責任ナシトセリ羅馬法カ非常ノ勢力ヲ以テ獨逸ニ侵入シタルカ爲ニ獨逸古代ノ法律ハ一時其適用ヲ妨止セラレタリト雖モ後ニ至テ全然舊來ノ慣習法ヲ採用シ獨逸民法第三十一條ハ法人ニ此責任アリトノ原則ヲ揭ケ本法第四十四條モ亦一定ノ條件ヲ以テ法人ニ責任アリト爲ス取引ノ

安全ヲ圖リ法人制度ノ立法ノ本旨ヲ貫カンカ爲メ特ニ他人ノ不法行爲ヨリ生スル責任ヲ負擔セシム蓋シ代理人ハ法人ニ比シテ常ニ資産ニ乏シク從テ被害者ハ之ニ對シテ充分ナル救濟ヲ得ルコト能ハサルカ故ニ他人ハ安ンシテ法人ノ代理人ト取引ヲ爲サヽルニ至リ法人ノ存立ヲ危カラシムルニ至ルヘケレハナリ

第五

法人ノ行爲能力ハ法律ニ起因シ且ツ意思ナキモノナルカ故ニ不法行爲ノ能力ナキハ羅馬法以來多數ノ學說法制ノ認ムル所ナリ然レトモ此原則ハ弊害ヲ生スルコトヲ免レス即チ法人ノ代理人カ不法行爲ヲ爲シタルトキハ被害者ハ資産少ナキ代理人ヲ訴フルコトヲ得ルモ資産多キ法人ヲ訴フルコトヲ得ス實際ニ於テ不利益ヲ被ムル可シ故ニ輓近ノ學說、法制、裁判例ハ便宜ニ基キ法人ノ民事上ノ責任ヲ認ムルニ至レリ本法ハ即チ獨、英ニ倣ヒ法人ハ代理人ノ行爲ノ外責任ヲ負ハサルコトヽシ尙ホ其行爲カ業務施行ニ當リテ起リタルト否トニ依リテ區別セリ

第六

法人ノ代理人カ爲シタル法律行爲ハ代理ノ原則ニ基キ（九九）直接ニ其效力ヲ法人ニ及ホスヘキハ固ヨリ言フヲ俟タサル所ナリ唯其代理人カ不法行爲ニ因リ法人ニ損害ヲ加ヘタル場合ニ於テ法人ハ果シテ之ニ付テ責任ヲ負フヘキヤ否ヤ此問題ニ付テハ行爲ノ種類ヲ二大別セサルコトヲ得ス其一ハ代理人カ職務ヲ行フニ付キ爲シタル行爲他ノ一ハ法人ノ目的ノ範圍外ノ行爲是ナリ第一種ノ行爲ニ因リ損害ヲ加ヘタル場合ニ於テハ理論上ヨリ言ヘハ代理人カ其代理權ニ因リテ爲シタル行爲ニ非サルカ故ニ法人ハ之ニ付テ責任ヲ負ハサルモノト爲スヘキモ是レ實際ニ於テハ頗ル不便トスル所ナリ蓋シ代理人ハ往々ニシテ資産ニ乏シク被害者ニ對シテ充分ノ賠償ヲ爲ス資力ナキコト稀ナリトセス之ニ反シテ法人ハ通常多少ノ資産ヲ有シ其損害ノ賠償ヲ支拂フコトヲ得ル者多カルヘシ故ニ法人ノ代理人カ他人ニ損害ヲ加ヘタル場合ニ於テ法人ヲシテ其損害ヲ賠償セシメ以テ直接ニ其他人ヲ保護スルト同時ニ間接ニ法

人ノ信用ヲ維持シ他人ヲシテ安ンシテ其代理人ト取引ヲ爲スコト恰モ自然人ノ代理人ニ對スルカ如クスルコトヲ得セシムルヲ得策トス然レトモ第二種ノ行爲ニ至リテハ之ト同一視スルコト能ハス何トナレハ法人ノ人格ハ其目的ノ範圍内ニ於テノミ存スルモノナルカ故ニ其目的ノ範圍ヲ離レテハ復、法人アルコトナシ從テ他人モ代理人カ法人ノ目的外ノコトヲ行フ場合ニ於テハ法人カ之ニ因リテ責任ヲ負フヘキコトヲ豫期スルノ理ナシ故ニ此場合ニ於テハ法人ニ責任ナキモノトスルヲ妥當トス是レ本法第四十四條ノ規定スル所ナリ

第七

法人ハ固有ノ意思ヲ具ヘサル假想上ノ主格トシテ本來行爲能力ヲ有セサルモノナレハ其代理人ニ依リテ始メテ行爲ヲ爲スコトヲ得ルニ止マリ法人ノ行爲ト云フハ即チ其代理人ノ行爲ニシテ代理人カ自己ノ權限内ニ於テ本人ノ爲ニスルコトヲ示シテ爲シタル法律行爲ハ直接ニ本人ニ對シテ其效力ヲ生スルコトハ第九十九條ノ通則ニ依リテ明白ナレハ

法人ノ代理人カ爲シタル法律行爲ハ即チ法人自ラ之ヲ爲シタルト同視スルコトヲ得ヘシト雖モ法人カ其代理人ニ依リテ不法行爲ヲ爲スコトヲ得ルカ換言スレハ法人ノ代理人カ爲シタル不法行爲ニ付キ法人カ直接ニ其責ニ任セサル可カラサルカト云フニ至リテハ單純ナル理論ト立法論トヲ混淆セシメサルコトヲ要ス蓋シ法人ハ本來意思ヲ有セサルモノナレハ行爲能力ヲ有セサルト同時ニ不法行爲ヲ爲ス能力ヲ有セサルハ當然ニシテ假令法律カ其假想ニ基キ法人ノ代理人ノ行爲ニ因リテ法人ノ行爲能力ヲ想像スト雖モ右ノ假想ヲ不當ニ擴張シテ法人ノ不法行爲ノ能力ヲモ想像スヘキモノニ非サルコトハ更ニ疑ヲ容レサル所ナレハ法人ノ代理人カ當然代理權ノ範圍外ニ存スル不法行爲ヲ爲スモ之カ爲ニ法人ハ代理人ニ依リテ不法行爲ヲ爲シタリト云フコトヲ得サルハ勿論代理人カ爲シタル不法行爲ノ責任ハ本人タル法人ニ於テ之ヲ負擔セサルヘカラサル法理上ノ理由ナシトス故ニ羅馬法ニ於テハ法人ハ不法行爲ヲ爲スコト能ハスト云フヲ以テ原則トシ爾來多數ノ學說及ヒ立

例モ此原則ヲ採用シタルモノニシテ中世ニ至リ一時法人ノ不法行爲ノ能力ヲ認ムル立法例ヲ生シ市町村其他ノ社團法人ニ對シテ罰金ヲ申渡シ或ハ財産ヲ沒收シ或ハ追放ヲ命スル如キ奇觀ヲ呈シチボー、シュウユッペー諸氏ノ如キハ學理的ニ此主義ヲ論述スルコトヲ試ミタリト雖モ畢竟固有ノ意思ヲ有セスシテ單ニ或目的ノ爲ニ法律ノ假想ニ因リテ創設セラレタル法人カ自ラ不法行爲ヲ爲ス能力ヲ有セサルハ勿論假令其代理人ニ依ルモ不法行爲ヲ爲スコトヲ得サルヲ以テ理論ノ正鵠ヲ得タルモノト云ハサルヘカラサルニ因リ近世多數ノ學説及ヒ立法例ハ羅馬法ト等シク此原則ヲ採用シ從テ法人ハ其代理人カ爲シタル不法行爲ニ付キ直接ニ其責ニ任スヘキモノニアラサルヲ以テ理論上其當ヲ得タルモノナルコトヲ認メタリ然レトモ此理論上ノ原則ヲ固守スルトキハ假令法人ノ代理人カ其職務ヲ行フニ付テ爲シタル不法行爲ニ因リ他人ニ損害ヲ加ヘタルトキト雖モ被害者ハ單ニ代理人ニ對シテ賠償ヲ請求スルコトヲ得ルニ止マリ敢テ法人ヲ訴フルコトヲ得サルハ當然ノ結果ニシテ而モ代理人ハ法人ニ比シ通常資産ニ乏シキモノナレハ被害者ハ往々充分ニ賠償ヲ受クルコト能ハサル不利益ノ位地ニ立チ之カ爲ニ單ニ被害者ニ不利益ヲ與フルニ止マラスシテ自ラ法人ノ信用ヲ害シ他人ヲシテ法人ノ代理人ト安心シテ取引ヲ爲スコトニ躊躇セシムルニ至ラン此ニ於テカ近世諸國ノ立法例並ニ裁判例ハ前ニ述ヘタル理論上ノ原則ヲ排斥シテ寧ロ被害者ノ利益ヲ保護シ取引ノ安全ヲ保タントスル立法上ノ理由ニ基キ法人ノ代理人カ爲シタル不法行爲ニ付テハ法律ノ特別規定ニ因リ法人ヲシテ直接ニ其責ニ任セシムル主義ヲ採用スルニ至リタルモノニシテ本法モ亦固ヨリ此主義ニ從フモノナリト雖モ若シ代理人カ其職務以外ノ事ヲ爲スニ當リテ不法行爲ヲ爲シタル場合ニ於テモ尙ホ且ツ法人ヲシテ其責ニ任セシムルコトハ責任ノ範圍廣キニ失シテ其當ヲ得スト雖モ代理人ノ其職務ヲ行フニ付テ爲シタル不法行爲ニ限リ法人ヲシテ其責ニ任セシムルハ極メテ妥當ニシテ立法上ノ斟酌其宜シキヲ得タルモノトス是レ即チ第四十四條ハ法人ノ理事其他ノ代理人カ其

職務ヲ行フニ付キ他人ニ損害ヲ加ヘタルトキニ限リ法人ヲシテ損害賠償ノ責ニ任セシムル所以ナリ

第五節　法人ノ設立

第三十六條　外國法人

外國法人ハ外國ノ法律ニ由テ法人ト爲リタル所ノ社團又ハ財團ナリ其社員又ハ設立者カ内國人タルト外國人タルトヲ問ハス又其事務所カ内國ニアルト外國ニアルトヲ擇フヘキモノニ非ス元來社團又ハ財團ハ日本ノ法律ニ從テ設立セラレタルモノニ非サレハ法人タルコトヲ得ス外國法人ハ日本ノ法律ニ從テ設立セラレタルモノニ非サルカ故ニ其成立ヲ認メサルヲ原則トス然ルニ今日ノ如ク外國ト通商條約ヲ締結シ内外ノ交通頻繁ト爲リタル時ニ當テ全然之ヲ認メサルニ於テハ彼我ノ不便少カラス依テ右ノ原則ニ對スル例外ヲ設ク

第一　外國ノ行政區劃及ヒ商事會社カ日本ニ於テ法人ト認メラルヽ爲ニハ外

國法ニ於テモ法人トシテ認メラルヽモノナルヲ要スルハ勿論ナリ故ニ外國ニ於テ縣又ハ郡ヲ單純ナル行政區劃トシテ之ニ人格ヲ與ヘサルトキ又ハ合名會社ヲ獨立ノ權利能力者ト定メサル場合ニ於テハ假令日本ノ法律ニ於テ此等ノ者ヲ法人ト定ムルモ之ニ對シテ法人トシテノ成立ヲ認許スルコトヲ得ス

第二

外國法人ハ或種ノモノヲ除ク外、人格ヲ有セサルヲ原則トシ其人格ヲ認メラレタルモノト雖モ內國法人ト同一ノ範圍內ニ於テ之ヲ有スルモノトセサルカ故ニ內外法人ヲ區別スル標準ヲ定ムルコトハ民法其他ノ法規ヲ適用スル上ニ於テ甚タ肝要ナル一事項ナリトス然リト雖モ此問題ハ主トシテ營利法人殊ニ商事會社ニ付キ其實用ヲ見ルモノニシテ民法ノ適用ヲ受クヘキ公益法人ニ付テハ其設立ニ行政官廳ノ許可ヲ必要トスルカ故ニ其要件ヲ充タストト否トニ依テ決定スヘキモノナルヘシ故ニ民法上ニ於テハ殆ト疑議ヲ生スル餘地ナキモノト信スルナリ本條ハ特ニ外國商事會社ノ人格ヲ認メタリ而シテ商法ハ外國會社ニハ同法中ノ會社ニ關スル規定ノ全部ヲ適用セスシテ其一部ヲ準用スルニ過キス（商二五五乃至二六〇）故ニ商事會社ニ付テハ其國籍ノ内外ヲ區別スル實用アルコト明ナリ而シテ商法ニ於テハ其區別ノ標準ヲ明示セサルモノト假定セハ此問題ハ結局國際私法ノ原則ニ依テ之ヲ決定スル外ナカルヘシ然ルニ此點ニ關シテハ設立地其他標準トスル所ヲ異ニスルニ依テ數多ノ學說アリ近時最モ有力ナル說ハ法人ノ住所ノ所在地ノ内外ニ依テ其國籍ヲ定ムヘキモノトスルニ在リ但シ其住所ノ所在地ヲ認知スル標準ニ關シテモ學說一定セサル所アリ今此ニ國際私法ノ範圍ニ侵入シテ此等ノ諸說ヲ論評スルコトヲ得ヘキニ非ス思フニ此住所說ノ如キハ近世國際的私法關係ノ頻繁ナルヨリ實際ノ必要ニ促サレテ起リタルモノト見ルヘシ今ヤ商事會社ノ設立ニハ原則トシテ官許ヲ必要トセサルヲ普通ノ例トス即チ其設立ノ準則大同小異ナルカ故ニ實際上甚タ便利ニシテ未來ノ法制ナルヘキコトハ之ヲ認メサルヲ得サルナリ

然ルニ今純理上ヨリ考フルトキハ法人ヲ設立スルニ付キ準據シタル國法ノ內外ニ依テ其國籍ヲ定ム可キモノナルコトヲ疑ハス先ツ民法上ノ法人ヲ設立スルニハ主務官廳ノ許可ヲ必要トスルカ故ニ此主義ニ基キ其國籍ヲ定ムルノ外ナキコト疑ヲ存セス商事會社ニ關シテハ大ニ疑議ナキニ非スト雖モ現行商法ニ於テモ住所地主義ヲ採リタルモノトハ見エサルナリ(商二五八)蓋シ人格ハ國法ノ效果ナリ故ニ法人ハ其成立ヲ認メタル法律ト同一ニ他國ニ於テ當然成立スルモノニ非サルコト言ヲ俟タス此原則タルヤ商事會社ニ付テハ今ヤ將ニ架空ノ標準タルニ過キサラントスル觀ナキニ非スト雖モ其設立ニ關スル準則ニシテ各國未タ全ク一樣ナルニ至ラサル限リハ理論上尚ホ之ヲ認メサルコトヲ得ス殊ニ公益法人ノ如キハ各國其利害ニ關シテ所見ヲ異ニシ或一國ニ於テ有益ト認ムル事業モ他國ニ在リテハ却テ有害ト爲スコト往々之ナシトセサルナリ故ニ外國法人ナルモノハ畢竟外國法ニ依テ成立スルモノナルコトヲ原則トスヘシ內國法ノ認ムル所ニ依リ始メテ人格ヲ有スルモ之カ爲ニ

外國法人タル性質ヲ失ワサルモノニ非サルナリ

本法ハ此理由ニ基キ原則トシテハ外國法人ノ成立ヲ認許セス但シ國際關係殊ニ通商ノ必要上ヨリ或種ノ外國法人ニ限リテ人格ヲ有スルモノトセリ而シテ其成立ヲ認メラレタル法人ハ國、其行政區畫、商事會社及ヒ法律又ハ條約ニ依テ特ニ認許セラレタルモノトス此例外中ニ實際最モ必要トスル外國商事會社ヲ加ヘラレタルト外國公益法人ヲ加ヘラレサリシトノ二點ハ特ニ注意ヲ要スル所ナルヘシ

第三

內國法人ト外國法人トハ何ニ依テ之ヲ區別スルカ法人ノ國籍ニ關スル問題ナリ余ハ法人設立ノ準據ト爲リタル法ノ內外ニ依テ之ヲ區別セントス內國法人ハ內國ノ法律ニ依テ設立セラレタル法人ナリ外國法人ハ外國ノ法律ニ依テ設立セラレタル法人ナリト解ス蓋シ我國及ヒ我國ノ行政區畫ハ固ヨリ我國ノ法人ニシテ外國及ヒ外國ノ行政區劃ハ外國ノ法人タルコト疑ナシト雖モ其他ノ社團又ハ財團タル法人ニ付テハ果シ

テ内國法人ナリヤ外國法人ナリヤヲ辨別スルニ困難ナルモノアリ法人ノ設立ニ關シテ法律特許主義又ハ免許主義ヲ採用スル國ニアリテハ其設立ヲ許可スル法律ノ內外ニ依リ又ハ免許ヲ與ヘタル行政官廳ノ內外ニ依テ之ヲ區別スルコトヲ得ルモ法人ノ設立ニ關シテ內外共ニ準則主義ヲ採用シ而モ其規定ヲ同一ニセル場合及ヒ自由設立主義ヲ採用セル場合ニ於テハ其成立シタル法人カ內國法人ナリヤ外國法人ナリヤヲ區別スルコト甚タ困難ナリトス多數學者ノ見解ニ從ヘハ其法人ノ主タル事務所ノ內國ニ存スルト外國ニ在ルトニ依テ之ヲ區別スヘキモノト爲セリ然レトモ是レ主タル事務所ノ所在地ハ多クノ場合ニ於テ法人カ其地ニ於テ其國ノ法律ニ從ヒテ設立セラレタルナル可シトノ推測ヲ爲サシムル一ノ場合タルニ止マルノミ余ハ直ニ此學說ニ服從スルコトヲ得ス余ハ內外國法人ノ區別ハ何レノ國ノ法律ニ準據シテ設立セラレタルモノナルヤヲ標準トシテ之ヲ決スヘキモノト解ス故ニ苟モ日本ノ法律ニ從ヒテ法人ヲ設立シタルトキハ縱令其設立者及ヒ總社員カ外國人ナ

ルモ日本法人タルコトヲ妨ケス日本人カ外國法ニ從ヒテ法人ヲ設立シタルトキハ縱令其全員カ日本人ナルモ其法人ハ外國法人ナリ

我國ニ於テ成立ヲ認許セラルヽ外國法人ハ外國ニ於テ法人タル國、國ノ行政區畫及ヒ商事會社又ハ我特別ノ法律若クハ條約ニ依リテ認許セラレタル外國法人ニシテ我國ニ於テ當然其成立ヲ認許セラルヽモノナリ其成立ニ關シテハ何等ノ手續ヲ要セス然レトモ是レ外國ノ法律カ日本國内ニ其效力ヲ有スルカ爲ニ非スシテ本條アルニ因ル故ニ若シ此規定ヲ缺クトキハ外國法人ハ固ヨリ日本ニ於テ法人タルコトヲ得サルモノタリ

第三七條　定款

第一　民法ノ規定ニ從テ社團法人トシテ存立スルコトヲ得ルモノハ私法上ノ法律行爲ニ因テ生スルモノニ限ル社團法人ヲ成立セシムヘキ私法上ノ法律行爲ハ設立者ノ合意ナリ之ヲ設立契約ト稱ス設立契約ハ社團ノ組

織並ニ其活動ニ關スル重要事項ヲ規定スルモノニシテ法人ノ基本トナルヘキモノナリ法人ノ基本規定ハ設立者一致ノ意思ヲ以テ之ヲ定メサル可ラス此ノ如ク設立者一致ノ意思ニ依テ生シ而モ社團ノ基本ト爲ルヘキ規定ヲ定款ト云フ

民法原論

第二 定款ハ社團法人ノ基本規定ニシテ設立者一同ノ合意ヨリ成立スルモノナリ

民法總論
川名學士

第三 社團法人ハ社團ヲ以テ其基礎ト爲スモノナルヲ以テ法人ノ基礎タルニ適スル社團ト他ノ社團トヲ區別セサル可ラス法人設立行爲ノ當事者タル人ノ集合體ニ非サレハ社團法人ノ基礎タルヘキ社團ヲ成サス法人設立行爲(Grüdungsakt)ノ性質ハ大ニ研究ヲ要スル問題ナリト雖モ之ヲ契約ト解セサルヲ正當ト爲ス蓋シ契約ハ當事者間ニ於テ私法上ノ效果ヲ發生ス可キコトヲ内容トスル行爲ナルニ拘ハラス法人ノ設立行爲ハ全ク

其性質ヲ具ヘサルカ故ナリ總則法人ヲ設立セントスル當事者ノ意思表示ノ合一シタルモノニシテ一種特別ノ意思表示ト解スルノ外ナシ從テ其行爲ハ設立セラルヘキ法人ヲシテ活動セシムルニ適スル要項ヲ定メタルモノナラサル可ラス定款(Statut)即チ是ナリ

民法理由 第四 定款ハ社團法人ノ憲法ナリ

民法要義 第五 定款ハ社團法人設立ノ基礎ナリ

民法正解 第六 定款ハ社團法人ノ設立者ノ一致ノ意思即チ所謂合意ニ基ク規約ニシテ法律上一定ノ效力ヲ有スルモノニ外ナラサレハ本法ノ如ク合意ト契約トヲ區別セサル立法主義ノ下ニ於テハ定款モ亦固ヨリ一個ノ契約タルヘシ

第三八條 變更

第一

法人ノ目的ハ之カ變更ヲ許スヤ否ヤ獨逸民法ハ全員ノ一致ニ由テ法人ノ目的ヲ變更スルヲ得ヘキコトヲ規定ス故ニ目的ノ變更ヲ認ムルコト明白ナリ吾國ニ於テハ目的ノ變更ヲ爲スニ付キ別段ノ手續ヲ定メス故ニ之ヲ許スヘキヤ否ヤニ付キ議論ヲ生ス

一說ニ曰ク別ニ目的ノ變更ヲ禁スルノ明文ナシ而シテ目的ハ定款ニ記載スヘキ事項ナリ法律ハ社員ノ四分ノ三ノ同意ヲ以テ定款ノ變更ヲ許シタルヲ以テ當然此規定ニ依リ目的ノ變更ヲ許スヘキモノナリ但シ民法ノ規定ニ依リ成立スル社團ハ公益ヲ目的トセサル可ラス故ニ公益ナル目的ヲ廢シテ營利ニ屬スル目的ヲ以テ之ニ換フコトヲ得スト

之ニ反對スル說ニ曰ク法人ハ其目的ノ範圍內ニ於テ存在ス目的ハ法人ノ生命ナリ目的變更セラルレハ前ノ法人消滅シテ新ナル法人發生ス故ニ目的ノ變更ハ當然之ヲ許ス可ラサルモノナリト

一說ニ曰ク法人ノ目的ハ變更ヲ許スモ其形式ハ本條ニ依ルヘキモノニ

非ス設立行爲ニ依テ定マリタル目的ノ變更ハ總社員ノ一致ノ意思ニ由ルヘキモノナリト第一説ヲ通説トナス

第二

法人ノ目的ヲ變更セントスル場合ニ於テハ總社員ノ一致ヲ必要トスルモノト解スヘキ歟蓋シ法人ノ目的タルヤ恰モ其生命ト見ル可キモノニシテ其人格ノ範圍ノ定マル基ナルカ故ニ(三四)其變更ハ他ノ事項即チ既定ノ目的ヲ達スル方法ノ變更ト同一視スルコトヲ得ス全ク法人其モノヽ一變スル要項ト見ルヘケレハナリ(獨三三)思フニ此點ハ解釋上一ノ疑問ナルヘシ

民法總論 川名學士

第三

定款ノ變更ハ定款中ニ包含セラルヽ總テノ事項ニ付テ之ヲ云フモノナルヲ以テ法人ノ目的ノ變更ヲモ包含スルモノトス獨逸民法ハ目的ノ變更ニ因ル定款ノ變更ハ總社員ノ同意ヲ要スルモノトセリ本法ハ他ノ事項ニ關スル定款變更ノ場合ト同シク總社員四分ノ三以上ノ同意ヲ以テ

充分ナリト解スヘシ

第三九條 寄附行爲

第一 財團法人ヲ設立スル私法上ノ法律行爲ヲ寄附行爲ト稱ス財團法人成立ノ本源タル寄附行爲ニハ左ノ要件アリ

一 寄附行爲ハ一定ノ目的ノ爲ニ財產ヲ提供スルノ行爲ナリ　財團ハ財產ノ集合ニ因リ生スルモノナレハ當初財產ヲ提供スル行爲ナクレハ之ヲ成立セシムルコトヲ得ス故ニ財團成立ノ本源タル寄附行爲カ財產ノ提供ヲ要素トスルハ明白ナリ又財團ニ一定ノ目的アルハ明ナリ單純ニ己レノ財產ヲ拋棄スルハ寄附行爲ニ非ス之ヲ一定ノ目的ノ爲ニ寄附スルノ意思表示アルヲ要ス

二 寄附行爲ハ組織體ノ創成ヲ本旨トス　一定ノ目的ノ爲ニ財產ヲ使用スル爲メ之ヲ寄附スル行爲ハ總テ寄附行爲ナリトノ斷案ヲ下スコトヲ得ス勿論廣ク寄附ト云ヘハ一定ノ目的ノ爲ニ現ニ存在スル所ノ權利主體ニ金錢物品ヲ贈與スルコトヲ包含スルモ此ノ如キ寄附ハ玆

ニ所謂寄附行爲ニ非ス寄附行爲ノ本旨トスル所ハ一定ノ目的ノ爲ニ他人ニ贈與スルニ非スシテ一定ノ目的ノ爲ニ一ノ活動ノ中心トナルヘキ組織體ヲ創成スルニアリ

三 寄附行爲ハ相手方ナキ行爲ナリ 是レ前ニ說明シタル所ヨリ當然生スル結論ナリ寄附行爲ヲ爲ストキハ目的ハ確立スルモ未タ權利主體トナルヘキ法人ヲ存セス法人ハ寄附行爲ノ結果ニ由テ生ス故ニ寄附行爲ハ法人ニ對シテ爲スヘキ行爲ニ非サルコトハ明白ナリ又寄附行爲ハ官廳ニ對スル認可ノ申請ヲ爲ス以前ニ爲ス可キモノナリ故ニ官廳ニ對スル意思表示ニモ非ス即チ全ク相手方ナキ行爲ナリ

四 寄附行爲ハ無償ノ行爲ナリ 寄附行爲ハ財產ヲ無償ニテ提供スルモノニシテ之ニ對シテ寄附者カ報酬ヲ受クルコトナキハ勿論ナリ

第二 寄附行爲トハ法人ヲ設立セントスル者カ單獨ノ意思ヲ以テ一定ノ財產ヲ或目的ノ爲ニ供セントスル意思表示ニシテ相手方ナキ純然タル單獨

行爲ナリ

第三　寄附行爲トハ財團法人ヲ設立スル目的ヲ以テ或財産ヲ無償ニテ處分スル單獨行爲ヲ謂フ故ニ其實質ハ一ノ法律行爲ナルコト言ヲ俟タスト雖モ具形的ニ觀察スルトキハ社團法人ノ定款ニ對當スル一種ノ證書ニ外ナラス

民法總論
川名學士

第四　寄附行爲(Stiftungsgeschäft)トハ無償ニテ財産ヲ提供シ財團法人ヲ創設シ其活動ニ關スル事項ヲ定ムル單獨行爲ナリ(以下分拆說明)

一　寄附行爲ハ單獨行爲ナリ　法律行爲ニハ一方的ノ意思表示ニ因テ成立スルモノト二人以上ノ意思表示ノ合致ニ因テ成立スルモノトアリ後者ハ之ヲ契約ト稱シ前者ハ之ヲ單獨行爲ト名ク寄附行爲ハ即チ前者ニ屬スルモノナリ

二　寄附行爲ハ特定ノ相手方ナキ意思表示ナリ　寄附行爲ノ當時ニア

リテハ其行爲ヨリ成立スヘキ法人ハ未タ存在セス從テ其寄附行爲ハ法人ニ對スル意思表示ニ非ス又主務官廳ニ對スル法人設立ノ申請以前ニ成立シ之ニ基キテ法人設立ノ許可ヲ申請スルモノナルカ故ニ官廳ニ對スル意思表示ニ非ス全ク特定ノ相手方ナキ意思表示ナリ故ニ寄附行爲者カ官廳ニ對シ申請ヲ爲サヽル以前ニ於テ死亡シ又ハ能力ヲ失フモ既ニ爲シタル寄附行爲ノ效力ニ影響ヲ及ホサス其相續人又ハ法定代理人ノ申請ニ因テ主務官廳カ許可ヲ與ヘタルトキハ法人ハ成立スルニ至ルモノトス

三　寄附行爲ハ財團法人ヲ創設シ其活動ニ關スル事項ヲ定ムルノ意思表示ナリ　即チ其寄附行爲ニ由テ法人ヲ創設セントスルノ意思アルニ非サレハ縱令他ノ要件ヲ具備スルモ寄附行爲ト稱スルコトヲ得ス是ヲ以テ既ニ成立セル法人其モノニ對シテ財産ヲ寄附スルハ贈與又ハ遺贈トナルコトアルモ決シテ所謂寄附行爲ニ非サルナリ

四　寄附行爲ハ設立セラルヘキ法人ノ基礎トシテ或一定ノ財産ヲ無償

ニテ提供スヘキ意思表示ナリ　寄附行爲ハ法人ヲ設立セントスル意思表示ノミニテ足レリ換言スレハ唯財産ヲ取得スルノ能力ヲ與ヘ其取得シタル財産ヲ其目的ノ爲ニ使用スヘキ能力ヲ與フレハ可ナリ故ニ通常ノ場合ニ於テ財産ヲ提供スルノ意思表示ヲ爲スハ寄附行爲ノ要素ニ非スシテ寄附行爲外ニ存スル之ト關係ナキ別個ノ意思表示ナリト說ク者アリ寄附行爲ニハ財産ヲ提供スルノ意思表示ヲ包含スルノ必要ナシト云フニアリト雖モ是レ固ヨリ財團法人ノ基礎トナルヘキ財團ノ存在ヲ必要トセストスルモノニシテ財團法人ノ觀念ニ反スルノミナラス第四十二條ニ就テ考フルモ寄附行爲ハ必ス財産ヲ提供スル意思表示ヲ包含スルコトヲ前提トシ及ヒ本條ハ寄附行爲中ニ資産ニ關スル規定ヲ揭ク可キモノトナシタルヲ以テ觀レハ寄附行爲タルニハ必ス或一定ノ財産ヲ提供スルノ意思表示ヲ包含セサル可ラサルヤ明ナリ所謂財産ノ提供(Widmung)トハ自己ノ財産ヲ分離シ之ヲ以テ財團法人ノ基礎タラシムルコトヲ謂フ

第五

寄附行爲トハ公益上ノ目的ノ爲ニ自己ノ財産ヲ無償ニテ處分シ之ニ由テ財團法人ヲ設立セントスル單獨行爲ナリ(以下分析說明)

一 公益上ノ目的　例ヘハ慈善ノ爲ニ又ハ奬學ノ爲メ病院學校ニ自己ノ財産ヲ處分シ之ニ人格ヲ與フルカ如シ

二 無償ニテ處分　財産ヲ失ヒ之ニ對シテ償ヲ得ス

三 財團法人ヲ設立スルコト　其行爲ニ依テ法人ヲ設立スルモノニ非サレハ寄附行爲ニ非ス已ニ成立スル法人ニ財産ヲ與フルハ通常ノ贈與又ハ遺贈ナリ

四 單獨行爲　單獨行爲ハ一方ノ意思ノミニ依テ法律上ノ效果ヲ生ス可キ行爲ナリ而シテ寄附行爲ハ之アリテ後法人設立サルヽカ故ニ其當時ニハ法人ナシ故ニ寄附行爲ハ相手方ヲ有セス一方ノ意思ニテ效果ヲ生ス可キモノタリ從テ寄附行爲ハ相手方ヲ有スル契約又ハ單獨行爲タル贈與、遺贈トハ異ナル

民法要義　第六

寄附行爲トハ一人又ハ數人カ法人ヲ設立セントスル目的ヲ以テ其意思ヲ表明シタル行爲ヲ云フ

民法正解　第七

寄附行爲トハ公益上ノ目的ノ爲メ自己ノ財產ヲ無償ニテ供出シ之ニ依テ財團法人ヲ設立セントスル單獨行爲ヲ云フ而シテ寄附行爲ハ之ニ對シテ報酬ヲ受クルコトナキ無償行爲タリ此點ニ於テハ贈與又ハ遺贈ト敢テ異ナルコトナシト雖モ行爲ノ相手方ヲ有セサル單獨行爲タル點ニ於テ贈與又ハ遺贈ト其性質ヲ異ニスルノミナラス寄附行爲ハ贈與又ハ遺贈ノ如ク單ニ一個人ニ利益ヲ與フルカ爲ニ之ヲ爲スニ非スシテ公益ヲ增進センカ爲ニ寄附者ノ公義心ニ基キ自己ノ財產ヲ供出スル行爲タル點ニ於テ大ニ其目的ヲ異ニスルモノナリ

第四五條　他人

民法總論　川名學士　第一

本條ニ他人ト謂ヒテ第三者ト謂ハサルハ他人中ヨリ特定ノ人ヲ除外スルノ必要ナキカ故ナリ蓋シ他人ト謂フモ第三者ト謂フモ皆或一定ノ人ヨリ見タル名稱ニテ第三者ハ固ヨリ他人ナリト雖モ本法カ特ニ第三者ナル文字ヲ用ヒタルハ或特定ノ人ヲ他人ヨリ除外スル必要アル場合ナリ本法第百七十七條及ヒ第百七十八ノ場合ニ於テ第三者ナル文字ニ代フルニ他人ナル文字ヲ以テセンカ權利ヲ移轉シ又ハ設定シタル人モ讓受人又ハ被設定者ヨリ看ルトキハ亦他人ナルカ故ニ當事者間ニ於テモ物權ノ移轉、設定ヲ對抗スルコトヲ得サルニ至ラン而シテ本條ニ所謂他人トハ法人及ヒ其設立者ヨリ見テ之ヲ謂フモノニシテ設立者ハ他人中ニ包含セラレス法人ヨリ之ヲ見ルトキハ設立者モ亦他人ナリト雖モ登記ハ法律上法人ノ設立ヲ知ラサルヘキ地位ニ在ルモノニ對シテ之ヲ知ラシムルノ趣旨ニ出ツルモノナルカ故ニ法人ノ設立者ハ之ヲ他人中ニ包含セシムルヲ得ス若シ然ラストセハ法人ニ對シテ出資ノ義務ヲ負フ社員ニ對シテモ尚ホ登記ナキ以前ニ於テハ拂込ヲ請求スルコトヲ得サ

ルニ至ルヘケレハナリ

第二

本條ニ他人トアリテ第三者ト言ハサルハ他ナシ社團法人ニ在テハ當事者間ニ契約アリテ後法人成立スルカ故ニ他人ヲ指シテ常ニ第三者ト稱スルコトヲ得ヘシト雖モ財團法人ニ在テハ寄附者ノミアリテ第二者ナク隨テ第三者ナシ若シ此場合ニ於テ官廳ヲ以テ第二者ナリト云フコトヲ得ハ第三者アルコト勿論ナリト雖モ官廳ハ唯行政官廳トシテ許可ヲ與フルノミニシテ法人ノ設立行爲ノ當事者ナリト謂フコトヲ得ス隨テ財團法人ニハ第三者ナシト言フヲ穩當トス是レ第三者ト言ハスシテ他人ト言ヘル所以ナリ

第六節　法人ノ管理

第五二條　理事

第一

理事ハ法人ノ業務ヲ執行スル機關ナリ理事ノ權限ハ法人ノ一切ノ事務

ニ及フ即チ理事カ法人ノ業務ニ屬スル所ノ事項ニ付テ爲シタル一切ノ活動ハ法人自身ノ行爲ト爲リテ法人自身ヲ羈束ス理事ハ所謂代表機關ニシテ法定代理人ト同一ノ地位ヲ有ス多數ノ學者ハ理事ヲ以テ法定代理人ト爲シ理事ノ權限ヲ代理權ト稱ス本法ニ於テモ同一ノ名稱ニ從フ理事ヲ代理人ト爲シ其權限ヲ代理權ト爲スハ法人擬制說ヲ採レハ當然ナラン然レトモ余ノ採用スル學說ニ從ヘハ理事ハ法定代理人ノ地位ヲ有スレトモ法定代理人トハ其性質ヲ異ニス又其權限ハ代理ノ法則ニ從フヘキモ代理權ト同性質ノモノニ非ス

凡ソ代理人ナルモノハ後ニ說明スルカ如ク獨立ノ意思ヲ以テ行爲ヲ爲スモノニシテ本人ノ意思ヲ實行スルモノニ非ス唯其爲シタル行爲ノ法律的效果カ本人ニ及フノミ即チ代理ノ場合ニ於テハ獨立シタル二個ノ人格ヲ存ス若シ法人擬制說ヲ根據トシテ論スレハ法人ハ嬰兒ノ如ク意思無能力者ナリ而シテ意思能力ナキモノハ行爲ヲ爲スコトヲ得サルカ故ニ其代表機關タル理事之カ爲ニ行爲ヲ爲ス理事カ法人ノ爲ニ行爲ヲ

爲スハ恰モ親權者後見人カ未成年者、禁治産者ニ代テ行爲ヲ爲スカ如シ理事ヲ法定代理人ト稱シ其權限ヲ代理權ト稱スルハ之ヨリ生スヘキ當然ノ結論ナリ然レトモ余ノ採用シタル主義ノ如ク法人ヲ以テ意思能力者ト爲シ自ラ意思ヲ決シ之ヲ實行スルコトヲ得ルモノトスルトキハ法人ノ機關タル理事ハ其活動ニ由テ自己ノ意思ヲ實行スルモノニ非スシテ法人ノ手足ト爲リテ法人ノ意思ヲ實行スルモノナリ隨テ理事ハ一般ノ法定代理人ト其本質ヲ異ニシ其權限ハ一般ノ代理權ト其本質ヲ同ウセス

民法原論

第二　理事ハ法人ニ代テ其一切ノ事務ヲ處理ス即チ總括權限ヲ有スル法定代理人タリ

民法總論
川名學士

第三　理事ハ法人ニ對シ其一切ノ事務ヲ執行スルノ職務ヲ有スルモノナリ其職務ヲ執行スルニハ之ニ代理權ヲ與フルノ必要アリ本法ハ理事タルノ

資格ニ伴ヒ當然之ニ代理權ヲ與フ(三五)

一 理事ハ法人ノ代理人ナリ(四四) 理事ハ法人ノ代理人ニ非スシテ單ニ其機關ナリト論スル者アルコトハ既ニ述ヘタリ然レトモ本法ノ解釋トシテハ此學說ニ依ルコト能ハス第五十四條及ヒ第五十七條ニ於テ明ニ其代理人ナルコトヲ示スカ故ナリ

二 理事ハ法人ノ法定代理人ナリ 理事ノ代理權ハ理事タルノ資格ニ伴ヒ法律ノ規定ニ依テ生スルモノナレハナリ或ハ之ヲ委任代理人ト稱スル者ナキニ非スト雖モ余ハ此說ヲ採ラス故ニ理事ハ複代理人ヲ選任シ之ニ自己ノ權限ノ範圍內ニ於ケル一切ノ行爲ニ付キ代理權ヲ與フルコトヲ得ヘシ(一〇六)然レトモ公益法人ノ代理人ハ自ラ其代理權ヲ行フヲ必要ト爲スカ故ニ本法ハ特別ノ規定ニ依テ理事カ法定代理人タルカ故ニ生スル當然ノ結果ヲ防止シ單ニ特定ノ行爲ニ付キ複代理人ヲ選任スルコトヲ得セシム之ヲ特定行爲ノ代理人ト稱ス(五五)

三 理事ノ代理權ハ法人ノ一切ノ事務ニ及フ(三五) 苟モ法人ノ事務ニ屬

スル事項ハ總テ理事ノ代理權ノ範圍ニ屬シ又裁判上ト裁判外トヲ問ハサルナリ從テ理事ハ法人ノ他ノ代理人ト異ナル但シ理事ハ或場合ニ於テ代理權ヲ有セサルコトナキニ非ス法人ト理事トノ利益相反スル事項ニ付キテハ理事ハ代理權ヲ有セサルナリ(五七)例ヘハ自己カ法人ノ代理人トシテ自己ト爲シタル法律行爲ヲ法人ノ代理人トシテ追認シ(一一〇一一三八、)又理事カ法人ノ債務ノ保證人タル場合ニ於テ法人ノ代理人トシテ法人ノ債權者ト更改ヲ爲スニ付テハ理事代理權ヲ有セス此等ノ場合ニ於テハ利害關係人又ハ檢事ノ請求ニ因リ裁判所ニ於テ特ニ其行爲ニ付キテ代理人ヲ選任スルコトヲ得ヘシ此代理人ヲ特別代理人ト稱ス(五七、五六)

第五三條 總會ノ決議

第一 總會ノ決議ハ個々ノ社員ノ意思表示ニ非ス個々ノ社員ノ意思表示ニ由テ成立スル新ナル意思表示ナリ而シテ其意思表示ハ法人ノ意思ヲ作成

スルノ效力ヲ有スルモノニシテ列席シタル個々ノ社員ヲ羈束スルニ止マラス汎ク全社員ニ對シテ拘束力ヲ生ス之ヲ意思表示ノ合致ニ因テ表示者ノ間ニノミ拘束力ヲ生スル契約ト混同スヘカラス

第二

總會ハ法人ニ非ス故ニ權利ヲ有スルコトナシ從テ又法人ノ代理人ニ非ス唯權限アルノミ總會ノ權限トハ總會ニ於テ有效ニ議決シ得ヘキ事項ノ範圍ナリ

總會ノ決議ノ性質ニ付テハ議論ノ存スル所ナリ然レトモ總會ノ決議ハ契約ニ非サルヲ通說ト爲ス余ノ信スル所ニ依レハ總會ノ決議ハ多數ヲ占メタル社員ノ意思表示ナリ總會ニ加ハラサリシ社員及ヒ其議事ニ不贊成ナリシ社員カ決議ニ服從セサル可ラサルハ敢テ契約上ノ效果ニ非スシテ決議ナル特別ノ意思表示ニ法律カ其效力ヲ與ヘタルカ爲ナリ

民法總論
川名學士

第五四條 制限

理事カ數人アル場合ニ於テ定款、寄附行爲又ハ總會ノ決議ニ依テ理事總員カ共同一致スルニ非サレハ代理權ヲ行フコトヲ得スト定メタル場合ニ於テハ之ヲ以テ理事ノ代理權ニ制限ヲ加ヘタルモノト謂フヘキヤ否ヤ此問題ハ我民法上理事數人アル場合ニ於テ其數人ノ全體ヲ以テ理事ト看做スヘキカ將タ各人ヲ以テ各之ヲ理事ト爲スヘキカノ先決問題ヲ決定スルニ因テ自ラ明カナルヘシ獨逸民法ニ於テハ理事ハ一人又ハ數人ヲ以テ成ルト規定シ數人合シテ一ノ理事ヲ組成スルモノト爲ス從テ此場合ニ於テ其數人カ共同一致スルニ非サレハ代理權ヲ行フコトヲ得スト定メタルトキハ當然ノコトヲ示シタルモノニシ敢テ理事ノ代理權ニ制限ヲ加ヘタルモノト謂フコトヲ得ス之ニ反シテ本法ニ於テハ第五十二條第一項ニ於テ「法人ニハ一人又ハ數人ノ理事ヲ置クコトヲ要ス」ト規定シ第五十三條ニ依レハ理事ハ總テ法人ノ事務ニ付キ法人ヲ代表スト爲スカ故ニ各人ハ各理事ニシテ且ツ單獨ニ法人ノ一切ノ事務ニ付キ代理權ヲ有スル者ナリト云フヘシ故ニ若シ其總員共同一致スルニ非サレハ代理權ヲ行フコト能ハストセハ理事ノ代理權ニ加ヘタル制限タルコト勿論ナリ

第六〇條　總會

總會ヲ置クコト及ヒ之ヲ開クコトハ定款ヲ以テ變更スルコトヲ得サル强行的ノ規則ナルヤ否ヤハ一ノ問題ナリ蓋シ總會ト言ヘハ各社員ニ表決權アルコトヲ要件トナス然ルニ各地ニ涉リテ巨萬ノ社員ヲ有スル社團法人ノ如キニ在テハ總社員ヲ招集スルハ甚タ不便トスル所ナルカ故ニ各地ノ社員ヲ代表スヘキ一定數ノ社員ヲ以テ組織セル議事機關（第六十三條ニ認メタル役員會）ニ於テ法人ノ事務ヲ議決スルコトヲ得ルモノトナスノ便利ナルコトヲ疑ハス獨逸民法ノ趣旨ハ總會ヲ必要機關トセサルニ在ルカ如シ（獨三二、四〇）然ルニ本法第六十三條（獨三二ニ當ル）ノ規定ニ對シテハ定款ヲ以テ別段ノ定メヲ爲スコトヲ得ヘキ旨ヲ明示セス（獨四〇ノ如クニ）故ニ解釋トシテハ總會ノ開設ハ寧ロ定款ニ於テ反對ノ定メヲ爲スコトヲ得サル必要事項ト見ルコト妥當ナルヘキ歟

第六二條　招集——事項

甲　招集

總會ノ招集ハ開會ノ日ヨリ少クモ五日前ニ其會議ノ目的タル事項ヲ示シ定款ニ定メタル方法ニ從テ之ヲ爲スコトヲ要ス是レ畢竟各社員ニ調査及ヒ考究ノ時間ヲ與ヘ且ツ議題ノ輕重ニ應シテ出席スヘキヤ否ヤヲ決定セシメンカ爲ニ外ナラス故ニ此趣旨ヨリ言ヘハ所謂五日前ニ爲スヘキ招集ハ受信主義ニ依ル可キモノナルカ如シト雖モ（但シ招集ハ法律行爲ヲ組成スル意思表示ニ非サルカ故ニ第九十七條第一項ノ原則ニ依ルコトヲ得ス）法律ハ多數ノ場合ニ支障ナキモノト見テ單ニ招集ノ手續ヲ爲スコトヲ命シタルモノト解スヘキカ如シ即チ書狀又ハ新聞廣告等ニ依リ右期日内ニ招集ノ事ヲ發表スルヲ以テ足レリトスヘシ但シ五日前ト云フ如キ期間ヲ以テハ遠隔ノ地ニ在ル社員ニ對シテ告知ノ目的ヲ達スル能ハサルコト往々之アル可キカ故ニ立法問題トシテハ固ヨリ短期ニ失スルモノト斷言スルコトヲ得ヘシ（商一五六參照）此缺點ハ定款又ハ理事ノ德義ニ依テ之ヲ矯正スルノ外ナシ獨逸民法ニ於テ此點ニ付キ何等ノ規定ヲモ設ケサルハ蓋シ其理由ナキニ非サルヘシ

乙　事項

招集ノ要件トシテ各社員ニ告知スヘキ會議ノ目的タル事項トハ會議ニ於テ決議スヘキ題目ヲ謂フモノナリ而シテ其之ヲ表示スル方法ノ當否ハ各場合ニ於テ事實ニ就キ之ヲ判定スルノ外ナカルヘシ但シ決議スヘキ事項ト決議ノ爲メ豫知スルコトヲ要スル事項トヲ混同スヘカラス決議ノ準備事項トシテハ財産目錄其他ノ材料アリ逐一之ヲ告知スルコトヲ要セス此ニ一例ヲ示サハ「事務所ニ充用スヘキ建物購入ノ件」トアレハ即チ決議事項ヲ示シタルモノト見ルヘク更ニ其建物ノ所在構造及ヒ代價等ヲ示スコトヲ必要トセサルヘシ此問題ハ株式會社總會ノ目的及ヒ決議事項ノ表示法ニ付キ最モ頻繁ニ生スルモノニシテ全ク同一ノ原則ニ依テ決スヘキモノタルコトヲ信ス(商一五六)然ルニ近來ノ裁判例ニ於テ反對ノ見解ヲ確執セルハ實ニ意外トスル所ナリ(明治三十五年七月八日大審院判決同年十二月十三日東京地方裁判所判決)

第六六條　或社員

本條ハ法人ト或社員トノ關係ニ付テ議決ヲ爲ス場合ナルカ故ニ法人ト社員全體トノ關係ナルトキハ本條ノ適用ナク此場合ニ於テハ表決權ヲ行フ

コトヲ得ルモノトス

第七節　法人ノ解散

第六八條　缺亡

民法原論

本條ハ社員ノ缺亡ヲ來ス原因ヲ示スト雖モ其所謂缺亡トハ退社又ハ死亡ニ因ルモノト解スヘシ但シ定款ヲ以テ如何ナル程度ニマテ社員ノ退社權ヲ制限スルコトヲ得ルヤハ一ノ疑問トス又民法上ノ社團法人ニ在テハ社員權ハ定款ニ別段ノ定メナキ限ハ之ヲ他人ニ讓渡シ又ハ相續スルコトヲ得サルモノト解スヘキカ如シ思フニ此等ノ要點ニ關シ規定ナキハ一ノ缺點ニシテ疑議ヲ生スル虞ナキニ非サルナリ（獨三八乃至四〇）

第七四條　破産

民法總論　川名學士

破産ハ民法ノ所謂清算ニアラス法人カ破産ニ因テ解散シタルカ又ハ清算中ニ破産ノ宣告ヲ受ケタル場合ニ於テハ如何ナル理由ニ基キ其法人ノ存在スヘキヤ疑問ナリ

第七九條　一定ノ期間

清算人ハ一定ノ公告期間内ニ於テハ或一部ノ債權者ニ辨濟ヲ爲スコトヲ得サルモノトスルカ又ハ少クモ辨濟ヲ拒ムコトヲ得ルモノトスルニ非サレハ立法ノ目的ヲ貫徹スルコト能ハサルヘシ然リト雖モ現ニ其規定ナキ以上ハ破産宣告ノ申立ヲ爲サヽルヲ得サルコトアルモ（八一）公告期間内ニ在ル一事ヲ以テハ辨濟ヲ拒ムコトヲ得サルモノト解スヘキカ如シ此點ハ少クトモ一個ノ疑問ナルヘシ思フニ此場合ニ於テ清算人ハ期間ノ滿了前ニ辨濟ヲ始ムルコトヲ得サルモノトスルカ左ナクモ辨濟ヲ拒ムコトヲ得ルモノトスル規定ナキハ一ノ缺點ト謂フヘシ（一〇三〇、一〇五〇、舊商二四四）

第八三條 清算人

法人ハ清算ノ結了ニ因テ消滅スルカ故ニ其以後ニ於テ清算人ナルモノナシ故ニ本條ノ清算人トハ清算人タリシ者ト解セサルヲ得ス

第八節 本章中ノ問題

【問題】外國人ノミヲ以テ組織セラレタル内國法人ハ外國人ノ有スル能ハサル權利能力ヲ有スルヤ

外國人ノミヲ以テ又ハ外國人ノ多數ヲ以テ組織セラレタル內國社團法人ハ土地ノ所有權ヲ有スルコトヲ得ヘシ內國法人ト外國法人トノ區別ハ之ヲ組織スル人ノ內外人タルヲ問ハサルモノナルカ故ニ外國人ノミヲ以テ又ハ外國人ノ多數ヲ以テ組織セラルヽ內國社團法人ノ存立スヘキコトハ疑ナキ所ナリ內國法人ナルカ故ニ土地ノ所有權ヲ享有スルノ能力ヲ有スルニ於テハ事實上外國人ハ土地ノ所有權ヲ有スル結果トナリ其法人カ解散シ其財產ヲ分配スルニ當テハ公益法人ヲ除キ商事會社又ハ商事會社ニアラサル營利法人ハ內國人ニ土地ノ所有權ヲ賣却シ其代金ヲ分配セサル可ラサルニ至ルヘシ

【問題】外國法人ハ內國法人ノ有セサル權利ヲ有スル場合アリヤ

民法總論 川名學士

第一

法律又ハ條約ニ依リテ外國法人ニ之ト同種ナル日本法人カ享有スルコトヲ得サル權利能力ヲ認メサルトキハ日本法人カ享有スルコトヲ得サル權利能力ヲ享有ス本法ノ規定ニ依レハ法律又ハ條約中ニ禁止アル權

利ト云ハスシテ「特別ノ規定アルモノ」トアルヲ以テ日本法人及ヒ外國人カ享有スルコトヲ得サル權利ヲ外國法人ニ與フルコトヲ得レハナリ

第二 法律又ハ條約ヲ以テ普通ノ內國法人カ有セサル權利ヲ以テ某ノ外國法人ニ與フルノ規定アルトキハ之ニ依ルヘキコト固ヨリナリトス

【問題】寄附行爲ハ之ヲ變更スルコトヲ得ルヤ

民法總論
平沼學士

第一 寄附行爲ヲ變更スルコトヲ得ルヤ否ヤニ付テハ法文ナシ通說ニ曰ク元來寄附行爲ヲ以テ定メタル事項ハ寄附者ノ意思表白ニシテ法人ノ基礎ヲ形成スルモノナリ社團ニハ社員總會ナル意思機關アルカ故ニ其基本規定タル定款ヲ變更スルノ意思表示ヲ爲スコトヲ得ルモ財團ニハ此ノ如キ機關ナキカ故ニ其基本規定ヲ變更スルノ途ナシ故ニ寄附行爲ハ之ヲ變更スルコトヲ得スト余以爲、寄附行爲ニ依リテ定マリタル事項ヲ變更スルニ由テ其基礎ヲ廢滅スルハ不當ナリ然レトモ其基礎ヲ動カサヽル範圍ニ於テ之ヲ變更スルハ爲シ得ヘカラサルコトニ非ス故ニ寄附行爲ヲ以テ豫メ變更ノ方法ヲ定メタルトキハ其方法ニ依リ追加改正ヲ爲スコトヲ妨ケス例ヘハ寄附行爲ヲ以テ評議員若クハ維持員ナル特別機關ヲ設ケ其決議ニ由テ其條項ヲ變更シ得ヘキモノト規定スルトキハ其手續ヲ履践スルニ由リ之ヲ變更スルコトヲ得ヘシ尤モ之ヲ變更スルニ付キ主務官廳ノ認可ヲ要スルコトハ定款ノ變更ニ關スル規定ヨリ類推スレハ明瞭ナリト信ス

第二

本法ハ寄附行爲ヲ以テ定メタル事項ヲ變更スル方法ヲ規定セス故ニ其事項ハ全然之ヲ變更スルコトヲ得サルモノト解釋スヘキコト一見至當ナルカ如シ然ルニ最モ重要ナル事項ハ姑ク措キ事務所ノ如キハ之ヲ變更スルコトヲ得サルモノトスルノ不便ナルコト言フヲ俟タス現ニ本法ニ於テモ社團法人ト財團法人トニ通シテ其事務所ノ移轉ニ關スル規定(四六乃至四八)アルヲ以テ見レハ絶對的ニ之ヲ許サヽル趣意ニハ非サルヘシ要

スルニ此點ニ於テハ法文不備ニシテ疑議ヲ生スル虞ナキニ非ス設立者ハ須ク寄附行爲ヲ以テ便宜ノ方法ヲ定メ以テ實際ニ支障ナキコトヲ計ルヘキナリ例ヘハ重要ナル事項ハ特設ノ議事機關ヲシテ之ヲ議定セシメ其他ノ事項ハ之ヲ理事ニ一任スルカ如キハ其方法ノ一ナルヘシ又主務官廳ニ於テモ愼重ニ寄附行爲ノ內容ヲ調査シ設立者ニ適當ノ注意ヲ爲スコト肝要ナリトス前示寄附行爲ヲ以テ定ムヘキ事項ハ定款ニ記載スヘキ事項ニ同シク限定的ノモノト解スヘキニ非サルナリ

【問題】生前處分ヲ以テ寄附行爲ヲ爲シタル場合ニ於テ寄附者カ法人ノ未タ成立ニ至ラサル以前ニ死亡シタルトキハ如何ナル結果ヲ生スルヤ

第一 民法總論 平沼學士

此場合ニ於テハ法律ニ別段ノ規定ナキヲ以テ寄附財産ハ一旦相續人ニ移リ法人成立ノ時ヨリ法人ノ財産ヲ組成スルモノト論セサルヘカラス

第二 民法總論 川名學士

生前處分ヲ以テ寄附行爲ヲ爲シタル場合ト雖モ未タ法人ノ成立セサル

以前ニ於テ寄附者カ死亡シタルトキハ若シ特別ノ明文ナカランカ法人ハ相續人ヨリ寄附財産ヲ取得スルコトヽナリ又相續人ハ法人成立ノ時ニ至ル間ニ於テ寄附財産ヨリ生スル果實ヲ取得スルノ結果トナリ寄附行爲者ノ意思ニ反スルニ至ルヘキカ故ニ寄附者死亡ノ時ヨリ寄附財産カ法人ノ財産ヲ組成スヘキ旨ヲ規定スヘキ必要アルカ如シト雖モ其場合極メテ稀有ナルヘキカ故ニ本法ハ特別ノ規定ヲ設ケサリシナリ

【問題】法人ハ不法行爲ヲ爲シタル代理人ニ對シテ求償權ヲ有スルヤ

法人カ代理人ノ不法行爲ニ對シテ有スル責任ハ其選任又ハ監督ヲ誤リタルニ因ルモノト解ス可ラス即チ本法第七百十五條ノ適用ト見ルヘキニ非ス何トナレハ法人ハ自己ニ其代理人ヲ選任且ツ監督スルコトヲ得ルモノニ非サレハナリ故ニ此點ニ於テハ佛國一般ノ學説ニ依ルコトヲ得ス（佛一三八四）故ニ又法人ニ於テ損害賠償ヲ爲シタルトキハ不法行爲者タル代理人ニ對シテ求償權ヲ有スルモノト解スヘシ使用者ト雖モ尚ホ此權利ヲ有ス（七一五）而シテ其場合ニコソハ選任監督ヲ誤リタル過失ノ責ニ任スルモノナル

ヲ以テ明文ナキトキハ疑義ヲ生スル虞アルヘキナリ

【問題】 理事ハ定款ニ違背セル總會ノ決議ヲ執行セサルコトヲ得ルヤ

理事ヲ羈束スヘキ總會ノ決議ハ法令及ヒ定款ニ違反セサルモノナルコトヲ要ス何トナレハ法令又ハ定款ニ違反セル決議ハ決議トシテ其效力アルモノニ非サレハナリ理事ハ法人ノ法定代理人ニシテ社員ノ機具ニ非ス故ニ法人ノ憲則タル定款ニ違反セル決議ニ盲從スル義務ナキコトハ疑ナキ所ナルヘシ而シテ其果シテ法令又ハ定款ニ違反セル決議ナルヤ否ヤハ理事自ラ其責任ヲ以テ之ヲ査定スヘキモノトス故ニ又不法行爲ニ因リテ他人ニ損害ヲ加ヘタル場合ニ於テハ總會ノ決議ニ依リタルトキト雖モ賠償ノ義務ヲ免ルヽコトヲ得サルヘシ(商一七七參照)

【問題】 定款ヲ以テ社員ニ全ク表決權ヲ與ヘサルコトヲ規定スルコトヲ得ルヤ

民法總論
平沼學士

第一　總會ニ於テ表決權ヲ全ク有セサル社員ヲ認ムルコトハ論理ト牴觸ス總

會ハ社員ノ全員カ表決權ヲ有スルカ故ニ總會ナリ社員ノ一部分ノミカ表決權ヲ有スル會議ハ總會ニ非スシテ特別ノ議事機關ナリ

第二

定款ヲ以テ或一部ノ社員ニ全ク表決權ナキモノトスルコトヲモ妨ケスト雖モ此ノ如キハ總會ト稱スヘキニ非ス本法第六十五條ハ總會ニ關スル規定ト見ルヘキカ故ニ其末項ヲ論據トシテ總會ノ場合ニ於テ或社員ニ全ク表決權ナキモノト定メタル定款ノ規定ヲ有效ナリト主張スルハ妥當ナラサルヘシ

第三

各社員ハ皆平等ノ表決權ヲ有スルモノトナス(六五)原則ニ對シテハ定款ヲ以テ之カ例外ヲ定ムルコトヲ得ヘシ(六五、三項)即チ各社員ノ表決權ヲ不平等ト爲スコトヲ得ヘシ然レトモ全ク表決權ナキモノト爲スコトヲ得ス何トナレハ第六十五條第一項ハ敢テ各社員ニ表決權ヲ與フル規定ニ非サレハナリ

第四

表決權ハ出資ノ多寡ニ依リ或ハ發起人ナルト贊成者ナルトニ依リ差等ヲ設ケ或ハ或社員ニ特權ヲ與ヘ或ハ女子、幼者、犯罪人、資金怠納者等ニ表決權ナキモノト定ムルコト必要又ハ便利トスルコトアルヘキヲ以テ定欵ニ依リ斯ノ如キ規定ヲナスコトヲ許ス

第三編 私權ノ客體

第一章 汎論

第一

權利ノ實質ハ其享有者ト法律利益ヲ充スヘキ活資トノ間ニ存スル所ノ關係ナリ而シテ其關係ハ一方カ他ノ一方ヲ支配スルト云フニ外ナラス所謂權利ノ客體(目的)ナルモノハ權利主體カ支配力ヲ及ホスヘキ活資ナリ權利ノ客體ハ實ニ權利ノ骨子ニシテ權利ノ賦與ニ由テ保障スヘキ法律利益ノ淵源ナリ例ヘハ余カ所有スル時計ハ余ノ需要ヲ滿足スヘキ活資ナリ余ハ此時計ニ由テ余ノ需要ヲ滿足ス此時計ニ由テ需要ヲ滿足スルカ爲ニ此時計ノ上ニ支配力ヲ及ホス而シテ余ノ欲スル所ノ需要ヲ充ス爲ニ法律カ余ニ許スニ絶對ノ支配力ヲ以テスレハ余ハ此時計ノ上ニ所有權ヲ有スルコト、爲ル此場合ニ於テ時計ハ所謂法律利益ヲ充スヘキ活資ニシテ所有權ノ客體ト爲ルヘキモノナリ權利ノ客體ハ其存在ヲ感知セシメ吾人ノ支配力ノ下ニ置クコトヲ得ヘキモノナラサルヘカラス此特性ヲ有スルモノハ總テ權利ノ客體タルコトヲ得、此特性ヲ具有スルモノハ有形物ニ限ラス吾人ハ有形ノ生活資料ノ外、無形ノ生活資料ヲ有ス無形ノ生活資料ハ有形ノ生活資料ト同シク權利ノ客體タルコトヲ妨ケス例ヘハ智能ノ産出物、人ノ行爲等ハ有體物ト同シク權利ノ客體ト爲ルコトヲ得ヘク人ノ智識或ハ太陽ノ如キハ權利ノ客體タルノ特性ヲ缺如ス

第二

權利ノ客體ニ付テハ學者間頗ル議論アリテ未タ定說アラス或ハ曰ク權利ノ目的即チ客體ハ權利者ノ行爲ナリト是レ理論上極メテ正當ノ見解ニシテ余モ亦理論トシテハ此說ニ賛同スル者ナリ先ツ物權ニ付テ之ヲ例センニ所有權ハ物ヲ自由ニ使用、收益、處分スル權利ナリ然ラハ其使用、收益、處分ハ畢竟所有權ノ目的ニシテ是レ固ヨリ所有者ノ行爲ナルカ故ニ權利者ノ行爲ハ權利ノ目的即チ客體ナリト云フコトヲ得ヘシ又例ヲ

債權ニ取レハ債權トハ或人カ或事ヲ或他人ニ求ムル權利ナリ故ニ其權利ノ目的ハ亦常ニ權利者ノ行爲ナリト云フコトヲ得ヘシ此他純然タル物權、債權ト其性質ヲ異ニスル著作權、特許權ノ如キニ在リテモ亦然リ即チ著作權ハ或期間或著作物ヲ他人ヲ排斥シテ己レ獨リ複製、發行スルコトヲ得ル權利ナリ故ニ權利ノ目的ハ等シク權利者ノ行爲ニシテ特許權ノ目的モ亦之ニ異ナラス要スルニ權利ノ目的即チ客體ハ常ニ權利者ノ行爲ニシテ權利者ノ行爲ヲ措キテ他ニ之ヲ求ムルコトヲ得ス然レトモ權利者ノ行爲ヲ以テ權利ノ客體ナリトスル說ハ客體ナル語ヲ普通ノ用例ト異ナリタル意味ニ使用スルモノニシテ普通ノ用例ニ於テハ客體ナル語ハ常ニ主體ナル語ニ對シテ之ヲ用ヒ權利ノ客體ト云ヘハ權利ノ主體即チ權利者ヲ離レテ別ニ存在スルモノトセリ隨テ財產權ノ直接又ハ間接ノ目的即チ客體ハ多クハ物ナリト云ハサルヘカラス例ヘハ所有權ノ直接ノ目的ハ物ニシテ債權ノ直接ノ目的ハ他人ノ行爲ナリト雖モ間接ノ目的ハ同シク物ナルコト多シ又著作權ノ目的ニ付テハ學者ノ說區々ナリト雖モ此權利ハ所謂對世權ノ一種ニシテ何人ニ對シテモ或事ヲ求ムルコトヲ得ル權利ナリ詳言スレハ著作權者ノ承諾ヲ得サル限リハ何人モ其著作物ヲ複製、發行スルコトヲ得ス即チ世人一般ニ其著作物ヲ複製、發行セサル義務ヲ負ヘルモノナリ（此ニ所謂義務ハ債權ニ對スル義務即チ債務ト其意義ヲ異ニスルコトヲ知ラサルヘカラス）故ニ著作權ノ目的即チ客體モ亦其主體ヲ離レテ存スルモノト云ハサルコトヲ得ス是レ前說ト異ナル所ナリ

右ノ如ク權利ノ客體ナル語ハ二樣ノ意義ニ用フルコトヲ得ヘシト雖モ普通ノ見解トシテハ寧ロ後說ヲ穩當トス今之ヲ本法ノ各權利ニ適用スレハ財產權ト親族權トニ因リ聊カ異ナル所アリ

本法ハ明文ヲ以テ財產權ヲ規定セサルニ拘ラス財產權ヲ物權及ヒ債權ニ限定セス著作權、特許權等ヲモ之ニ包含セシメタリ其他名譽權、生命權等種々ナル權利アリ從テ權利ノ客體ヲ論スルニ當テモ其權利ノ種類ニ依リ同シカラスト雖モ名譽權、生命權ノ如キハ單ニ不法行爲ニ關係ヲ有スルノミニシテ他ノ場合ニ於テハ殆ト爲ニ問題ヲ生スルコトナク又著

作權、特許權ノ如キハ特別法ノ規定スル所ナルカ故ニ共ニ之ヲ省略シ財產權中ノ主タルモノ即チ物權及ヒ債權ノミニ付テ之ヲ論セシニ物權ノ目的ハ如何ナル物權ニ在リテモ常ニ物ニシテ唯其權利ノ種類異ナルニ隨ヒ權利ノ幅員ヲ異ニスルモ目的ノ物タルニ於テハ即チ一ナリ又債權ノ直接ノ目的ハ常ニ他人ノ行爲ニシテ間接ノ目的ハ亦物ナルヲ常トス又親族權ノ目的ハ學者間大ニ議論ノ存スル所ニシテ或ハ親族權ノ目的ハ人ナリトシ或ハ人ノ行爲ナリトセリ例ヘハ父權ハ子ニ對シテ行フモノニシテ時トシテハ懲戒行爲ヲ爲スコトアリ此場合ニ於テ前說ヲ主張スル學者ハ父權ノ目的ハ子ナリト云ヒ後說ヲ主張スル學者ハ懲戒ヲ受クル行爲ナリト云ヘリ然レトモ余ヲ以テ之ヲ見ルニ是レ唯其觀察點ヲ異ニスルノミニシテ結局同一ナリ而シテ後說ノ學者ハ人ヲ以テ權利ノ目的トスルハ古昔奴隸制度ノ行ハレタル時代ノ思想ニシテ今日文明ノ世ニ於テハ如何ナル權利ト雖モ人ヲ以テ目的ト爲スコトナシト論スルモ虛心平氣ニ之ヲ考フレハ是レ必スシモ奴隸制度ニ類スル思想ニ據ル

モノトスルコトヲ要セサルカ故ニ余ハ寧ロ前説ヲ以テ其當ヲ得タルモノナリト信ス

第三 凡ソ權利ニハ其主體ノ外ニ一定ノ客體即チ普通ニ所謂目的(Object)ナカルヘカラス民法ニ於テ權利ノ目的トハ或ハ物又ハ權利ヲ謂ヒ或ハ行爲ヲ意義シ其用例區々一定セストモ雖モ畢竟權利者カ他人トノ關係ニ於テ享受スルコトヲ得ヘキ利益ノ内容ヲ謂フモノト解スヘシ例ヘハ此ニ地上權ノ目的如何ト言ヘハ則チ他人ノ土地ニ於テ工作物又ハ竹木ヲ所有スル爲メ安全ニ其土地ヲ使用スルコトヲ謂ヒ又賣主ノ債權ノ目的如何ト言ヘハ買主ヲシテ一定ノ代金ヲ支拂ハシムルコトヲ謂フモノナリ此等ノ場合ニ於テ土地又ハ代金其モノハ權利ノ内容ノ一部ニ過キス單ニ物ヲ離レテ使用又ハ支拂ヲ爲ス行爲ヲ目的ト稱スルコトヲ得サルト同一ナリ此二者ヲ連結シタルモノ即チ權利ノ目的ナリト解スヘシ

第四

私權ノ目的トハ人ノ生活ノ需用ヲ充タシ且ツ其需用性ヲ履行セシムルカ爲ニ法律ノ配下ニ置カレタルモノナリ故ニ私權ノ目的ハ二個ノ要素ヨリ成ル一ハ各人ノ需用ヲ充タスモノナルコト他ハ其需用性ヲ履行セシメンカ爲ニ法律ノ配下ニ置カルヽコト是ナリ

蓋シ權利ノ發生ハ各人ノ欲望ニ基因ス之ヲ滿足セシムルニ必要ナルモノハ之ヲ稱シテ活資(Lebensgnt)ト云フ吾人ノ生活ニ必要ナルモノナリ活資ノ享有ハ之ヲ各人ノ自由ニ委スルコトヲ得ス法律ヲ以テ各人ノ持分ヲ定ムルノ必要ヲ生ス此持分ハ即チ權利ナリ故ニ私權ノ目的ハ法律ニ依テ保護セラルヽ活資ナリ

一　私權ノ目的ハ人ナリトスル說　此說ニ從フトキハ本法第百七十九條ヲ說明スルコト能ハス同條ニ依レハ物又ハ權利ヲ以テ權利ノ目的ト爲スコトヲ得ル旨ヲ明言セリ

二　私權ノ實質ヲ形成スルモノヲ私權ノ目的ト爲スノ說　此說ニ從ヘハ私權ノ目的ハ權利ノ種類ニ從テ異ナル例ヘハ所有權ノ實質ヲ形成

スルモノハ物ノ使用。收益及ヒ處分ナリ故ニ其目的ハ物ニ非スシテ物ノ使用收益及ヒ處分ナリ地上權ノ目的ハ他人ノ土地ノ使用ナリ從テ物又ハ權利ハ私權ノ目的トナルヲ得サルニ至ルヘシ同シク我民法上ニ於テ之ヲ採用スルコトヲ得ス

三　私權ニ依テ要求セラル可キモノヲ私權ノ目的ト爲スノ說　此說ニ從ヘハ私權ノ目的ハ常ニ人ノ積極的又ハ消極的ノ行爲ナリ蓋シ權利關係ハ人ト人トノ關係ニシテ權利ハ其關係ノ一端ニ存シテ常ニ人ノ行爲ヲ要求スルモノナルカ故ニ權利ノ目的ハ人ノ行爲ナリト謂フニアルナリ然レトモ所謂身分權ノ一種タル後見人ノ權利及ヒ親權ノ如キハ敢テ被後見人又ハ子ノ行爲ヲ要求スルモノニ非サルノミナラス物又ハ權利ヲ以テ私權ノ目的トナスコトヲ認ムル我民法ニ於テ採用スルコト能ハサルモノナリ

第二章　物

第一節　物ノ意義

物ハ外界ノ一部ニシテ獨立ノ一體トシテ人ノ需要ヲ充シ人ノ支配力ノ範圍內ニ屬シ得ヘキモノヲ云フ（以下分拆說明）

一　物ハ外界ノ一部ナリ　物ハ外界ノ一部ナリ外界ノ一部ナリト云フハ空間ヲ占領シテ場所的ノ存在ヲ有スルノ意ニ外ナラス空間ヲ占領シ場所的ノ存在ヲ有スルハ形體ヲ具有スルニ由ル人ノ視官又ハ觸官ニ依テ覺知シ得ヘキモノハ皆形體ヲ有ス故ニ物タルコトヲ得然レトモ聽官又ハ臭官ノミニ依テ感得シ得ヘキモノ又ハ智能ノミニ依テ理解シ得ヘキモノハ形體ヲ有セス故ニ物タルコトヲ得ス即チ音響、香氣、權利、義務、名譽、信用ノ如キハ物ニ非ス本法ニ於テ物ハ有體物タルコトヲ要スト云フハ此意義ヲ明ニシタルモノナリ（五八）

物ハ形體ヲ具有シ場所的ノ存在ヲ有スルコトヲ要スルモ定形ヲ有スルコトヲ要セス氣體、液體モ亦空間ヲ占領スルモノニシテ固體ト同シク物ナリ

物ト物ノ力トハ之ヲ混同スヘカラス元來物カ吾人ノ需要ヲ充スコトハ力アルカ故ナリ然レトモ力ハ智能ニ依テ理解スヘキ無形物ニシテ物自身ニ非ス力ノ存スル所必ス物アリト云フヲ得レトモ力自身カ物ナリト云フハ誤謬ナリ此點ニ關シテ近世學者間ニ議論ノ種子ト爲レルハ電氣ナリ電氣ハ物ナリヤ否ヤノ問題ニ付キ多クノ學者ハ電氣ハ力ニシテ場所的ノ存在ヲ有セス故ニ物ニ非スト説明セリ此説ヲ以テ最モ穩當ナルモノト信ス先年横濱地方裁判所ニ於テ電氣カ竊盜ノ目的物ナルヤ否ヤニ付キ問題ヲ生シ大審院ハ電氣ノ漏洩ヲ以テ竊盜罪ヲ構成スヘキ物ノ竊取ト爲シ原判決ヲ破毀シタリ然レトモ大審院ハ刑法上ニ於テ竊盜ノ目的ト爲リ得ルコトヲ言明シタルニ止マリ電氣カ民法上物ナリヤ否ヤハ敢テ問フ所ニ非スト説明シタルヲ以テ此問

題ヲ解決スルコトヲ得サリキ然レトモ大審院ノ判決ヲ熟讀スレハ寧ロ刑法上ノ竊盜ノ目的トナルモノハ民法上ノ物タルコトヲ要セス電氣ハ民法上ノ物ニ非サルモ刑法上竊盜ノ目的物タルコトヲ得ルト云フニ歸着スルカ故ニ直接ニ此問題ヲ解決スルヲ避ケタルモ不言ノ中ニ電氣ハ民法上所謂物ニアラストノ意ヲ表示シタルモノト見テ可ナリト信ス電氣ハ物ナリト論スル學者ハ獨逸ノデルンブルヒナリ其說ニ曰ク電氣ハ力ナリト云フハ不可ナリ凡ソ作用ヲ認識スルコトヲ得レハ必ス之ヲ發動スヘキ物アリト理解スヘキナリ電氣ハ眼ヲ以テ之ヲ見ルコトヲ得サルモ其作用ニ依テ其存在ヲ確ムルコトヲ得ルナリト此說ハ結局物ト力トヲ混同シタルモノナリト言ハサルヘカラス

羅馬法系ノ學說ニ從ヘハ物ヲ別テ有體物ト無體物ト爲シ場所的ノ存在ヲ有セサル權利ノ目的ヲ無體物ト稱ス此觀念ニ從ヘハ所有權以外ノ一切ノ財產權ハ所有權ノ目的ト爲ルヘキモノシニテ概括シテ無體物ト稱スヘキモノナリ從テ質權ノ所有權アリ債權ノ所有權アルノ結

果ト爲リテ權利ノ混亂ヲ極メ殆ント解スヘカラサルノ不條理ニ陷ル羅馬法ノ觀念ハ佛法學者ノ襲踏スル所ト爲リ吾國ニモ輸入セラレ舊民法ハ之ヲ基礎トシテ編纂セラルヽニ至レリ本法ハ前ニ説明スル所ニ由テ明ナルカ如ク羅馬法ノ觀念ヲ打破シテ物ハ有體物ニ限ルモノト定メタリ

二 物ハ人ノ支配力ノ範圍ニ屬スヘキモノナリ　物理學上ヨリ論スレハ場所的ノ存在ヲ有スルモノハ總テ之ヲ物ト稱スルコトヲ得ヘシ然レトモ法律學ニ於テ物ト稱スルハ之ト其範圍ヲ同ウセス場處的ノ存在ヲ有スル物體中性質上人ノ支配力ノ範圍內ニ入ルヘキモノト其範圍內ニ入ルヘカラサルモノトアリ日月星辰ノ如キハ吾人ノ需要ヲ滿足セシムルモ吾人ノ支配力ノ範圍內ニ入ルヘキモノニ非ス故ニ法律上之ヲ物ト稱スルコトヲ得ス

生存セル人類ノ身體ハ場所的ノ存在ヲ有ス或場合ニ於テ人ノ支配力ノ下ニ置カルヽコトナシトセス古代ノ法律ニ於テハ奴隷ノ制度ヲ認

メ人類ヲ財產權ノ目的ト爲シタレトモ現今ノ法制ニ於テハ之ヲ人身權又ハ親族權ノ目的ト爲スニ止マリ之ヲ財產權ノ目的ト爲スコトヲ認メス即チ人類ハ財產上ノ關係ニ於テ吾人ノ支配力ノ範圍ニ入ル可カラサルモノナリ故ニ人類ヲ物ト爲スハ古代ノ觀念ニ從ヘハ相當ナルモ現今ノ法律思想ト牴觸ス

生存セル人類ノ身體ノ一部分ハ物ニ非サルモ之ヲ全體ヨリ分離スルトキハ物トナスコトヲ得例ヘハ人ノ毛髮ハ身體ノ一部ナリ故ニ之ヲ切リ離サヽル間ハ物ニ非サルモ切リ離ストキハ物トナリテ所有權ノ目的ト爲ルコトヲ得ヘシ

生存セル人類ノ身體ヲ人工的ニ補充スルモノハ法律上之ヲ人體ノ一部ト爲ス故ニ之ヲ物ト爲サス例ヘハ義齒、義足ノ如シ然レトモ之ヲ人體ヨリ取リ離ストキハ物ト爲ルヘキヤ論ヲ俟タス

人類ノ死骸ハ物ナリ一定ノ目的ノ爲ニ其上ニ支配力ヲ及ホスコトヲ得

三　物ハ生活ノ需要ヲ充シ得ヘキモノタルコトヲ要ス　法律上權利ノ目的トナルモノハ生活ノ需要ヲ滿足スルカ故ナリ全ク生活ノ需要ヲ滿足スヘキ性質ヲ有セサルモノハ權利ノ目的ト爲ラス權利ノ目的トナラサルモノハ法律上物ニ非ス只注意スヘキハ生活ノ需要ヲ滿足スヘキモノハ必スシモ金錢上ノ價格ヲ有スルコトヲ要セス吾人ノ需要ヲ滿足スヘキモノハ金錢ヲ以テ評價スヘキモノアリ又之ヲ以テ評價スヘカラサルモノアリ此區別ハ物ナリヤ否ヤヲ決スルニ付テハ全然關係ヲ有セス

四　物ハ獨立ノ存在ヲ有スルコトヲ要ス換言スレハ獨立ノ一體トシテ生活ノ需要ヲ滿足スヘキモノタルコトヲ要ス　物體ノ一部ハ獨立ノ存在ヲ有セス故ニ法律上之ヲ物ト稱スルコトヲ得ス例ヘハ一頭ノ犬、一個ノ時計ハ物ナリ之ニ反シテ犬ノ足ハ犬ト離レサル間ハ犬ノ一部ナリ時計ノ蓋ハ時計ト分離セサル間ハ時計ノ一部ナリ故ニ法律上之ヲ物ト爲スコトヲ得ス物トハ佛語之ヲ「ショーズ」ト云ヒ羅馬法以來歐洲多數ノ立法例ニ於テハ物ニ有體。無體ノ區別アリトシ單ニ物ト云フトキハ常ニ有體物及ヒ無體物ヲ併セテ包含スルモノトセリ是レ理論上殆ト間然スル所ナキカ如シト雖モ若シ此理論ヲ貫徹セントスルトキハ實ニ奇妙ナル結果ヲ生シ終ニ説明ニ苦シムニ至ルヘシ何トナレハ法律上無體物ト稱スルハ主トシテ權利ヲ指セルモノニシテ物權、人權ノ如キ主トシテ之ニ包含セラル、カ故ニ物ノ上ニ存スル權利即チ物權ハ他ノ物權又ハ人權ノ上ニ存スルコトヲ得ルモノト云フノ己ムヲ得サルニ至リ勢ヒ債權ノ所有權、地上權、抵當權ノ所有權等ヲ認メサル可ラサルノミナラス所有權其他債權ノ所有權並ニ地上權及ヒ抵當權ノ所有權等モ亦物ナルカ故ニ更ニ此等ノ權利ノ上ニ所有權ノ存スルモノトスルヲ得ヘク遂ニ所有權ノ所有權、債權ノ所有權ノ所有權、地上權ノ所有權ノ所有權ヲモ認メサル可カラサルニ至リ殆ト底止スル所ヲ知ラサルナリ是レ徒ニ理論ニ拘泥シタル結果ニシテ世ノ學者カ無體物ヲ認ムルニ拘ラス此結果ヲ説明スルニ苦シミ往々ニシテ之ヲ曖昧ニ付スルハ實ニ理論ヲ貫徹セサルモノニシテ此ノ如クンハ寧ロ初ヨリ無體物ヲ認メサルノ優レルニ若カサルナリ殊ニ羅馬法以來歐洲大陸竝ニ我國ノ實際ニ於テハ所有權ヲ以テ無體物ト認ムルコトナク「或物ヲ與フル」ト云フハ常ニ其有體物ノ所有權ヲ與フルノ義ニ外ナラス要スルニ此ノ如キ區別ハ殆ト其實用ナキノミナラス却テ權利ト物トヲ混淆スルノ弊アルヲ以テ本法ハ全ク此區別ヲ採用セス法文中單ニ物ト云ヘルハ常ニ有體物ノミヲ指シ權利ハ之ヲ權利ト稱シ斷シテ之ヲ物ト稱スルコトナシ其他名譽又ハ行爲ノ如キ無體物モ各其名稱ニ從ヒ決シテ無體物ナル總稱ヲ用ヒス

第三

本法ニ於テハ物トハ專ラ有體物即チ一定ノ空間ヲ占ムル物體ヲ謂フモノトセリ從テ凡ソ宇宙間ニ一ノ空位ヲ占ムル物體ナル以上ハ一トシテ物ニ非サルナク必シモ定形ヲ有スルコトヲ要セス例ヘハ瓦斯ノ如キハ

一ノ物ナルコト疑ヲ存セス而シテ權利、名譽、信用又ハ行爲ノ如キハ物ト稱セス各之ヲ呼フニ其特有ノ名稱ヲ以テスヘキナリ

第四 物(Sache)トハ吾人ノ支配ニ屬セシメ得ヘキ人以外ノ自然界ノ一部ニシテ吾人ノ需用ヲ充シ場所的ノ存在ヲ有スル獨立ノ一體ナリ(以下分析説明)

一 物ハ人以外ノ自然界ノ一部ナリ　自然人及ヒ法人以外ノ自然界ノ一部ナリ故ニ人類及ヒ其身體ハ物ニ非ス奴隷ハ人ニ非ス物ナリト爲シタルハ羅馬法ノ認ムル所ナレトモ近世ニ於テハ物ニ屬スル人類ナシ又物ハ自然界ノ一部ナルカ故ニ木石、禽獸、昆蟲、魚介等皆之ニ屬ス

二 物ハ場所的ノ存在ヲ有ス　空間ヲ占領スルモノタルコトヲ意味ス羅馬法ニ於テハ物ヲ分テ有體物(Res corporales)及ヒ無體物(Res incorporales)ノ二トナシ場所的ノ存在ヲ有セサルモノト雖モ亦法律上ノ物タリキ近世ニ於テモ普漏西民法ハ物ヲ定義シテ物トハ權利又ハ義務ノ目的トナリ得ヘキモノナリトシ人ノ行爲及ヒ權利モ亦物ナリトセリ我舊

民法モ亦物ヲ分テ有體物及ヒ無體物トシ物權、人權其他ノ權利ハ無體物ナリト規定シタリ然レトモ所謂無體物ヲ以テ物ナリトセハ債權ノ所有權、所有權ノ所有權又其所有權ヲ認ムルニ至リ奇怪ナル結果ヲ生スヘキカ故ニ獨逸民法及ヒ本法ハ全然無體物ヲ物ナリト認メス物トハ有體物ニ限ルモノトセリ故ニ行爲、光線、熱、臭味、音響、智識、名譽、德義、信用及ヒ力ハ物ニ非スト謂ハサルヘカラス電氣ハ物ナリヤ否ヤニ付テハ獨逸學者間ニ於テ大ニ論爭アリタル所ナリ若シ普漏西民法ノ如キ見解ニ從ヘハ電氣モ亦一ノ物タルヲ失ハサルヘシト雖モ本法及ヒ獨逸民法ノ主義ニ於テハ電氣ヲ物ト爲スコトヲ得ス蓋シ物理學上電氣ハ動物ノ力ト同シク一種ノ力ニシテ場所的ノ存在ヲ有スルモノニ非サレハナリ之ニ反シテ氣體、液體、固體ハ場所的ノ存在ヲ有スルカ故ニ物タルコトヲ得ヘシ

三　物ハ吾人ノ支配ニ屬セシメ得ヘキモノタルコトヲ要ス　吾人ノ意思ニ服從セシムルコトヲ得ヘキコトヲ意味ス故ニ日月星辰ノ如キハ

物理學上ノ物ナリト云フモ法律上ノ物ニ非ス

四 物ハ獨立ノ一體トシテ吾人ニ利益ヲ與フルモノナルコトヲ要ス 自然界ノ一部ニシテ場所的ノ存在ヲ有シ吾人ノ支配ニ屬セシメ得ヘキモノハ物ナリト雖モ一滴ノ水、一粒ノ灰ヲ以テ法律上ノ物ナリト云フコトヲ得ス法律上ニ於テハ一定ノ分量ニ於タル水灰ニ非サレハ物ト爲スコトヲ得サルナリ蓋シ法律ハ吾人ノ利益ト相終始ス吾人ニ或利益ヲ與フルモノニ非サレハ吾人ニ所有權ヲ與ヘサルニ因テ之ヲ察スレハ吾人ニ或利益ヲ與フルモノヲ以テ物ト爲シ然ラサルモノハ法律上ニ於ケル物ニ非スト云ハサル可カラサルナリ

第五 物トハ吾人ノ觸官ニ抵抗ヲ與フ可キ外界ノ一部ニシテ吾人ノ利用ニ供シ得可ク且ツ一體トシテ獨立存在ヲ有スルモノヲ云フ(以下分析說明)

一 物ハ外界ノ一部ナリ 外界トハ人類以外ノ自然界ナリ人類ハ物ニ非ス羅馬法ハ奴隷ヲ物ト爲スト雖モ近世法理ハ之ヲ採ラス人類ニ非

サル物（動物モ）ハ凡テ物ナリ

二　觸官ニ抵抗ヲ與フ可キモノナリ　形體ヲ有セサルモノ例ヘハ臭味、音響、權利ハ物ニ非ス

三　吾人ノ利用シ得可キモノナラサル可カラス　吾人ノ權力ニ服從セシムル能ハサルモノ例ヘハ太陽ハ物ニ非ス

四　獨立存在ヲ有セサル可カラス　物ノ一部例ヘハ机ノ足ハ物ニ非ス

第六

物ハ本來自然界ニ屬スルモノナルカ故ニ法律上ニ於ケル物ノ意義ヲ定ムルニ當リテモ物理學上ノ思想ト全ク離ルヽコトヲ得ルモノニ非ス然レトモ法律上物ト稱スルモノト物理學上物ト稱スルモノトハ毎ニ符合スルモノト謂フ可カラス法律ハ物ヲ見ルニ權利ノ目的ヲ以テスルカ故ニ吾人ノ認メテ以テ物ト爲スモノニシテ權利ノ目的ト爲ルコト能ハサルモノハ法律ニ所謂物ニ非サルナリ例ヘハ日月星辰及ヒ空氣ノ如キハ吾人ノ認メテ以テ物ト爲スモノナリト雖モ吾人ノ權利ノ目的ト爲ルコ

トハサルカ故ニ法律上物ト稱ス可カラサルカ如シ果シテ然ラハ法律ニ所謂物トハ自然ノ一部ニシテ吾人ノ權利ノ目的ト爲ルコトヲ得ルモノナリト謂フ可キナリ

第二節　各條

第八六條　定着物

第一

定着物トハ土地ト別個ノ存在ヲ有スルモノニシテ其用方ニ從ヒ持續シテ土地ニ連結セラルヽ物ヲ云フ（以下分析説明）

一　定着物ハ土地ノ構成分子ニ非スシテ土地ト全ク別個ノ存在ヲ有スルモノナリ　土地ノ一部トナルモノ例ヘハ溝渠ノ如キモノハ定着物ニ非ス又家屋ヲ土地ノ一部ト看做ス法制ノ下ニ於テハ家屋ハ定着物ニ非ス

二　定着物ハ土地ニ附着セラレタルモノナリ　土地ニ附着セラルヽトハ土地ニ連結セラルヽノ謂ニシテ單純ニ接觸スルノ義ニ非ス連結ハ

自然的ナルモノアリ人工的ナルモノアリ例ヘハ人工的ニ土地ニ連結セラルヽ所ノ家屋橋梁、障壁、自然ニ地上ニ發生スル所ノ樹木又ハ地下ニ埋沒スル所ノ鑛物ノ如キ皆定着物ナリ

三　定着物ハ持續シテ土地ニ連結セラルヽモノナリ　一時ノ用ニ供スル爲メ土地ニ連結セラルヽモノハ定着物ニアラス例ヘハ野獸ノ害ヲ防ク爲メ一時建設シタル小屋、建築ノ用ニ供スル爲メ地上ニ一時設ケラレタル足場ノ如キハ定着物ニ非ス持續的ノ性質ヲ有スルコト一時的ノ性質ヲ有スルコトハ性質上ノ區別ナリ之ヲ時ノ長短ニ依ル差別ト混同スヘカラス

四　定着物ハ物ノ用方ニ從ヒ土地ニ連結セラレタルコトヲ要ス　物ノ用方ニ從ハスシテ土地ト連結セラレタル物ハ定着物ニ非ス例ヘハ竊盜カ金品ヲ地中ニ埋藏シ數十年ヲ經過スルモ定着物ト爲ラス

第二

定着物トハ土地ニ附着スヘキモノニシテ現ニ附着セル物ヲ云フ故ニ例

ヘハ建築ノ用ニ供スル爲メ一時土地ニ設ケタル小屋、足場ノ如キハ固ヨリ不動產ニ非ス之ニ反シ通常ノ建物ノ如キハ其性質上永久土地ニ附着スヘキ物ナルカ故ニ其不動產タルコト疑ヲ容レス唯、多少疑ハシキハ植物ナリ例ヘハ天然ノ竹木其他永遠ニ存セシムル目的ヲ以テ植付ケタル花卉ノ類ハ其不動產タルコト殆ト疑ナシト雖モ稻麥ノ如ク必ス一定ノ時季ニ於テ刈取ルヘキ物ハ或ハ動產ナルカ如キ觀アリ然レトモ是レ亦不動產ナリト云ハサル可カラス何トナレハ稻麥ノ類ハ之ヲ刈取ルト同時ニ其性質ヲ變シテ動產ト爲ルト雖モ未タ之ヲ刈取ラサル間ハ尙ホ土地ト一體ヲ成シ之ヲ土地ヨリ分離シテ觀察スルコトヲ許サヽレハナリ

第三

土地ノ定着物トハ自然ノ形狀ニ基キ一時ノ用ニ供スル爲ニ非スシテ土地ニ附着セル物ヲ謂フ必シモ自然ノ狀態ヲ毀損スルニ非サレハ土地ト分離シ又ハ他ニ移轉セシムルコトヲ得サル物ニ限ラサルヘシ（明治三十五年一月二十七日大審院判決）

第四　土地ノ定着物ノ何タルヤハ其意義甚タ漠然タリ土地其モノヽ構成部分ニ非スシテ人工的又ハ自然的ニ其用方ニ於テ土地ニ固着スルモノヲ謂フ（以下分説明拆）

一　土地其モノヽ構成部分タラサルコトヲ要ス　土地ヲ構成スル地體ハ土地ノ定着物ニ非ス土地其モノヽ構成部分ニシテ土地其モノヲ成スカ故ナリ

二　土地ニ固着スルコトヲ要ス　茲ニ土地ニ固着スルト謂フハ土地ニ接觸スルコトヲ意味スルニ非ス物理的ニ土地ニ附着シ土地又ハ其物ヲ毀損スルニ非サレハ之ヲ分離スルコト能ハサル程度ニ至リタル物ヲ謂フ斯ノ如キ關係ヲ生スルハ或ハ人工ニ依ルコトアリ或ハ自然的ナルコトアルヘシ故ニ地上又ハ地下ノ水又ハ鑛物、自然ニ繁茂スル樹木地下ニ埋沒セシメタル瓦斯管又ハ水道管其他地上ニ設置セラレタル垣、塀、籬、橋梁及ヒ神社ノ旗杭ノ如キ皆土地ノ定着物ナリ然レトモ一時建築用ニ備付ケラレタル小屋ノ如キ又ハ野獸盜賊ノ害ヲ防ク爲ニ設ケラレタル番小屋ノ如キハ土地ニ固着スルモノニ非サルヲ以テ定着物ナリト謂フコトヲ得ス

三 物ノ用方ニ從ヒテ土地ニ固着スルコトヲ要ス　故ニ金時計又ハ火鉢等ヲ土地ニ固着セシメ之ヲ分離スルコト能ハサルニ至ラシムルモ定着物タルコト能ハス其他隧道中ニ埋沒シテ到底取出スコト能ハサルニ至リタル汽車ノ如キ氷ノ爲ニ土地ニ固着シタル材木ノ如キ皆定着物ニ非ス

四 土地其モノニ固着スルコトヲ要ス　民法カ其定着物ト謂ヘルハ蓋シ此意ナリ從テ疊建具ハ家屋ニ附着スルモ土地其モノニ固着セサルヲ以テ土地ノ定着物ニ非ス

第五

定着物トハ人工又ハ天然ニ又直接間接ニ土地ト固着スル物ナリ之ヲ分テ二トス

一　或ハ全ク土地ト一體ヲ爲ス物アリ此中ニ天然的ニ一體ヲ爲スモノアリ例ヘハ地上地下ノ水、鑛物等ノ如シ又人工的ニ一體ヲ爲ス物アリ例ヘハ水管、瓦斯管等ノ如シ但シ單ニ地面ニ置キ地上ニ止マリ又ハ土中ニ埋メタル物例ヘハ地上ニ在ル動物、埋メタル寶玉ノ如キハ不動産ニ非ス

二　或ハ地上ニ存在シ其根基ニ依テ土地ト密着スル物アリ地上物即チ是ナリ此中ニ有機的ニ土地ト密着スルモノアリ例ヘハ樹木、果實是ナリ又人工的ニ土地ニ密着スル物アリ例ヘハ建物、建物ノ定着物（建物ト同一體ナ爲ス物例ヘハ疊建具其他ノ補足物）墻、籬、柵、水車、土手、橋梁等ノ如シ但シ番小屋、露店ノ如キハ密着ノ關係ナキカ故ニ動産タリ

第六

土地ノ定着物トハ直接又ハ間接ニ土地ニ附着シテ移動セサル物ヲ謂フ所謂移動セサルトハ位地ヲ變セスシテ固定スルノ謂ナリ故ニ自力又ハ他力ニ依リテ動クコトヲ得ル物ト雖モ若シ現ニ土地ニ附着シテ其位地

ヲ變更スルコトナク固定ノ有樣ニ在ルトキハ一ノ不動產ト爲ルモノトス今若シ土地ノ定著物トハ土地ニ附着シテ移動スル能ハサル物ナリトセハ實際土地ノ定著物ト認ム可キモノ全ク存セサルニ至ル可シ何トナレハ地上ノ物ハ悉ク自力又ハ他力ニ依リテ其位地ヲ變更スルコトヲ得ルモノナルヲ以テナリ又土地ノ定著物トハ本質ヲ毀損スルニ非スンハ移動スル能ハサル物ヲ指スモノナリトセハ庭石又ハ竹木ノ如キハ不動產ニ非スト謂ハサル可カラサルニ至ル可キナリ

第三節　本章中ノ問題

【問題】　特定物不特定物ト代替物不代替物ノ區別如何

第一

特定物、不特定物ノ區別ハ物ノ性質ニ依ル區別ニ非スシテ當事者ノ意思ニ基ク區別ナリ特定物トハ當事者カ具體的ニ指定シタル物ヲ云フ例ヘハ此机、此椅子、何番地ノ土地ト云フカ如シ不特定物トハ當事者カ抽象的ニ種類ヲ以テ指示シタル物ヲ云フ例ヘハ米一升、酒一石ト云フカ如シ羅馬法ニ於テハ代替物不代替物ノ名稱アリキ此名稱ハ今日ニ於テモ學者ノ使用スル所ニシテ其說明ニ從ヘハ代替物トハ同一種類ノ中ニ於テ交互代用スルコトヲ得ル物ヲ云ヒ不代替物トハ他物ヲ以テ代用スルコトヲ得サル物ヲ云フ若シ此區別ヲ以テ主觀的ニ當事者ノ意思ニ依テ定マルヘキモノトスルトキハ特定物不特定物ノ區別ト異ナラス若シ之ヲ客觀的ニ解シ物ノ性質ニ依ル區別トスレハ之ト意義ヲ異ニス若シ之ヲ物ノ性質上ノ區別ト爲シ代替物ハ其性質上絕對ニ特定セスシテ取引セラルヽモノナリ不代替物ハ其性質上特定シテ取引セラルヽモノナリト言フトキハ此區別ハ殆ト無意味ナリ法律上絕對ニ代替性ヲ有スル物又ハ絕對ニ不代替性ヲ有スルモノヲ認メサレハナリ若シ强ヒテ之ヲ物ノ性質ニ因ル區別ト爲サントセハ不特定ニ取引セラルヽコトヲ其經濟的ノ性質ト爲ス物ヲ代替物ト爲シ特定シテ取引セラルヽコトヲ其經濟的性質ト爲ス物ヲ不代替物ト爲スノ外ナシ然ルニ物カ經濟的性質ニ從テ取引セラレタルヤ否ヤハ各場合ニ於テ當事者ノ意思ヲ解釋シテ之ヲ決

セサル可カラス即チ法律上ヨリ云ヘハ客觀的方面ノミヲ探究シテ問題ヲ解釋スルコトヲ得ス故ニ結局此區別ハ物ノ性質上ノ區別トシテハ殆ト無用ニ歸着ス

或ハ物ヲ分チテ特定物及ヒ定量物ト爲スモノアリ定量物トハ一定ノ數量ヲ指示シテ取引セラルヽ物ヲ云フ特定物ハ具體的ニ確定セラルヽモノナルヲ以テ數量ヲ示サスシテ取引スルコトヲ得不特定物ハ具體的ニ確定セラレサルモノナルカ故ニ數量ヲ示スノ必要アリ此ニ於テ特定物ニ非サル物モ定量物ト爲スニ至リシナリ此名稱モ現今ノ法制ノ下ニ於テハ不必要ナリト思考ス

第二

特定物トハ或一ノ種類中ニ於テ特個ニ定マレル物ニシテ取引上他ノ物ヲ以テ代替スルコトヲ得サルモノヲ云フ例ヘハ何町何番地何號ノ地所又ハ家屋或ハ特ニ指定シテ此机又ハ彼ノ書幅ト云フカ如シ之ニ反シテ不特定物トハ單ニ種類及ヒ數量ノミ定マレル特別ノ價格ナキ物ヲ云フ

即チ一個物ノ特性ニ重キヲ置カスシテ其種類ノミヲ主眼トシ同種、同量ノ物ヲ以テ交互代用スルコトヲ得ル物ノ謂ナリ例ヘハ金錢又ハ米穀ノ如キ是ナリ

上記ノ定義ニ依レハ此區別ハ畢竟、物ノ代替性ノ有無ニ關スルモノト見ルコトヲ得ヘシ故ニ羅馬法ニ於テハ此二種ノ物ヲ代替物、不代替物（Res fungibiles——Res non fungibiles）ト稱シ今日尚ホ此名稱ヲ用フル學者及ヒ立法例甚タ多シトス又代替物ト同一義ニ於テ定量物ナル語ヲ用フルコトモアリ即チ一個物タル特性ニ着眼セス同種類ノ物ニ中ニ於テ同一ノ分量ヲ以テ代用スルコトヲ得ルノ意ニ外ナラサルナリ

第三　民法總論　川名學士

特定物及ヒ不特定物ハ一名之ヲ不代替物及ヒ代替物ト云ヲ之ヲ區別スルノ標準ニ付テハ古來左ノ二主義アリ

一　客觀的ノ標準ニ依ルノ區別　此標準ニ依レハ一般取引上ノ觀念ニ基キ數、度、量ニ依テ定メラレ得ヘキ物ハ不特定物ニシテ然ラサル物ハ

特定物ナリトス例ヘハ穀米、酒、金錢、肉類等ハ前者ニ屬シ土地、家屋、時計、牛馬等ハ後者ニ屬ス此主義分レテ二トナル左ノ如シ

甲 苟モ右ノ標準ニ依リテ定マル物ハ當事者ノ意思ヲ以テ之ヲ變更スルコトヲ得ストナス主義 故ニ酒ハ之ヲ特定物トナスコトヲ得サルヘク家屋ハ之ヲ不特定物トナスコトヲ得サルナリ若シ當事者カ明ニ反對ノ意思ヲ表示シタルトキハ是レ特定物カ變シタ不特定物トナリタルニアラス特定物及ヒ不特定物ニ關スル法律ノ規定ノ適用ヲ免カレンコトノ意思表示ヲ爲シタルモノナリ其規定カ任意的ナルトキニ限リ其意思表示ノ有效ナルニ過キス

乙 特定物及ヒ不特定物ノ區別ハ性質上ノ區別ナルト同時ニ當事者ノ意思ニ因リテ之ヲ變更スルコトヲ得トナス主義 故ニ馬又ハ牛ハ性質上特定物ナルモ馬又ハ牛百匹ヲ引渡スト謂フカ如ク百ナル一團ノ數カ取引ノ目的トナリタルトキハ不特定物トナリ金錢ハ性質上不特定物ナルモ封金トナシタルトキハ特定物タルコトヲ得ト

ナス

二 主觀的ノ標準ニ依ルノ區別　此標準ニ依レハ性質上ノ區別ニアラスシテ當事者ノ意思ニ基クモノナリト謂フ例ヘハ百石ノ麥、百斤ノ肉ト謂ヘハ不特定物タルモ其百石ノ麥又ハ百斤ノ肉ヲ當事者カ變更ス可ラサルノ程度ニ於テ確定シタルトキハ特定物トナルヘシ本法ハ第二ノ主義ヲ採用シタルモノナリ

第四　特定物不特定物ノ區別ハ法律上代替スルヲ得ルヤ否ヤニ依リテ生ス特定物トハ特別ニ定マリタル物ニシテ取引上他物ヲ以テ代替スルヲ得サルモノヲ云フ例ヘハ第何號ノ土地、何某ノ時計ト云フカ如シ其代替シ得サル性質ヨリ又之ヲ不代替物ト云フ不特定物トハ單ニ種類、數量、尺度ヲ以テ定マリタル物ニシテ取引上同種同量ノ物ヲ以テ代替シ得ヘキモノヲ云フ例ヘハ時計、馬、金百圓、布一丈ト云フカ如シ舊法典ハ定量物ト云フト雖モ一個ノ時計ト云フカ如キハ定量物ト云フ可ラス故ニ本法ハ不

特定物ト云フ(四〇〇、四〇一、五三四)代替シ得ヘキ性質ヨリ又之ヲ代替物トモ云フ代替物、不代替物ノ區別ハ特定物、不特定物ノ區別ト同一ナリ唯觀察點ヲ異ニスルノミ舊法典カ之ヲ別個ノ區別ト爲シタルハ誤ナリ又代替物ト消費物トハ必シモ同一ニ非ス

第五

特定物ハ不代替物ニシテ不特定物ハ代替物ニ外ナラスト說ク者ナキニ非ス然レトモ是レ代替物及ヒ不代替物ノ區別ハ當事者ノ意思ニ基キテ生スルモノト爲ス謬見ニ外ナラサルナリ左ニ代替物、不代替物及ヒ特定物、不特定物ノ區別ヲ說明シ其誤謬ヲ明ニスヘシ

一　代替物及ヒ不代替物　此種別ハ物ノ自然ノ性質ニ基キテ生シタルモノニ非スシテ其經濟上ノ性質ニ依リテ生シタルモノニ外ナラス今或種類ノ物ヲ見ルニ一般ノ取引上其數量ニ重キヲ置キ敢テ各個ニ重キヲ置カサルモノアリ穀物、金錢又ハ燃料ノ如キ即チ是ナリ此ノ如ク一般ノ取引上一定ノ數量ニ重キヲ置キテ取引スル物之ヲ名ケテ代替

物ト稱ス而シテ代替物ニ非サルモノ是レ即チ不代替物ナリトス斯ノ如ク代替物及ヒ不代替物ノ區別ハ一般ノ取引上ノ慣行ニ依リテ生スルモノナルカ故ニ當事者カ或物ノ數量ニ重キヲ置キ敢テ其各個ニ重キヲ置カスシテ取引ヲ爲スノ意思ヲ有スルトキト雖モ若シ一般ノ取引上斯ノ如キ慣行存セサルトキハ其物ハ代替物ニ非サルナリ又當事者カ或各個ノ物ニ重キヲ置キテ取引ヲ爲スノ意思ヲ有スル場合ニ於テ若シ一般ノ取引上其物ノ數量ニ重キヲ置キ敢テ各個ノ物ニ重キヲ置カサル慣行アルトキハ其物ハ代替物ナリト謂ハサル可カラサルナリ例ヘハ穀物ハ當事者ノ意思ノ如何ヲ問ハスシテ毎ニ代替物タリ又乘馬ハ當事者ノ意思ノ如何ヲ問ハスシテ毎ニ不代替物ナルカ如シ

三　特定物及ヒ不特定物　當事者カ法律行爲ヲ爲スニ當リテ其給付ス可キ物ヲ特ニ指定シタルトキハ其物ハ即チ特定物ナリト雖モ若シ種類ノミニ依リテ其給付ス可キ物ヲ指定シタルトキハ其物ハ不特定物ナリトス故ニ特定物及ヒ不特定物ノ種別ハ當事者ノ意思ノ如何ニ依

リテ生スルモノト謂フ可キナリ果シテ然ラハ特定物トハ不代替物ノ謂ニ非ス又不特定物トハ代替物ノ謂ニ非サルナリ特定物及ヒ不特定物ノ區別ハ代替物及ヒ不代替物ノ區別ト異ルコト前述ノ如シトセハ代替物ニシテ特定物タルモノアリ又不代替物ニシテ不特定物タルモノアルコト勿論ナリトス例ヘハ賣主カ現ニ其倉庫ニ貯藏スル米ヲ賣渡スコトヲ約シタルトキハ賣買ノ目的タル物ハ代替物ニシテ特定物タリ又賣主カ乘馬十頭ヲ賣渡スコトヲ約シタルトキハ賣買ノ目的タル物ハ不替物ニシテ不特定物ナリト云フヘシ

【問題】定期金ハ法定果實ナリヤ

定期金ハ法定果實ナリヤ否ヤ蓋シ定期金中、物ノ使用ノ對價ニ屬スル借賃、利息等ノ法定果實タルコトハ第八十八條第二項ニ規定スル所ナリト雖モ定期金中ニハ元本ト利息トヲ併セテ包含スルモノアリ例ヘハ終身定期金ノ債務者カ元本ヲ受ケタル場合ノ如シ此場合ニ於テ其定期金カ果シテ法定果實ナリヤ否ヤハ多少疑アリト雖モ其定期金ノ一部分ハ所謂物ノ使用

ノ對價ニアラサルカ故ニ全然之ヲ果實ナリト云フコトヲ得スト信ス從來我邦ニ行ハルヽ年賦金、月賦金ノ如キモ亦然リ

第四編　法律事實

第一章　汎論

第一節　私權ノ得喪變更

權利ハ發生シ變更シ又消滅ス權利ノ發生トハ特定ノ權利カ新ニ成立スルヲ云フ權利ノ消滅トハ特定ノ權利カ其成立ヲ失フコトヲ云フ權利ノ變更トハ特定ノ權利カ其成立ヲ失ハスシテ其原素ヲ交替シ又ハ增減スルヲ云フ

權利ノ變更ハ之ヲ別テ主觀的變更及ヒ客觀的變更ト爲ス

主觀的變更トハ權利主體ノ變更ニシテ同一ノ權利カ一人ヨリ他人ニ移轉スルヲ云フ或ハ曰ク權利ノ主體ハ權利ノ要素ナリ故ニ權利主體ノ變更ハ一ノ權利ヲ消滅シテ他ノ權利ヲ發生スルモノナリト然レトモ此說ハ誤レリ權利カ主體ナクシテ存立スルコトヲ得サルハ眞實ナレトモ何

某ト云フ特定人カ主體タルコトハ其要素ニ非ス故ニ一人カ權利者ノ地位ヲ脫退シテ他人カ其地位ヲ襲踏スルモ同一ノ權利ヲ繼續セシムルコトヲ妨ケス是レ即チ權利ノ承繼ナリ一ノ權利ヲ消滅シテ他ノ權利ヲ發生スルニ非ス

權利主體ノ變更ハ主體ノ交替ニ因ル場合ト主體ノ增減ニ因ル場合トアリ

主體ノ交替ニ因ル變更ハ全部ノ權利ノ承繼ヲ生ス主體ノ增減ニ因ル變更ハ其一部分ニ付キ承繼ヲ生ス即チ主體ノ增加ハ在來ノ享有者ノ持分ノ一部ヲ新享有者ニ移轉ス主體ノ減少ハ脫退者ノ持分ヲ在來ノ享有者ニ移轉スルナリ

客觀的變更ハ權利ノ實體ヲ變更ス權利ノ實體ノ變更ハ其實質ヲ變更スル場合ト其分量ヲ變更スル場合トアリ例ヘハ債務ノ不履行ニ由リ損害賠償ノ請求權ヲ生スルハ前ノ場合ニ屬シ土地ノ分合、附加若クハ其一部分ノ滅失ハ後ノ場合ニ屬ス

一　權利ノ取得　權利ノ取得ハ之ヲ分別シテ原始取得及ヒ傳來取得ト爲ス

原始取得トハ他人ノ權利ニ基カスシテ權利ヲ取得スルヲ云フ前ニ全ク權利主體アラサルトキハ常ニ原始取得ヲ存ス前ニ權利主體アルモ取得者ノ權利カ之ヨリ傳來スルニ非サルトキ亦同シ後ノ場合ニ於テ取得者ノ權利カ前主體ノ權利ニ基カス故ニ前後ノ權利主體間ニ承繼被承繼ノ關係ナシ即チ權利者ハ其權利ヲ喪失シ後ノ權利者ハ之ト關係ナクシテ同一ノ權利ヲ取得スルモノナク例ヘハ先占ニ由テ無主物ヲ取得スルハ前ニ權利主體ナキ場合ニ新ニ所有權ヲ得ルモノニシテ原始取得ナリ時效若クハ土地收用ニ由リ土地所有權ヲ取得スル場合ニ於テハ前所有者カ所有權ヲ失フト同時ニ後ノ所有者カ之ヲ取得スレトモ其間ニハ承繼被承繼ノ關係ナク第一ノ權利消滅スルト同時ニ第二ノ權利發生ス故ニ前ノ場合ト同シク原始取得ヲ存ス

傳來取得ハ他人ノ權利ニ基テ權利ヲ取得スルヲ云フ傳來取得ニ於テ

ハ常ニ前權利者アルコトヲ要シ後ノ權利者ノ取得ハ前權利者ノ權利ヲ前提ト爲ス即チ前後ノ權利者ノ間ニ承繼被承繼ノ關係ヲ爲ス此場合ニ於テ前權利者ヲ前主ト云ヒ取得者ヲ後主ト稱ス

後主ノ權利ハ前主ノ權利ニ基クカ故ニ論理上後主ハ前主ヨリモ大ナル權利ヲ有スルコトヲ得ス然ルニ法律ノ規定ニ依リ後ノ權利者カ前權利者ヨリ大ナル權利ヲ傳來スルカ如キ觀ヲ呈スル場合ナキニ非ス例ヘハ指圖債權ヲ讓受ケタル者ハ前主カ其一部又ハ全部ヲ失ヒタルニ拘ラス證書面ノ權利ヲ得其他法律ノ規定ニ依リ之ト同樣ノ結果ヲ生スル場合數多アリ此ノ如キ場合ニ於テ前主ヨリモ餘分ノ權利ヲ取得スルモノヲ傳來取得ト爲スハ論理ニ適合セサルカ如シ故ニ表面上ハ傳來取得ナレトモ其實質ハ原始取得ナリト論スルヲ正確ト爲ス

傳來取得ハ之ヲ分テ創設的傳來取得及ヒ移轉的傳來取得ト爲ス

創設的傳來取得トハ前主ノ權利ニ基キ之ト異ナリタル新ナル權利ヲ取得スルヲ云フ例ヘハ所有者カ地役權又ハ質權ヲ設定シタル場合ノ

如シ此場合ニ於テ地役權又ハ質權ハ前主ノ所有權ニ基クモノナリ然レトモ地役權又ハ質權ハ前主ノ所有權ヲ失ハシメスシテ同一ノ目的物ノ上ニ創設セラレタル別異ノ權利ナリ

移轉的傳來取得トハ前主ノ權利カ後主ニ移轉スルナリ即チ權利カ前主ヲ離レテ後主ニ歸着ス是レ權利主體ノ變更ナリ前權利カ消滅シテ新ナル權利カ生スルニ非ス同一ノ權利カ繼續シテ存ス例ヘハ賣買、贈與ニ因リ物權又ハ債權カ甲ヲ離脱シテ乙ニ歸屬スルカ如シ

移轉的傳來取得ハ前ニ述フルカ如ク同一ノ權利カ一人ヨリ他人ニ移轉スルナリ正確ニ權利ノ承繼ト稱スヘキハ此場合ナリ

二　權利ノ喪失　權利ノ喪失ニ二種アリ權利カ他人ニ附着セスシテ主體ヲ離脱スル場合ト他人ニ附着スルニ由テ從來ノ主體ヲ離脱スル場合是ナリ後ノ場合ハ更ニ之ヲ別テ二トス他人ノ原始取得カ其權利ヲ從來ノ主體ヨリ離脱セシムル場合及ヒ他人ノ傳來取得カ之ヲ從來ノ主體ヨリ離脱セシムル場合ナリ

他人ノ原始取得ニ由テ權利ヲ從來ノ主體ヨリ離脱セシムル場合ニ於テハ前權利カ消滅スルト同時ニ新ナル權利生ス例ヘハ占有ノ效力又ハ土地收用ノ效力ニ由テ權利ヲ喪失スル場合ノ如シ或ハ此場合ヲ以テ一ノ移轉ト爲シ之ヲ移轉的原始取得ト稱スル學者アリ然レトモ理論上ヨリスレハ取得者ノ權利ハ新ニ成立スルモノニシテ喪失者ノ權利カ之ニ移レルモノト爲スハ當ヲ得ス

他人ノ傳來取得カ前主體ヲシテ權利ヲ失ハシムルハ權利承繼ノ場合ナリ此場合ニ於テ前主體ニ取リテハ權利ノ喪失ナラソモ權利自體ハ決シテ消滅スルモノニ非ス

第二

一　權利ノ取得トハ其主働的主體ト爲ルコトヲ謂フ平易ニ言ヘハ自己ニ之ヲ有スルニ至ルコト是ナリ從來一般ノ學者ハ其方法ヲ大別シテ原始的取得方法ト繼受的取得方法トノ二種ト爲セリ

原始的取得トハ他人ノ權利ニ基因セスシテ獨立ニ發生スルモノヲ謂

フ例ヘハ先占、添附又ハ時效ニ因ル取得ノ如キ是ナリ一說ニ此取得方法ヲ狹義ニ解シテ何人ニモ屬セサル權利ヲ取得スルニ限ルモノトシ時效ニ因ル取得ノ如キハ繼受的取得ノ部類ニ屬スルモノト爲スハ一ノ謬見ト謂フヘシ若シ此說ニ從フトキハ先占ニ因リテ無主物ノ所有權ヲ取得スル外ニハ殆ト原始的取得ノ場合ナキコトト爲リ從來一般ニ重要ト認ムル此區別ノ效用ヲ解スルコト能ハサルニ至ルヘキナリ』

繼受的取得トハ他人ノ權利ニ基キテ權利ヲ取得スルコトヲ謂フ例ヘハ賣買ニ因リテ或物ノ所有權ヲ取得スル如キ是ナリ此場合ニ於テハ從前ノ權利者ヲ稱シテ前主ト謂ヒ其取得ヲ爲ス者ヲ名ケテ承繼人ト謂フ繼受的取得ニ移轉的取得ト創設的取得トノ二種アリ

移轉的繼受取得トハ既ニ存在セル權利カ其性質及ヒ名稱ヲ變セスシテ承繼人ニ移ルコトヲ謂フ例ヘハ賣買ニ因リテ或物ノ所有者ヨリ其所有權ヲ取得シ又ハ抵當權者ヨリ其抵當權ヲ讓受クル如キ是ナリ此等ノ場合ニ於テ承繼人ノ取得スル權利ハ前主ノ權利ト全然同一ナル

モノニシテ其内容及ヒ名稱毫モ相異ナル所ナク唯權利主體ノ變更アルニ過キス

創設的繼受取得トハ前主ノ權利ニ基キ新ナル名稱ノ下ニ其内容ノ一部ヲ取得スルコトヲ謂フ即チ前主ノ權利ヲ消滅セシメスシテ其權利ニ基キ之ト相異ナル權利ヲ取得スルニ在リ例ヘハ所有者カ地上權、永小作權、質權等ヲ設定スル場合ノ如キ是ナリ此等ノ場合ニ於テ設定者ハ斯ノ如キ名稱ノ權利ヲ有セシニ非ス唯完全ナル所有權ノ一部トシテ有セル占有、使用又ハ收益ノ利益ヲ割キ右ニ言ヘル如キ異種異名ノ權利ヲ新設スルモノナリ故ニ之ヲ繼受的取得ト稱スルハ當ラサル如シト雖モ其權利ノ實質ハ之ヲ所有者ヨリ承繼スルモノニシテ何レモ設定者ノ權利ニ其源ヲ汲ムモノトス故ニ廣義ニ於ケル移轉トシテ繼受的取得ノ部類ニ加フヘキナリ（「デルンブルヒ」一卷八一節）本法ハ物權ニ關シ此區別ヲ明ニセンカ為ニ設定及ヒ移轉ナル語ヲ分用セリ（一七六）

又繼受的取得ニハ特定名義ニ於ケル取得ト包括名義ニ於ケル取得ト

アリ特定名義ノ承繼トハ特個ノ財産ヲ取得スルヲ謂ヒ包括名義ノ承繼トハ資産ノ不分的全部又ハ一部ヲ取得スルヲ謂フ前者ハ生存者間ニ於ケル契約其他ノ事由ニ基因スルモノニシテ後者ハ法定又ハ遺言相續ノ場合ニ生スルモノトス故ニ普通ノ立法例及ヒ學説ニ於テハ此區別ヲ以テ生存者間ニ於ケル權利承繼ト死亡ニ因ル權利承繼ノ二種ト爲セリ然リト雖モ本法ノ下ニ在テハ死亡ノミヲ以テ包括承繼ノ原因ト爲スコトヲ得サルナリ(九四六)

二　權利ノ喪失トハ從來ノ權利主體カ權利關係ヨリ離脱スルコト即チ其權利ヲ有セサルニ至ルコトヲ謂フ權利ノ喪失ニモ二種アリ主觀的又ハ相對的喪失、客觀的又ハ絶對的喪失即チ是ナリ

主觀的喪失トハ他ニ主體ト爲ル者アルニ因テ權利ヲ喪失スルコトヲ謂フ即チ權利ノ移轉又ハ承繼ニシテ權利其モノハ消滅スルコトナク單ニ主體ノ變更アルニ過キス例ヘハ讓渡ニ在テハ讓渡人ハ權利ヲ喪失スヘシト雖モ是レ主體ニ關スル權利ノ變更ニシテ權利自體ノ存在

ヲ絶止スルコトナシ近世ノ法理ハ特定人相互ノ關係タル債權ト雖モ其主體ノ變更ニ因リテ當然消滅スルモノト見ス普通權利ノ消滅ニ對シ單ニ喪失ト稱スルハ即チ此ニ所謂主觀的喪失ノ意義ニシテ權利自體ハ存在スルモノトシ唯之ヨリ從來ノ主體ヲ分離セシムルコトヲ謂フモノト解スヘキナリ

客觀的喪失トハ權利カ絶對的ニ存在セサルニ至ルコト換言スレハ他ニ取得者アルニ非スシテ權利主體タルコトノ終止スル狀態ヲ謂フ簡短ニ言ヘハ權利ノ消滅ナリ例ヘハ地上權又ハ永小作權カ其存續期間ノ滿了ニ因リテ消滅スル如キヲ謂フ此場合ニ於テ所有者ハ此等ノ權利ヲ承繼スルモノニ非ス唯所有權カ其內容ノ一部ヲ殺カレタル狀態ヨリ完全ナル狀態ニ復スルニ過キサルナリ又債權及ヒ其擔保ハ辨濟免除等ニ因リテ消滅スルモノニシテ代位辨濟ノ場合(一五〇)ヲ除ク外他人ニ移轉スルコトナシ此他權利ノ目的物カ滅失シタル如キ場合ニ於テモ其權利ノ消滅スヘキハ勿論トス總テ此等ノ場合ニ於テハ其消滅

事由ノ意思作用ニ基クト否トヲ問ハス權利者ノ方面ヨリ觀察スレハ權利ノ喪失ニ外ナラスト雖モ前項ニ述ヘタル場合トノ區別ヲ明ニスル爲メ之ヲ消滅ト稱スルコト妥當ナルヘシ
權利ノ喪失ト混同スヘカラサルモノアリ權利ノ變更是ナリ權利ノ變更トハ其存立ノ基本ヲ失フコトナクシテ其內容又ハ主體ニ變更ヲ生スルコトヲ謂フ
內容ニ關スル變更ハ或ハ目的物ノ分量ニ付キ生スルコトアリ例ヘハ添附ニ因リテ生シタル土地ノ膨脹又ハ債務ノ一部免除ノ如シ或ハ種類ノ變更タルコトアリ例ヘハ特定物ノ引渡ヲ目的トスル債務ノ履行カ債務者ノ過失ニ因リ不能ト爲リタル場合ニ於テ金錢ヲ目的トスル損害賠償權ニ變スルカ如キ是ナリ此場合ニ於テハ權利ノ內容一變スルカ故ニ從前ノ權利ハ消滅シ更ニ新ナル權利ヲ生スル觀ナキニ非スト雖モ普通ニハ此見解ヲ採ラス原債權ハ依然存在スルモノト爲シ從テ保證其他ノ擔保モ亦消滅セサルモノト見ルナリ此他債務履行ノ時期

又ハ場所ヲ變更スル如キ權利ノ效力ニ變更ヲ生スルコトアリ例ヘハ一定ノ期間債務ノ履行ヲ請求セサルコトヲ約スル如キ是ナリ是レ亦權利其モノヲ消滅セシムルコトナキハ言ヲ俟タス

主體ニ關スル變更ハ權利ノ移轉即チ承繼ノ場合ニ生スルモノトス此場合ニ於テハ主體ノ員數ニモ變更ヲ生スルコトアリ例ヘハ遺産相續ニ因リテ從來一人ニ屬セシ權利カ數人ニ屬スル如キ其相互間ニ共有關係ヲ生スル等權利ヲ有スル狀態ニ變更ヲ來スコトナキニ非ス然ルニ其何レノ場合ニ於テモ從來ノ權利ハ消滅スルコトナクシテ承繼人ニ移轉スルモノトス但シ更改ハ之ト性質ヲ異ニスルモノト解スヘシ』

權利ノ消滅又ハ變更ハ當事者ノ意思ニ基因スルコト多シ而シテ其最モ重要ナル原由ハ拋棄及ヒ讓渡ノ二トス

拋棄トハ將來ニ向テ權利ヲ遺棄スル意思表示ヲ謂フ其意思ノ作用ニ因ル點ハ讓渡ニ同シト雖モ權利ノ消滅ヲ來ス點ニ於テ之ト其效力ヲ異ニスルモノト謂フヘシ

然リト雖拋棄ハ無制限ニ之ヲ爲スニ非サレハ全ク權利ヲ消滅セシムル效力ナキモノトス單ニ其目的ノ範圍又ハ行使ノ時期ニ制限ヲ附スル如キハ權利ノ變更ニ過キス例ヘハ債務ノ一部免除又ハ一定ノ期間債務ノ辨濟ヲ請求セサル意思表示ノ如キハ一部ノ拋棄ト稱スルコトヲ得ヘキモ債權其モノヲ消滅セシムルコトナキハ言ヲ俟タサルナリ』

拋棄ハ必シモ明示タルコトヲ要セス默示即チ權利者ノ行爲又ハ不行爲ニ依リテモ亦成立スルコトヲ得ヘシ是レ一般意思表示ノ通則ナリ例ヘハ取消ノ原因アルニ拘ハラス履行ノ請求ニ對シテ異議ヲ述ヘサル如キハ取消權ノ拋棄ト爲ルコトアリ但シ一般ノ原則トシテハ單純ナル消極的行爲ノミニ依リテ拋棄ノ意思アルモノト推定スルコトヲ得ス

拋棄ハ現ニ有スル權利ノミナラス將來ニ有スヘキ權利ニ付テモ亦之ヲ爲スコトヲ得ヘシ但シ未タ完成セサル時效ノ利益又ハ未タ開始セサル相續ヲ拋棄スル如キハ無效トス是レ公益上ノ理由ニ基ク制限ナ

リ此他現ニ有スル權利ニ付テモ拋棄ハ一般ニ財産權ヲ目的トシ人身權ニ關シテハ殆ト其適用ヲ見ルコトナカルヘシ(〇九)

讓渡トハ權利ヲ他人ニ移轉スル意思表示ヲ謂フ故ニ拋棄ト異ナリテ一方ニ權利ノ喪失アルト同時ニ必ス他ノ一方ニ其取得アルモノトス普通ノ場合ニ於テハ主體ノ變更ニ過キスシテ權利ノ消滅ヲ來スコトナシ而シテ其意思作用ニ基ク點ハ時效、相續等ニ因ル權利ノ得喪ト相異ナル所ナリ(時效ハ原始的取得又相續ハ包括承繼ノ原由ナル點ニ於テモ同一ナラサルコトハ曩ニ述ヘタル如シ)又一般ニ雙方行爲タル點ニ於テ更ニ拋棄ト其性質ヲ異ニスルモノト謂フヘシ

創設的繼受取得ハ實質上讓渡ノ一種ニ外ナラス故ニ廣義ニ於ケル讓渡ト稱スルコトヲ得ヘシ但シ普通ノ用例ニハ非サルナリ

第三

一 權利ノ取得　凡ソ一ノ權利關係發生スルトキハ必ス其關係ノ兩端ハ人ニ附着ス主體ナキ權利又ハ主體ナキ義務ノ存在ハ之ヲ想像スル

コト能ハサルナリ而シテ權利ノ取得トハ權利カ或特定ノ人ニ附着スルコトヲ謂フ此權利ノ取得ニ二種アリ原始的取得(Originärer Erwerb)及ヒ承繼的取得(Translativer Erwerb)是ナリ

甲 原始的取得　原始的取得トハ他人ノ權利ニ基クコトナクシテ獨立ニ權利ヲ取得スルコトヲ謂フ例ヘハ先占ニ因テ無主物ノ所有權ヲ取得スルカ如キ加工ニ因テ其加工物ノ所有權ヲ取得スルカ如キ又ハ埋藏物ヲ發見シテ其所有權ヲ取得スルカ如キ是ナリ

乙 承繼的取得　承繼的取得トハ他人ノ權利ニ基キテ權利ヲ取得スルコトヲ謂フ例ヘハ相續ニ因テ相續財産ヲ取得シ賣買ニ因テ或物ノ所有權ヲ取得シ債權ノ讓渡ニ因テ債權ヲ取得シ又ハ所有者ノ設定シタル質權、抵當權ヲ取得スルカ如シ而シテ權利ヲ取得スルノ原因ハ學問上之ヲ權原ト名ク又其前權利者ハ之ヲ前主又ハ被承繼人ト稱シ其權利ヲ取得シタルモノヲ後者又ハ承繼人ト稱ス而シテ或權利カ前主ヨリ後者ニ誘導セラルヽコトヲ後者ヨリ觀察シテ權利ノ承繼ト云フ權利ノ承繼ニ二種アリ一ハ特定的ノ承繼(Singularsuccession)他ハ包括的ノ承繼(Universalsuccession)是ナリ特定的ノ承繼ニ因リテ或權利ヲ承繼シタル者ハ特定承繼人ニシテ包括的ノ承繼ニ因リテ權利ヲ承繼シタル者ハ一般承繼人ナリ特定的ノ承繼トハ個々ノ權利ヲ各別ニ承繼スルコトヲ謂ヒ包括的ノ承繼トハ移轉シ得ヘキ前主ノ財産ノ全部又ハ一部ヲ一體トシテ承繼スルコトヲ謂フ故ニ包括的ノ承繼ニアリテハ承繼人ハ前主ノ財産ニ屬セシ權利及ヒ義務ヲ一體トシテ承繼スルニ因リテ個々ノ權利及ヒ義務ヲ承繼シ且ツ其個々ノ權利及ヒ義務ハ同一ノ權原ニ因リテ之ヲ承繼スルモノニシテ各個ノ權利及ヒ義務ノ承繼ニ必要ナル權原(例ヘハ引渡債權讓渡裏書ノ如シ)ヲ要セサルナリ承繼ノ特定的ナルト包括的ナルトハ承繼スヘキ財産ノ分量ニ依ル區別ニアラスシテ承繼其モノヽ性質上ノ區別ナリ而シテ包括的ノ承繼ノ場合ハ法律ニ依リテ定メラルヽモノニシテ現今ニ於テハ相續及ヒ包括遺贈ニ因ル承繼ナリ權利ノ承繼的取

得ハ之ヲ創設的ノ取得(Konstitutiver Erwerb)及ヒ移轉的ノ取得(Translativer Erwerb)ノ二トナスコトヲ得

子　移轉的取得　是レ既ニ存在セル權利カ前主ヨリ後者ニ移轉スルニ因リテ生ス故ニ此場合ニ於テハ後者ノ權利ハ前主ノ權利ト同一ニシテ唯權利主體ノ變更ナリ學者此觀念ヲ批難シ權利ハ主體ナクシテ存立スルコト能ハサルカ故ニ其主體ノ變更ハ即チ權利其モノヽ變更ナリト論スル者アリト雖モ余ハ之ニ從フコト能ハス蓋シ主體ナクシテ權利ノ存スヘキ理由ナク從テ主體ハ權利ノ要素ナルモ特定ノ主體ハ必スシモ權利ノ要素ニアラス故ニ權利カ他人ニ移轉セラルヽモ決シテ變更アリタルモノト云フヘカラサレハナリ

丑　創設的取得　是レ前主ノ權利ヲ消滅セシムルコトナク其權利ニ基キテ之ト異ナリタル權利ヲ取得スルヲ謂フ例ヘハ所有者カ其物ノ上ニ抵當權若クハ質權ヲ設定シタル場合ニ於テ抵當權者

又ハ質權者ハ創設的ニ權利ヲ取得シタルモノナリ蓋シ此等ノ者ハ前主ノ所有權ヲ取得シタルニアラス之ト異ナリタル物權ヲ取得ス又其權利タルヤ決シテ既ニ前主ニ存在シタルニアラス新ニ發生シタルモノナルカ故ニ其取得タルヤ創設的ナリ而シテ前主ノ所有權ハ之カ爲ニ消滅スルコトナク唯、設定セラレタル物權ニ因リ或制限ヲ受クルニ止マリ且ツ其權利ハ前主ノ所有權ニ基キテ取得シタルモノナレハナリ尤モ此場合ニ於テ後者カ取得シタル權利ハ前主ノ權利ト同一ニアラス又其一部ヲ成シタルモノニモアラサルカ故ニ其權利ノ取得ヲ承繼的ナリト謂フハ少シク穩當ヲ缺クノ觀アリト雖モ承繼ト云フハ敢テ既ニ存在セル權利ヲ引繼クコトヲ謂フニアラスシテ唯他人ヨリ自己ニ或權利ヲ誘導スルコトヲ意味スルモノナルカ故ニ創設的ノ取得モ亦承繼的取得ノ一種ナリト謂ハサルヘカラス。

承繼的ノ取得ハ前述ノ如ク前主ノ權利ニ基キテ取得スルモノナル

カ故ニ左ノ結果ヲ生ス

甲　何人ト雖モ自己ノ有スルヨリモ多クノ權利ヲ他人ニ移轉スルコトヲ得ス(Nemo Pius juris ad aliumtransferre potest quam ipse habet)即チ

子　承繼人ハ前主ノ有セサリシ權利ヲ承繼スルコト能ハス　是レ承繼ノ性質上當然ノ結果ニシテ從テ前主ノ權利カ全ク存在セサリシトキハ承繼人ハ其權利ヲ取得スルコトヲ得ス

丑　前主ノ權利ト承繼人ノ權利トハ其性質及ヒ內容ニ於テ同一ナリ　是レ移轉的ノ承繼ニ付テ謂フモノニシテ創設的ノ承繼ニ付テハ之ト異ナレリ

寅　承繼人ノ權利ハ前主ノ權利ヨリ善良ナルコト能ハス　從テ前主ノ權利ノ制限及ヒ瑕疵ハ當然後者ニ移ル

乙　前主ノ權利ヲ承繼シタルモノカ其權利ヲ主張センニハ其總テノ前主ノ權利ノ存在ヲ證明セサル可ラス

二 權利ノ喪失　權利ノ喪失トハ或權利カ從來ノ權利主體ヨリ離脱スルヲ謂フ權利ノ喪失ニ二アリ一ヲ主觀的又ハ相對的ノ喪失ト云ヒ一ヲ客觀的又ハ絶對的ノ喪失ト云フ

甲 主觀的ノ喪失　權利ノ主觀的喪失トハ權利カ他人ニ附着スルコトニ因テ從來ノ主體ヨリ離脱スルヲ謂フ故ニ此場合ニ於テハ從來ノ權利主體ニ取テハ權利ノ喪失トナルモ之ト同時ニ他ニ其權利ヲ取得スル人アリ從テ主觀的喪失ハ主體ノ變更ニ因テ生スルモノナリ

乙 客觀的ノ喪失　權利ノ客觀的喪失トハ權利其モノカ絶對ニ滅失スルコトヲ謂フ即チ他人ニ依テ取得セラルヽニ因テ從來ノ主體ヨリ離脱スルニ非ス學者之ヲ名ケテ權利ノ消滅(Vntergang des Rechts)ト謂ヘリ權利ノ消滅ハ人ノ行爲又ハ自然ノ事變ニ因テ生ス例ヘハ所有者カ其所有物ヲ破壞シ債務者カ債務ノ辨濟ヲ爲シ又ハ其免除ヲ受ケタルカ爲ニ所有權債權ノ喪失ヲ來スハ人ノ行爲ニ因ル權利ノ

消滅ナリ地震又ハ火災ニ因テ物ノ滅失ヲ來シ爲ニ權利ノ喪失スルハ自然ノ事變ニ因ル權利ノ消滅ナリ所有者カ其物ヲ遺棄シタルカ爲ニ所有權ヲ喪失スルハ縱令他ニ之ヲ拾得シテ所有權ヲ取得スル者アルモ主觀的ノ喪失ニ非スシテ人ノ行爲ニ因ル客觀的喪失即チ所有權ノ消滅ナリ

三　權利ノ變更　從來學者ハ權利ノ變更ヲ分テ主體ノ變更ニ因ル權利ノ變更、權利ノ實質ノ變更ニ因ル權利ノ變更ノ二トナシ前者ヲ主觀的ノ變更ト謂ヒ後者ヲ客觀的ノ變更ト稱ス

甲　客觀的ノ變更　客觀的ノ變更トハ權利ノ實質ニ關スル變更ナリ此變更ハ權利ノ實質ノ分量ノ變更ニ因リ又ハ其性質ノ變更ニ因リテ生ス

子　權利ノ實質ノ分量ノ變更ニ因ル權利ノ變更　此場合ニ於テハ前ノ權利ト後ノ權利トカ唯其實質ノ分量ニ於テ增減ノ差アルノミ例ヘハ或土地ニ他ノ物カ添附シタルカ爲ニ從來ノ所有

權ニ變更ヲ來シタルカ如キ又ハ債權ノ一部ノ辨濟ヲ受ケタルカ爲ニ從來ノ債權ニ變更ヲ生シタルカ如キ是ナリ

丑 權利ノ實質ノ性質ノ變更ニ因ル權利ノ變更 此場合ハ權利ナル力ノ內容ヲ變更スルコトニ因ル權利ノ變更ニシテ例ヘハ所有權ヲ侵害セラレタル場合又ハ特定物ノ給付ヲ目的トスル債權カ債務者ノ過失ニ因リ履行不能トナリタル場合ニ於テ其所有權又ハ債權ハ從前ノ性質ヲ變シテ損害賠償ノ請求權ナル一種ノ債權トナリ金錢ノ給付ヲ受クル權利トナルカ如キ是ナリ

乙 主觀的ノ變更 主觀的ノ變更トハ權利ノ主體ニ關スル變更ナリ之ヲ左ノ二トナス

子 主體ノ更替ニ因ル變更 是レ新主體カ舊主體ノ他位ニ代ル場合ニシテ即チ權利ノ承繼ヲ生ス

丑 權利主體ノ增減ニ因ル變更 是レ從來一人ニテ有セシ權利

ヲ數人ニテ有スルニ至リ又ハ從來數人ニテ有セシ權利ヲ一人ニテ有スルニ至ル場合ナリ

余ハ所謂權利ノ主觀的變更ヲ以テ常ニ之ヲ權利ノ變更ト云フコトヲ得ヘキヤ否ヤニ付テ疑ナキニ非ス寧ロ主觀的ノ變更ハ權利其モノヽ變更ニ非スト爲スヲ以テ正當ト信ス

第四

私權ハ法律ヲ以テ私權得喪ノ結果ヲ附シタル原因ノ發生ニ依テ發生シ又消滅ス

特定ノ人ニ依ル權利ノ取得ハ或ハ他人ノ權利ニ關係ナク直接ニ之ヲ取得スルニ依テ生シ(創設、原始取得例ヘハ先占)或ハ嘗テ特定ノ權利主體ニ歸屬セシ私權カ法律又ハ意思表示ニ於テ發生セル法律關係ノ爲ニ移轉スルニ因テ生ス(移轉、繼受取得例ヘハ賣買)

繼受取得ハ凡テノ權利ニ關シテ行ハルヽヲ原則トスト雖モ又之ヲ許サヽルモノ無キニ非ス例ヘハ親族權公益ヲ目的トスル法人ノ社員ノ權利

等ノ如シ繼受取得行ハルヽトキハ新權利主體ハ舊權利主體ノ位置ニ代ル之ヲ移轉(Alienatio)又ハ承繼(Successio)ト云フ

承繼ハ或ハ特定ノ權利ニ關シ行ハレ(特定承繼)或ハ包括ノ權利義務ニ關シテ行ハル(一般承繼)而シテ私權ノ移轉ハ移轉サルヘキ權利ノ性質ヲ變更セス故ニ承繼人ハ前權利者ヨリ善良ナル權利ヲ有スル能ハス凡テノ負擔制限ヲ承繼ス

私權ハ其創設、消滅ノ外變更ヲ生ス其變更ハ或ヘ物體的變更タリ(數量的變更即チ範圍ノ增減及ヒ品質的變更即チ種類ノ變更例ヘハ權利ノ侵害ニ依テ所有權變更シテ債權トナルカ如シ)或ハ主體的變更タリ(主體ノ更改即チ移轉及ヒ主體ノ增加例ヘハ一權利チ數人ニテ承繼スルカ如シ)

第二節　法律事實

第一　法律事實ノ意義　權利ノ發生、消滅、變更ハ法律カ一定ノ事實ニ連結スル效力ナリ法律カ權利ノ發生、消滅變更ノ效果ヲ連結スル事實ヲ法律事實ト稱ス事實ハ知覺シ得ヘキ物界ノ現象ナリ心界ノ現象ハ法律上ノ效果ヲ發生セス物界ノ現象ハ法律上ノ效果ヲ發生スルモノト之ヲ發生セサルモノトアリ所謂法律事實ハ法律上ノ效果ヲ發生スル物界ノ現象ニ外ナラス

凡ソ法律上ノ效力ハ事實ト法律トヲ俟テ發生スルモノナリ抽象的ニ法律的效果ヲ定ムル法規アルモ具體的ニ實現シタル事實ナキトキハ法律上ノ效果ヲ發生セス具體的ニ實現シタル事實アルモ之ニ對シテ法律的效果ヲ連結スルコトヲ定ムル抽象的ノ法規ナキトキハ法律上ノ效果ヲ發生スヘキ謂レナシ元來事實ハ法律ノ作成スルモノニ非ス法律ヲ離レテ自然的又ハ人工的ニ發生スルモノナリ法律ハ自然的又ハ人工的ニ發生シタル事實ニ效果ヲ連結スルニ過キス法律上ノ效果ハ自然ニ存スルモノニ非ス又各人ノ隨意ニ創設シ得ヘキモノニ非ス之ヲ發生スルニハ法律ノ規定ニ依ラサル可ラス即チ自然ノ作用又ハ人ノ意思活動ハ法律的效果ヲ定ムルノ力ナク法律ノ定メタル效果ニ

對スル原因ヲ釀成スルニ止マル之ヲ要スルニ法律上ノ效果ハ法律ノ力ニ依テ事實ニ連結セラルヽモノナリ法律上ノ效果カ具體的事實ヲ離レテ偶然發生スルコトハ之ヲ想像スルヲ得ス又法律ト無關係ニ自然的又ハ人爲的ニ發生スルコトモ亦之ヲ想像スヘカラス故ニ曰ク法律的效果ハ事實ト法律トヲ俟テ發生スト

二　法律事實ト法律的效果トノ關係　法律的效果ハ法律事實ノ完成ニ依テ發生ス一般ノ原則ニ從ヘハ法律事實ハ其完成セラレタルトキ將來ニ向テ效力ヲ生ス然レトモ例外トシテ法律事實カ完成セラレタル場合ニ其完成以前ニ遡テ效方ヲ生スルコトアリ之ヲ法律的效果ノ遡及ト云フ

法律的效果ノ遡及ハ其原因タル事實ヲ前ニ發生シタルモノト爲スニ非サルコトハ明白ナリ法律ハ事實ヲ作成スルコトヲ得ス隨テ事實ノ發生シタル時ヲ變更スルノ力ナケレハナリ然レトモ法律ハ自在ニ效力ヲ定ムルコトヲ得即チ時ニ關スル效力ヲ定ムルニ付キ何等ノ制限

ヲモ受クルコトナシ事實ニ對スル效力ヲ其發生前ニ遡及セシムルハ法律全能ノ力ヲ以テ時ニ關スル效力ヲ定ムルニ外ナラス恰モ法律ノ力ヲ以テ今年發布シタル法律ノ效力ヲ昨年ニ遡ラシムルト同樣ナリ』法律事實ノ效力ヲ停止スルハ原則ニ對スル例外ニ非ス效力ノ停止トハ條件又ハ期限ヲ定メテ其到來マテ效力ヲ發生セシメサルヲ云フ之ヲ以テ法律事實ハ完成シタルモ尙ホ效力ヲ發生セシメサルモノト解スルハ論理ノ牴觸ナリ條件又ハ期限ノ到來ハ一ノ事實ナリ其到來マテ法律事實カ完成セサルカ故ニ效力ヲ發生セサルナリ效力ノ停止トハ畢竟法律事實カ完成セサルカ故ニ效力ヲ發生セシメスト云フニ等シ是レ即チ原則ノ適用ニ外ナラス之ヲ例外ナリト爲スハ事理ヲ解セサルモノト云ハサルヲ得ス

三　得權事實、喪權事實及ヒ變權事實　私權ノ領域ニ於テ法律事實ニ連結セラルヘキ法律的效果ハ之ヲ分別シテ權利ノ取得、權利ノ喪失及ヒ權利ノ變更ト爲ス此法律的效果ノ差別ヲ標準トシテ之カ原因ト爲ルヘキ法律事實ヲ得權事實、喪權事實及ヒ變權事實ト爲ス得權事實トハ權利取得ノ原因ト爲ルヘキ法律事實ヲ云ヒ喪權事實トハ權利喪失ノ原因ト爲ル可キ法律事實ヲ云ヒ變權事實トハ權利變更ノ原因ト爲ル可キ法律事實ヲ云フ

學者ノ所謂權原ナルモノハ權利ノ得喪變更ノ原因ト爲ルヘキ法律事實ナリ或ハ權利ノ得喪變更ト爲ルヘキ一切ノ事實ヲ稱シテ法律事實ト云ヒ或ハ權利ノ得喪變更ノ請求權ヲ發生スル事實ト得喪變更自身ヲ效果トスル事實トヲ區別シテ前者ヲ後者ニ對シテ權原ト稱ス

四 事變及ヒ行爲　法律事實ハ其内容ノ異同ニ從ヒ之ヲ分別シテ事變及ヒ行爲ト爲ス事變トハ人類ノ意思ニ基カサル物界ノ現象ナリ風雨、落雷、出生、死亡等ノ如シ行爲トハ人類ノ意思ニ基ク物界ノ現象ナリ行爲ハ意思活動及ヒ之ニ伴隨スル結果ヨリ成ル意思活動ハ任意ノ動作（身體運動即チ筋肉ノ伸縮）又ハ靜止ナリ意思活動ニ伴隨スル結果ハ任意ノ動作又ハ靜止ニ由テ惹起サレ若クハ放任セラレタル物界ノ狀態ナリ

行爲ハ之ヲ別テ行爲不行爲ト爲ス意思活動カ積極ニ現ハレテ物界ノ狀能ヲ惹起ストキハ作爲ヲ存シ意思活動カ消極ニ現ハレテ物界ノ狀態ニ放任スルトキハ不作爲ヲ存ス例ヘハ音聲ヲ發シテ他人ノ聽神經ヲ刺戟シ又ハ任意ニ己ノ手ヲ働カシテ文字ヲ紙上ニ現ハスカ如キハ作爲ナリ言語ヲ發シ得ヘクシテ之ヲ發セサル爲ニ他人ノ錯誤ヲ來シ又ハ手足ヲ働カシ得ヘクシテ之ヲ働カサヽリシカ故ニ他人ノ水死ヲ妨止セサルカ如キハ不作爲ナリ

行爲ハ意思活動ヲ要素ト爲ス意思活動ハ任意ノ動靜ナリ外部ニ現ハレサル意識ノ作用ハ行爲ノ基本ト爲ルモ其レ自身ハ行爲ニ非ス意識ノ作用ニ基カサル動靜ハ行爲ト外觀ヲ同ウスルモ之ヲ以テ作爲又ハ不作爲ト爲スコトヲ得ス即チ器械的又ハ生理的强制ニ由テ生スル身體ノ動靜ハ行爲ニ非ス

法律事實ハ事變ナルコトアリ行爲ナルコトアリ法律カ法律的效果ヲ發生スル爲ニ意思活動アルコトヲ要件ト爲サヽルトキハ事變カ法律

事實トシテ存在シ法律カ法律的效果ヲ發生スルカ爲ニ意思活動アルコトヲ要件ト爲ストキハ行爲カ法律事實トシテ存在ス

意思ニ關係ナクシテ生シタル物界ノ現象カ法律的效果ヲ伴隨スルトキハ法律事實タル事變ヲ存シテ法律事實タル行爲ヲ存セサルコト明白ナリ例ヘハ震災、風災ノ爲ニ家屋カ破壞シ其所有權カ消滅スル場合ノ如シ

事實上人類ノ意思活動カ一定ノ結果ヲ生シテ之ニ法律上ノ效果ヲ連結スルトキハ法律事實タル事變ヲ存スル場合ト法律事實タル行爲ヲ存スル場合トアリ此區別ハ法律カ其效果ヲ發生スル爲ニ意思活動ヲ要件ト爲シタルヤ否ヤニ由テ定マル若シ法律カ意思活動ヲ要素ト爲サヽルトキハ意思活動ハ事實上存在スル法律的效果ト關係ヲ有セス即チ意思活動ノ結果タル物界ノ狀態カ效力發生ノ原因ト爲ルモノニシテ物界ノ狀態カ意思活動ニ依テ生シタルコトカ效力發生ノ原因ト爲ルモノニ非ス換言スレハ法律上ニ於テハ其結果カ意思活動ニ由テ

生スルモ意思ニ關係ナクシテ生スルモ同一ノ效果ヲ付セラルヘキモノナルヲ以テ實現シタル結果カ其原因タル意思活動ト分離セラレテ法律事實ト爲ル故ニ物質的ニ行爲アルモ法律上ヨリ觀察スレハ其行爲カ效力ヲ發生スルニ非ス即法律事實トシテ存スルモノハ事變ニシテ行爲ニ非ス例ヘハ本法第二百四十五條ニ各別ノ所有者ニ屬スル物カ混和シテ識別スル能ハサルニ至リタルトキハ一方ノ所有者カ全部ヲ取得シ又ハ雙方ノ所有者カ共有權ヲ取得ス若シ混和カ偶發ノ事件ニ因テ生シタルトキハ行爲ヲ存セサルコト明白ナリ若シ混和カ一方ノ所有者ノ行爲又ハ第三者ノ行爲ノ爲ニ生シタルトキハ如何此場合ニ於テ混和ハ意思活動ノ結果ナリ然レトモ法律ハ所有權變更ナル效力ヲ生スルニハ意思活動ニ由テ混和シタルコトヲ要件トセス即チ法律ハ單純ニ混和ナル結果ニ重キヲ置キ其結果カ偶然ノ出來事ニ依テ生スル場合ト意思活動ニ依テ生スル場合トノ間ニ何等ノ區別ヲ置カス故ニ本法第二百四十五條ニ定メタル效力ニ付テ論スルトキハ意思

活動ノ結果カ其原因タル意思活動ト離レテ之ヲ完成スルモノニシテ意思活動自身ハ之ト法律上ノ關係ヲ有スヘキモノニ非ス即所有者又ハ第三者ノ行爲カ法律事實トシテ觀察セラルヘキモノニ非ス其結果カ一ノ事變トシテ法律事實ト爲ルヘキモノナリ之ニ反シテ法律カ意思活動アルコトヲ效力發生ノ要件ト爲ストキハ單ニ其結果ノミヲ以テ效力發生ノ原因ト爲スニ非ス其結果カ意思活動ニ因テ生シタルコトヲ效力發生ノ原因ト爲ス全ク同一ナル結果カ偶發ノ出來事ニ依テ生スルモ同一ナル法律的效果ヲ發生スヘキモノニ非ス斯ル場合ニ於テ法律事實トシテ存スルモノハ行爲ニシテ事變ニ非ス例ヘハ賣買ニ由テ所有權ヲ移轉スル場合ニ於テ所有權移轉ナル效果ハ當事者ノ意思活動アルカ爲ニ發生ス即當事者カ任意ニ發言シ又ハ證書ニ署名捺印スレハ契約ヲ完成スルコトヲ得ルモ睡眠中ノ發言ニ依テハ之ヲ成立セシムルコトヲ得ス又先占ニ因ル所有權ノ取得ハ先占者ノ意思活動アルコトヲ要件トス故ニ無主ノ鳥獸ヲ捕獲スレハ其所有權ヲ得ル

モ偶然自己ノ家屋ニ來ルモ此ノ如キ效果ヲ生セス又不法行爲ニ由ル損害賠償ハ其責任ヲ負擔スヘキ者ノ意思活動ニ依テ損害ヲ生スルコトヲ要件トス同一ノ損害カ意思活動ト關係ナク生スルモ決シテ此ノ如キ法律關係ヲ生スルモノニ非ス即法律關係ノ原因ハ單ニ損害ニ非スシテ意思活動ニ由ル損害ナリ以上例示シタル場合ニ於テハ何レモ意思活動ナケレハ法定ノ效果ヲ發生セス意思活動カ法定ノ效果ヲ生スル要件ナリ故ニ法定ノ效果ヲ生スルモノハ行爲ニシテ事變ニ非ス

五　行爲ノ類別　法律的效果ト關係ヲ有セサル行爲ハ法律學ニ於テ論スルノ限ニ非ス茲ニ說明スヘキモノハ法律事實タル行爲ニ限ル法律事實タル行爲ハ之ヲ左ノ如ク分類スルコトヲ得

甲　適法行爲及ヒ不適法行爲　國家ハ法律秩序ヲ維持シ團體竝ニ個人ノ法律利益ヲ保護スル爲メ準則ヲ示シテ各人行動ノ限界ヲ定ム法律ノ示シタル準則ニ適合シ其許容シタル範圍ヲ逸出セサル行爲ハ適法行爲ナリ法律ノ示シタル準則ニ違反シ其許容シタル範圍ヲ

超越スル行爲ハ不適法行爲ナリ

不適法行爲中法律カ特ニ刑罰ヲ科スルモノヲ犯罪ト稱ス犯罪ハ國家ト違反者トノ間ニ公法的關係ヲ生スルモノニシテ刑法ノ範圍ニ屬ス然レトモ公法的關係ノ發生ハ敢テ私法的關係ヲ滅スルモノニ非ス故ニ此種ノ行爲ハ犯罪タルト同時ニ民法上ノ不法行爲其他ノ不適法行爲タルコトヲ得ヘシ

乙　法律行爲及ヒ法律行爲以外ノ行爲　私法上ノ關係ニ於テ行爲ヲ分別シテ法律行爲及ヒ法律行爲以外ノ行爲ト爲ス

法律行爲トハ當事者カ法律的結果ヲ發生スルノ意思ヲ表示シタルコトヲ理由トシテ其效力ヲ連結セラルヽモノヲ云フ法律行爲以外ノ行爲トハ當事者カ效力發生ノ意思ヲ表示シタルコトヲ要件ト爲サスシテ當然法律的效力ヲ連結セラルヽモノヲ云フ例ヘハ賣買、贈與ノ如キハ當事者カ權利ヲ授受スルノ意思ヲ表示シタル爲メ權利移轉ノ效力ヲ發生シ債務ノ免除ハ權利者カ權利ヲ抛棄スルノ意思ヲ表示スルニ由テ權利消滅ノ效力ヲ生スルモノニシテ何レモ法律行爲ニ屬ス之ニ反シテ加工、埋藏物ノ發見等ノ如キハ當事者カ其效力ニ關シテ如何ナル意思ヲ有スルヲ問ハス法律ニ定メタル效力ヲ發生スルモノニシテ法律行爲以外ノ行爲ナリ

不法行爲ハ權利ノ侵害ヲ理由トシテ效力ヲ連結セラルヽモノニシテ當事者カ其效力ノ發生ヲ目的ト爲シタル事ヲ要件トナサヽルコト明白ナルヲ以テ其法律行爲ニ屬セサルコトハ論ヲ俟タス

一般ノ說ニ從ヘハ法律行爲ハ總テ適法行爲ニシテ不適法行爲ハ法律行爲トシテ成立スルコトヲ得サルモノト爲ス此說明ハ誤解ヲ生シ易シ不適法ノ事項ヲ目的ト爲ス法律行爲ハ素ヨリ成立スルコトヲ得ス然レトモ法律行爲ノ直接ノ目的カ適法ナルニ拘ハラス當事者カ其成立ニ由テ相手方又ハ第三者ヲ害スルノ意思ヲ有シ之ニ對シテ實害又ハ實害ノ危險ヲ生スルカ爲メ其內容ヲ形成スル行爲カ不適法トセラルヽコトアリ此ノ如キ場合ニ於テハ法律ハ一面ニ於

テ其意思表示ニ效力ヲ與ヘ他面ニ於テ之ヲ構成スル行爲ニ刑事上又ハ民事上ノ制裁ヲ科スルコトヲ妨ケス斯カル法律行爲ハ概シテ取消シ得ヘキモノナレトモ取消シ得ヘキ行爲ナルカ故ニ法律行爲ニ非スト云フヲ得ス

法律行爲以外ノ行爲ハ適法行爲ナルコトアリ不適法行爲ナルコトアリ例ヘハ前ニ示シタル加工、埋藏物ノ發見ノ如キハ適法行爲ナリ債權發生原因タル不法行爲ハ不適法行爲ナリ

多クノ學者ハ法律上ノ效力ヲ發生スル行爲ヲ分別シテ法律行爲及ヒ不法行爲ト爲ス勿論法律行爲及ヒ不法行爲カ行爲ノ大部ヲ占ムルハ明白ナレトモ此二者ノ外ニ法律事實トシテ探究スヘキ行爲アルコトヲ忘却スヘカラス唯此二者ニ屬セサル行爲ニ付テ未タ法律學上之ヲ總括シテ支配スヘキ法則ヲ存セサルノミ正確ニ法律行爲ニ屬セサル行爲中法律行爲ニ關スル法則（殊ニ行爲能力ニ關シテ）ヲ應用セラルヽモノアリ例ヘハ請求、通知、承認、訴訟行爲ノ如シ此ノ如キ行爲ヲ稱

シテ法律行爲類似ノ行爲ト云フ

權利ノ發生消滅及ヒ變更ハ必ス一定ノ事實ニ原因スルモノトス凡ソ宇宙間ニ發生スル現象ハ一トシテ事實ニ非サルナシ其無數ノ事實中ニ於テ特ニ權利ノ得喪又ハ變更ヲ來スモノヲ稱シテ法律上ノ事實又ハ法律事實ト謂フ法學上研究スヘキ事實ハ即チ此範圍ヲ出テサルナリ

法律上ノ事實ヨリシテ權利ノ得喪又ハ變更ヲ生スルヲ稱シテ法律上ノ效果ト謂フ法律上ノ事實ハ法律ニ依テ定マルト雖モ法律カ創造スルモノニ非スシテ吾人ノ意思又ハ自然界ノ出來事ニ起因スルモノナリ之ニ反シテ法律上ノ效果ハ全ク法律ノ作用ニ因ルモノニシテ唯吾人ノ意思ヲ以テ生セシムルコトヲ得ルモノト其意思ノ有無ニ拘ラスシテ生スルモノトノ二種アルノミ

法律上ノ事實ハ之ヲ大別シテ意思ニ基クモノ即チ行爲ト意思ニ基カサルモノ即チ事實トノ二種トス汎ク言ヘハ行爲モ亦一ノ事實ニ外ナラス

ト雖モ此ニハ事實ナル語ヲ狹義ニ解シテ專ラ行爲ニ對スルモノト爲スナリ

一說ニ行爲ニ非サル事實ハ法律ノ規定ニ因ル權利得喪ノ原因ナリトシ意思ニ基ク事實ト法規ニ基ク事實トニ區別スル者アリ然ルニ意思ニ基ク事實ト雖モ法律カ認メテ之ニ權利得喪ノ效果ヲ生セシムルモノナルカ故ニ法規ニ其源ヲ汲ム點ニ於テハ結局差異アルコトナシ故ニ此區別ノ如キハ正確ナル根據ヲ有スルモノト謂フコトヲ得サルナリ

法律上ノ事實タル行爲ニハ積極ト消極トノ二種アリ蓋シ吾人ノ意思ハ專ラ或事ヲ爲スニ依テ表現スルモノニ非ス又或事ヲ爲サヽルニ依テモ發動スルコトアリ例ヘハ債務ヲ履行スヘキ期限ニ之ヲ履行セサル如キハ一ノ不行爲ニシテ損害賠償ノ原由ト爲ルモノナリ

又行爲ニハ單純ナル意思表示ト他ノ事實ノ連結ヲ要スルモノトアリ其大半ハ單純ナル意思表示ニ依テ成立スト雖モ先占又ハ消費貸借ノ如キハ意思表示ノ外ニ尙ホ占有ノ事實ヲ必要トスヘシ但シ此等ノ行爲ト雖

モ其一要素タル意思表示ニ重キヲ置キ其全體ヲ稱シテ意思表示ト謂フコトモ之アルナリ

法律上ノ事實タル行爲ノ重ナルモノハ法律行爲及ヒ不法行爲ノ二トス法律行爲トハ私權ノ得喪又ハ變更ヲ目的ト爲スニ因テ其效果ヲ生スル行爲ヲ謂ヒ不法行爲トハ故意又ハ過失ニ因テ他人ノ權利ヲ侵害スル行爲ヲ謂フ不法行爲ハ損害賠償ノ義務ヲ生スト雖モ其效果ヲ生セシムルコトヲ欲シタルカ故ニ之ヲ生スルニ非サル點ニ於テ法律行爲ト相異ナルモノトス不法行爲ニ於ケル法律上ノ效果ハ寧ロ行爲者ノ意思ニ反シテ生スルモノト謂フヘキナリ

行爲ニ非サル事實ハ出生、死亡、添附、埋藏物ノ發見等數多アリ此ニ一括シテ其種目ヲ示スコトヲ得ヘキニ非スト雖モ其中ニ於テ最モ廣濶ナル作用ヲ有スルモノハ時即チ期間ナリトス但シ期間其モノハ單獨ニ權利ノ得喪又ハ變更ヲ來ス事由ト見ルヘキニ非ス通常他ノ事實ト連結シテ始メテ法律上ノ效果ヲ生スルモノナリ例ヘハ一定ノ期間權利ノ行使ナキ

トキハ其權利ハ豫定期間ノ滿了又ハ時效ニ因テ消滅スルカ如シ而シテ其適用ハ或一種ノ權利ニ付テノミ生スルニ非ス

以上述ヘタル各種ノ區別ノ外法律上ノ事實ハ其效力ノ方面ヨリ觀察シテ更ニ之ヲ得權事實、喪權事實及ヒ變權事實ノ三種ニ區別スルコトヲ得ヘシ然ルニ此區別ハ上來說明セル所ニ依テ之ヲ知悉スルコトヲ得ヘキカ故ニ此ニ改メテ之ヲ論述スルノ必要ヲ見サルナリ

第三

一　法律事實ノ性質　權利ハ必ス取得、喪失及ヒ變更ノ三者ヲ伴フ權利ノ取得、喪失及ヒ變更ハ法律ニ依リテ定メラレタル一定ノ事實ノ結合(Thatbestadn)ニ由テ生シ其各事實ヲ稱シテ學者ハ之ヲ法律事實(Juristische Thatsache)ト云フ其私權ノ得喪、及ヒ變更ヲ名ケテ法律上ノ效力ト稱ス法律事實及ヒ法律上ノ效力ハ法律ニ因リテ定メラル即チ法律ハ一定ノ事實ニ一定ノ法律上ノ效力ヲ付與スルモノナレトモ法律ハ法律上ノ效力ヲ作製スルノミニシテ之カ原因タル事實ヲ作製スルモノニア

ラス之ニ反シテ一私人ハ決シテ法律上ノ效力ヲ作製スルコトヲ得スシテ唯、法律上ノ效力ノ發生原因タル事實ヲ作製スルニ過キス故ニ從來ノ學者カ法律上ノ效力ヲ分チテ法律ノ規定ニ依リ發生スル法律上ノ效力ト當事者ノ意思ニ因リ發生スル法律上ノ效力トヲ區別シタルハ正確ニアラス何トナレハ一私人ハ法律上ノ效力ヲ作製スルコトヲ得サレハナリ然レトモ學者ノ所謂當事者ノ意思ニ因リテ發生スル法律上ノ效力トハ其法律上ノ效力ノ發生ニ當事者ノ之レヲ欲スル意思ノ存在ヲ必要トスル場合ヲ謂ヒ所謂法律ノ規定ニ依リテ發生スル法律上ノ效力トハ當事者ノ意思ノ如何ヲ問ハス或事實ニ對シテ法律カ當然(Jurisnecessitate)法律上ノ效力ヲ附スル場合ヲ意味スルモノトスレハ右ノ區別ハ敢テ誤レルニアラス寧ロ說明ノ便宜ノ爲メ意思ノ效力(Willenswirkung)ト法律ノ效力(Gesetzeswirkung)トヲ區別スルハ極メテ有益ナリトス

三　法律事實ト法律上ノ效力トノ發生關係　法律上ノ效力ハ之カ原因

タル法律事實カ發生セル時ニ於テ且ツ將來ニ向テ發生スルコトヲ原則トスルモ例外トシテ法律事實カ完全ニ發生スルモ或理由ニ依リ一時其效力ノ發生ヲ停止スルコトアリ例ヘハ當事者カ或法律行爲ヲ爲スニ當リ其效力發生ノ時期ヲ確定シ其事實ヨリ發生スル法律上ノ效力ヲ一定ノ時期マテ停止スルカ如キ是ナリ又法律上ノ效力ハ法律上事實ノ發生シタル以前ニ遡テ發生スルコトアリ之ヲ法律上ノ效力ノ遡及效(Retroaktion)ト稱ス例ヘハ相續ノ拋棄ノ如シ(一〇三九)

學者或ハ法律上ノ效力ノ遡及效ヲ認メサル者アリ曰ク原因アリテ而シテ後其結果ノ生スルハ動カス可ラサル自然ノ原則ナルニ拘ラス若シ法律上ノ效力ノ遡及效ヲ認ムルニ於テハ原因ナキ以前ニ在テ其結果既ニ發生スルモノト謂ハサル可ラス故ニ所謂法律上ノ效力カ遡及效ヲ有スル場合ト謂フハ事實上或一定ノ時期ニ於テ發生シタル法律事實ハ法律上ニ於テハ法律カ效力ヲ遡及セシメタル其時期ニ於テ發生シタルモノト見ル可キナリト是レ非ナリ何トナレハ法律上ノ效力

ノ遡及ハ決シテ因果ノ原則ニ反スルモノニ非サレハナリ蓋シ此場合ニ於ケル法律上ノ效力ハ未タ法律事實ノ發生ナキニ發生スルニ非ス法律事實ナル原因ニ基キテ發生シタル結果ナリ然ラハ則チ法律全能ノ力ニ依リ何時ヨリ之ヲ發生セシムルモ敢テ因果ノ原則ニ反スト云フコトヲ得サレハナリ

三　法律事實ノ分類　法律事實ハ千態萬狀ニシテ枚擧スルニ遑アラスト雖モ二ノ標準ニ依テ之ヲ分類スルコトヲ得ヘシ

甲　法律上ノ效力ノ性質ヲ標準トスル分類　之ニ依テ法律事實ヲ分類スルトキハ之ヲ得權事實(Erwerbsthatsache)喪權事實(Uerluststhatsache)及ヒ變權事實(Andeiungsthatsache)ノ三ト爲スコトヲ得、得權事實トハ權利取得ノ原因タル法律事實ニシテ喪權事實トハ權利喪失ノ原因タル法律事實ヲ謂フ而シテ變權事實トハ權利變更ノ原因タル法律事實ナリ

乙　法律事實ノ內容ヲ標準トスル分類　法律事實其モノヽ內容ニ依

リテ法律事實ヲ分類スルトキハ左ノ二トナスコトヲ得ヘシ

子　自然的又ハ偶然的ノ事變ニシテ人類ノ行爲ニアラサル法律事實　例ヘハ人ノ出生、死亡、物ノ發生、滅失又ハ或一定ノ狀況カ或一定ノ期間繼續スルコト等ノ如キ是ナリ

丑　人ノ行爲　抑モ權利ハ人類ノ利益ヲ保護スル手段ナルヲ以テ人類ノ行爲カ權利ノ得喪又ハ變更ヲ來スヘキ事實ノ大部分ヲ占ムルコトハ當然ノ事理ナリ而シテ人類ノ行爲ハ法律學上左ノ如ク分類スルコトヲ得

一　法律上全ク何等ノ效力ナキ行爲　抑モ法律ハ人類ノ總テノ行爲ニ對シテ法律上ノ效力ヲ附スルモノニアラスシテ唯之ヲ附スル價値アリ且ツ法律ヲ以テ其效力ヲ定ムルノ必要ナル行爲ニ限リテ一定ノ法律上ノ效力ヲ附スルモノナリ故ニ法律上ノ效力ヲ附スルノ價値ナキ行爲（例ヘハ欠伸ノ如キ）又ハ法律ヲ以テ其效力ヲ定ムルノ必要ナキ行爲（例ヘハ寒暑ノ見舞、長上ニ席ヲ讓ルカ如キ風俗若クハ道德ニ一任シテ

以テ其效力ヲ定ムルコトヲ得ル行爲）ハ法律上全ク何等ノ效力ヲ有セサル行爲ナリ

二　法律上ノ效力ヲ有シ得ヘキ行爲　法律上ノ效力ヲ有シ得ヘキ行爲ハ之ヲ稱シテ法律的行爲(Juristische Handlung)ト云フ法律的行爲ハ之ヲ分チテ二トナス

甲　不適法行爲　不適法行爲トハ共同生活ノ共同ノ利益ト相容レサルカ爲ニ法律上許容セラレサル行爲ヲ謂フ不適法行爲ハ即チ不法行爲(Unerlaubte Handlung)ニシテ法律的行爲ノ一ナリ何トナレハ之ニ因リテ損害賠償ノ請求權ヲ發生スレハナリ尤モ此法律上ノ效力ハ不法ナルカ故ニ生スルモノトス

乙　適法行爲　適法行爲ハ法律ノ許容スル行爲ニシテ之ヲ分テ法律行爲(Rechtsgeschäft)ト法律行爲ニ類似スル行爲(Rechtsgeschäftsähnliche Handlung)ノ二トナス前者ヨリ發スル法律上ノ效力ハ行爲者カ其發生ヲ欲シタルカ故ニ生スルモノニシテ

後者ハ行爲者ノ欲スルト否トニ關セス效力ヲ發生スルモノナリ例ヘハ埋藏物ノ發見者カ或場合ニ(二四一)其物ノ所有權ヲ取得スルカ如キハ其所有權ノ取得ヲ欲シタルカ爲ニ然ルニ非スシテ埋藏物發見ナル行爲ニ法律カ其效力ヲ附シタルモノナリ後者ニ屬ス加工(二四六)學問上ノ著作ノ如キ之ニ同シ

第四

私權ノ創設、移轉、變更又ハ消滅ヲ生ス可キ原因ヲ法律事實ト稱ス法律事實ノ效力ハ即時ニ發生スルヲ原則トス然レトモ或ハ多少ノ時間其效果ノ停止ヲ受クルコトアリ例ヘハ期限條件ニ依リ或ハ既往ニ遡ルコトアリ此場合ニ於テハ其效果ハ法律事實發生ノ以前ニ生シタルモノト看做サルヽナリ

法律事實ハ其效力ヨリ大別シテ四種ト爲ス得權事實(權利ヲ取得スルモノ)轉權事實(權利ヲ移轉スルモノ)喪權事實(權利ヲ喪失スルモノ)變權事實(權利ヲ變更スルモノ)是ナリ

又其性質ヨリ大別シテ二種ト爲ス意思ニ基キタルモノ(行爲 Acts 例ヘハ契約)及ヒ

意思ニ基カサルモノ（事件Events例ヘハ添附）是ナリ

行爲ハ又之ヲ分テ二種ト爲ス行爲ノ必然且ツ直接ノ目的カ法律上ノ效果ニ在ルモノ即チ法律行爲及ヒ其目的直接ニ法律上ノ效果ニ非ス又其效果ヲ奏セサリシモノ即チ不法行爲是ナリ

事件ハ其數極メテ多シ、出生死亡、洪水、等枚擧ニ遑アラス其最モ重要ナルモノヲ時ノ經過トス

民法學說彙纂　總則編〔第一分冊〕
日本立法資料全集　別巻 1167

平成29年 9 月20日　　復刻版第 1 刷発行

編纂者　三藤久吉
　　　　須藤兵助

発行者　今井　貴
　　　　渡辺左近

発行所　信山社出版
〒113-0033　東京都文京区本郷 6 - 2 - 9 -102
モンテベルデ第 2 東大正門前
電　話　03 (3818) 1019
FAX　03 (3818) 0344
郵便振替 00140-2-367777(信山社販売)

Printed in Japan.

制作／(株)信山社，印刷・製本／松澤印刷・日進堂

ISBN 978-4-7972-7279-6 C3332

別巻　巻数順一覧【950 ～ 981 巻】

巻数	書　名	編・著者	ISBN	本体価格
950	実地応用町村制質疑録	野田藤吉郎、國吉拓郎	ISBN978-4-7972-6656-6	22,000 円
951	市町村議員必携	川瀬周次、田中迪三	ISBN978-4-7972-6657-3	40,000 円
952	増補 町村制執務備考 全	増澤鐵、飯島篤雄	ISBN978-4-7972-6658-0	46,000 円
953	郡区町村編制法 府県会規則 地方税規則 三法綱論	小笠原美治	ISBN978-4-7972-6659-7	28,000 円
954	郡区町村編制 府県会規則 地方税規則 新法例纂 追加地方諸要則	柳澤武運三	ISBN978-4-7972-6660-3	21,000 円
955	地方革新講話	西内天行	ISBN978-4-7972-6921-5	40,000 円
956	市町村名辞典	杉野耕三郎	ISBN978-4-7972-6922-2	38,000 円
957	市町村吏員提要〔第三版〕	田邊好一	ISBN978-4-7972-6923-9	60,000 円
958	帝国市町村便覧	大西林五郎	ISBN978-4-7972-6924-6	57,000 円
959	最近検定 市町村名鑑 附 官国幣社 及 諸学校所在地一覧	藤澤衛彦、伊東順彦、増田穆、関惣右衛門	ISBN978-4-7972-6925-3	64,000 円
960	鼇頭対照 市町村制解釈 附 理由書 及 参考諸布達	伊藤寿	ISBN978-4-7972-6926-0	40,000 円
961	市町村制釈義 完　附 市町村制理由	水越成章	ISBN978-4-7972-6927-7	36,000 円
962	府県郡市町村 模範治績　附 耕地整理法 産業組合法 附属法令	荻野千之助	ISBN978-4-7972-6928-4	74,000 円
963	市町村大字読方名彙〔大正十四年度版〕	小川琢治	ISBN978-4-7972-6929-1	60,000 円
964	町村会議員選挙要覧	津田東璋	ISBN978-4-7972-6930-7	34,000 円
965	市制町村制 及 府県制　附 普通選挙法	法律研究会	ISBN978-4-7972-6931-4	30,000 円
966	市制町村制註釈 完　附 市制町村制理由〔明治21年初版〕	角田真平、山田正賢	ISBN978-4-7972-6932-1	46,000 円
967	市町村制詳解 全　附 市町村制理由	元田肇、加藤政之助、日鼻豊作	ISBN978-4-7972-6933-8	47,000 円
968	区町村会議要覧 全	阪田辨之助	ISBN978-4-7972-6934-5	28,000 円
969	実用 町村制市制事務提要	河邨貞山、島村文耕	ISBN978-4-7972-6935-2	46,000 円
970	新旧対照 市制町村制正文〔第三版〕	自治館編輯局	ISBN978-4-7972-6936-9	28,000 円
971	細密調査 市町村便覧(三府 四十三県 北海道 樺太 台湾 朝鮮 関東州)　附 分類官公衙公私学校銀行所在地一覧表	白山榮一郎、森田公美	ISBN978-4-7972-6937-6	88,000 円
972	正文 市制町村制 並 附属法規	法曹閣	ISBN978-4-7972-6938-3	21,000 円
973	台湾朝鮮関東州 全国市町村便覧 各学校所在地〔第一分冊〕	長谷川好太郎	ISBN978-4-7972-6939-0	58,000 円
974	台湾朝鮮関東州 全国市町村便覧 各学校所在地〔第二分冊〕	長谷川好太郎	ISBN978-4-7972-6940-6	58,000 円
975	合巻 佛蘭西邑法・和蘭邑法・皇国郡区町村編成法	箕作麟祥、大井憲太郎、神田孝平	ISBN978-4-7972-6941-3	28,000 円
976	自治之模範	江木翼	ISBN978-4-7972-6942-0	60,000 円
977	地方制度実例総覧〔明治36年初版〕	金田謙	ISBN978-4-7972-6943-7	48,000 円
978	市町村民 自治読本	武藤榮治郎	ISBN978-4-7972-6944-4	22,000 円
979	町村制詳解　附 市制及町村制理由	相澤富蔵	ISBN978-4-7972-6945-1	28,000 円
980	改正 市町村制 並 附属法規	楠綾雄	ISBN978-4-7972-6946-8	28,000 円
981	改正 市制 及 町村制〔訂正10版〕	山野金蔵	ISBN978-4-7972-6947-5	28,000 円

巻数	書　名	編・著者	ISBN	本体価格
915	改正 新旧対照市町村一覧	鍾美堂	ISBN978-4-7972-6621-4	78,000 円
916	東京市会先例彙輯	後藤新平、桐島像一、八田五三	ISBN978-4-7972-6622-1	65,000 円
917	改正 地方制度解説〔第六版〕	狭間茂	ISBN978-4-7972-6623-8	67,000 円
918	改正 地方制度通義	荒川五郎	ISBN978-4-7972-6624-5	75,000 円
919	町村制市制全書 完	中嶋廣蔵	ISBN978-4-7972-6625-2	80,000 円
920	自治新制 市町村会法要談 全	田中重策	ISBN978-4-7972-6626-9	22,000 円
921	郡市町村吏員 収税実務要書	荻野千之助	ISBN978-4-7972-6627-6	21,000 円
922	町村至宝	桂虎次郎	ISBN978-4-7972-6628-3	36,000 円
923	地方制度通 全	上山満之進	ISBN978-4-7972-6629-0	60,000 円
924	帝国議会府県会郡会市町村会議員必携 附関係法規 第1分冊	太田峯三郎、林田亀太郎、小原新三	ISBN978-4-7972-6630-6	46,000 円
925	帝国議会府県会郡会市町村会議員必携 附関係法規 第2分冊	太田峯三郎、林田亀太郎、小原新三	ISBN978-4-7972-6631-3	62,000 円
926	市町村是	野田千太郎	ISBN978-4-7972-6632-0	21,000 円
927	市町村執務要覧 全 第1分冊	大成館編輯局	ISBN978-4-7972-6633-7	60,000 円
928	市町村執務要覧 全 第2分冊	大成館編輯局	ISBN978-4-7972-6634-4	58,000 円
929	府県会規則大全　附 裁定録	朝倉達三、若林友之	ISBN978-4-7972-6635-1	28,000 円
930	地方自治の手引	前田宇治郎	ISBN978-4-7972-6636-8	28,000 円
931	改正 市制町村制と衆議院議員選挙法	服部喜太郎	ISBN978-4-7972-6637-5	28,000 円
932	市町村国税事務取扱手続	広島財務研究会	ISBN978-4-7972-6638-2	34,000 円
933	地方自治制要義 全	末松偕一郎	ISBN978-4-7972-6639-9	57,000 円
934	市町村特別税之栞	三邊長治、水谷平吉	ISBN978-4-7972-6640-5	24,000 円
935	英国地方制度 及 税法	良保両氏、水野遵	ISBN978-4-7972-6641-2	34,000 円
936	英国地方制度 及 税法	髙橋達	ISBN978-4-7972-6642-9	20,000 円
937	日本法典全書 第一編 府県制郡制註釈	上條慎蔵、坪谷善四郎	ISBN978-4-7972-6643-6	58,000 円
938	判例挿入 自治法規全集 全	池田繁太郎	ISBN978-4-7972-6644-3	82,000 円
939	比較研究 自治之精髄	水野錬太郎	ISBN978-4-7972-6645-0	22,000 円
940	傍訓註釈 市制町村制 並ニ 理由書〔第三版〕	筒井時治	ISBN978-4-7972-6646-7	46,000 円
941	以呂波引町村便覧	田山宗堯	ISBN978-4-7972-6647-4	37,000 円
942	町村制執務要録 全	鷹巣清二郎	ISBN978-4-7972-6648-1	46,000 円
943	地方自治 及 振興策	床次竹二郎	ISBN978-4-7972-6649-8	30,000 円
944	地方自治講話	田中四郎左衛門	ISBN978-4-7972-6650-4	36,000 円
945	地方施設改良 訓諭演説集〔第六版〕	鹽川玉江	ISBN978-4-7972-6651-1	40,000 円
946	帝国地方自治団体発達史〔第三版〕	佐藤亀齢	ISBN978-4-7972-6652-8	48,000 円
947	農村自治	小橋一太	ISBN978-4-7972-6653-5	34,000 円
948	国税 地方税 市町村税 滞納処分法問答	竹尾高堅	ISBN978-4-7972-6654-2	28,000 円
949	市町村役場実用 完	福井淳	ISBN978-4-7972-6655-9	40,000 円

別巻　巻数順一覧【878 ～ 914 巻】

巻数	書　名	編・著者	ISBN	本体価格
878	明治史第六編 政黨史	博文館編輯局	ISBN978-4-7972-7180-5	42,000 円
879	日本政黨發達史 全〔第一分冊〕	上野熊藏	ISBN978-4-7972-7181-2	50,000 円
880	日本政黨發達史 全〔第二分冊〕	上野熊藏	ISBN978-4-7972-7182-9	50,000 円
881	政党論	梶原保人	ISBN978-4-7972-7184-3	30,000 円
882	獨逸新民法商法正文	古川五郎、山口弘一	ISBN978-4-7972-7185-0	90,000 円
883	日本民法鼇頭對比獨逸民法	荒波正隆	ISBN978-4-7972-7186-7	40,000 円
884	泰西立憲國政治攬要	荒井泰治	ISBN978-4-7972-7187-4	30,000 円
885	改正衆議院議員選擧法釋義 全	福岡伯、横田左仲	ISBN978-4-7972-7188-1	42,000 円
886	改正衆議院議員選擧法釋義 附 改正貴族院令,治安維持法	犀川長作、犀川久平	ISBN978-4-7972-7189-8	33,000 円
887	公民必携 選擧法規ト判決例	大浦兼武、平沼騏一郎、木下友三郎、清水澄、三浦數平	ISBN978-4-7972-7190-4	96,000 円
888	衆議院議員選擧法輯覽	司法省刑事局	ISBN978-4-7972-7191-1	53,000 円
889	行政司法選擧判例總覽―行政救濟と其手續―	澤田竹治郎・川崎秀男	ISBN978-4-7972-7192-8	72,000 円
890	日本親族相續法義解 全	高橋捨六・堀田馬三	ISBN978-4-7972-7193-5	45,000 円
891	普通選擧文書集成	山中秀男・岩本溫良	ISBN978-4-7972-7194-2	85,000 円
892	普選の勝者 代議士月旦	大石末吉	ISBN978-4-7972-7195-9	60,000 円
893	刑法註釋 卷一～卷四(上卷)	村田保	ISBN978-4-7972-7196-6	58,000 円
894	刑法註釋 卷五～卷八(下卷)	村田保	ISBN978-4-7972-7197-3	50,000 円
895	治罪法註釋 卷一～卷四(上卷)	村田保	ISBN978-4-7972-7198-0	50,000 円
896	治罪法註釋 卷五～卷八(下卷)	村田保	ISBN978-4-7972-7198-0	50,000 円
897	議會選擧法	カール・ブラウニアス、國政研究科會	ISBN978-4-7972-7201-7	42,000 円
901	鼇頭註釈 町村制　附 理由 全	八乙女盛次、片野続	ISBN978-4-7972-6607-8	28,000 円
902	改正 市制町村制　附 改正要義	田山宗堯	ISBN978-4-7972-6608-5	28,000 円
903	増補訂正 町村制詳解〔第十五版〕	長峰安三郎、三浦通太、野田千太郎	ISBN978-4-7972-6609-2	52,000 円
904	市制町村制 並 理由書　附 直接間接税類別及実施手続	高崎修助	ISBN978-4-7972-6610-8	20,000 円
905	町村制要義	河野正義	ISBN978-4-7972-6611-5	28,000 円
906	改正 市制町村制義解〔帝國地方行政学会〕	川村芳次	ISBN978-4-7972-6612-2	60,000 円
907	市制町村制 及 関係法令〔第三版〕	野田千太郎	ISBN978-4-7972-6613-9	35,000 円
908	市町村新旧対照一覧	中村芳松	ISBN978-4-7972-6614-6	38,000 円
909	改正 府県郡制問答講義	木内英雄	ISBN978-4-7972-6615-3	28,000 円
910	地方自治提要 全　附 諸届願書式 日用規則抄録	木村時義、吉武則久	ISBN978-4-7972-6616-0	56,000 円
911	訂正増補 市町村制問答詳解　附 理由及追輯	福井淳	ISBN978-4-7972-6617-7	70,000 円
912	改正 府県制郡制註釈〔第三版〕	福井淳	ISBN978-4-7972-6618-4	34,000 円
913	地方制度実例総覧〔第七版〕	自治館編輯局	ISBN978-4-7972-6619-1	78,000 円
914	英国地方政治論	ジョージ・チャールズ・ブロドリック、久米金彌	ISBN978-4-7972-6620-7	30,000 円

別巻　巻数順一覧【843 ～ 877 巻】

巻数	書名	編・著者	ISBN	本体価格
843	法律汎論	熊谷直太	ISBN978-4-7972-7141-6	40,000 円
844	英國國會選擧訴願判決例 全	オマリー、ハードカッスル、サンタース	ISBN978-4-7972-7142-3	80,000 円
845	衆議院議員選擧法改正理由書 完	内務省	ISBN978-4-7972-7143-0	40,000 円
846	attachment齋法律論文集	森作太郎	ISBN978-4-7972-7144-7	45,000 円
847	雨山遺稾	渡邉輝之助	ISBN978-4-7972-7145-4	70,000 円
848	法曹紙屑籠	鷺城逸史	ISBN978-4-7972-7146-1	54,000 円
849	法例彙纂 民法之部 第一篇	史官	ISBN978-4-7972-7147-8	66,000 円
850	法例彙纂 民法之部 第二篇〔第一分冊〕	史官	ISBN978-4-7972-7148-5	55,000 円
851	法例彙纂 民法之部 第二篇〔第二分冊〕	史官	ISBN978-4-7972-7149-2	75,000 円
852	法例彙纂 商法之部〔第一分冊〕	史官	ISBN978-4-7972-7150-8	70,000 円
853	法例彙纂 商法之部〔第二分冊〕	史官	ISBN978-4-7972-7151-5	75,000 円
854	法例彙纂 訴訟法之部〔第一分冊〕	史官	ISBN978-4-7972-7152-2	60,000 円
855	法例彙纂 訴訟法之部〔第二分冊〕	史官	ISBN978-4-7972-7153-9	48,000 円
856	法例彙纂 懲罰則之部	史官	ISBN978-4-7972-7154-6	58,000 円
857	法例彙纂 第二版 民法之部〔第一分冊〕	史官	ISBN978-4-7972-7155-3	70,000 円
858	法例彙纂 第二版 民法之部〔第二分冊〕	史官	ISBN978-4-7972-7156-0	70,000 円
859	法例彙纂 第二版 商法之部・訴訟法之部〔第一分冊〕	太政官記録掛	ISBN978-4-7972-7157-7	72,000 円
860	法例彙纂 第二版 商法之部・訴訟法之部〔第二分冊〕	太政官記録掛	ISBN978-4-7972-7158-4	40,000 円
861	法令彙纂 第三版 民法之部〔第一分冊〕	太政官記録掛	ISBN978-4-7972-7159-1	54,000 円
862	法令彙纂 第三版 民法之部〔第ニ分冊〕	太政官記録掛	ISBN978-4-7972-7160-7	54,000 円
863	現行法律規則全書（上）	小笠原美治、井田鐘次郎	ISBN978-4-7972-7162-1	50,000 円
864	現行法律規則全書（下）	小笠原美治、井田鐘次郎	ISBN978-4-7972-7163-8	53,000 円
865	國民法制通論 上卷・下卷	仁保龜松	ISBN978-4-7972-7165-2	56,000 円
866	刑法註釋	磯部四郎、小笠原美治	ISBN978-4-7972-7166-9	85,000 円
867	治罪法註釋	磯部四郎、小笠原美治	ISBN978-4-7972-7167-6	70,000 円
868	政法哲學 前編	ハーバート・スペンサー、濱野定四郎、渡邊治	ISBN978-4-7972-7168-3	45,000 円
869	政法哲學 後編	ハーバート・スペンサー、濱野定四郎、渡邊治	ISBN978-4-7972-7169-0	45,000 円
870	佛國商法復説 第壹篇自第壹卷至第七卷	リウヒエール、商法編纂局	ISBN978-4-7972-7171-3	75,000 円
871	佛國商法復説 第壹篇第八卷	リウヒエール、商法編纂局	ISBN978-4-7972-7172-0	45,000 円
872	佛國商法復説 自第二篇至第四篇	リウヒエール、商法編纂局	ISBN978-4-7972-7173-7	70,000 円
873	佛國商法復説 書式之部	リウヒエール、商法編纂局	ISBN978-4-7972-7174-4	40,000 円
874	代言試驗問題擬判録 全 附録明治法律學校民刑問題及答案	熊野敏三、宮城浩蔵 河野和三郎、岡義男	ISBN978-4-7972-7176-8	35,000 円
875	各國官吏試驗法類集 上・下	内閣	ISBN978-4-7972-7177-5	54,000 円
876	商業規篇	矢野亨	ISBN978-4-7972-7178-2	53,000 円
877	民法実用法典 全	福田一覺	ISBN978-4-7972-7179-9	45,000 円

別巻　巻数順一覧【810～842巻】

巻数	書　名	編・著者	ISBN	本体価格
810	訓點法國律例 民律 上卷	鄭永寧	ISBN978-4-7972-7105-8	50,000 円
811	訓點法國律例 民律 中卷	鄭永寧	ISBN978-4-7972-7106-5	50,000 円
812	訓點法國律例 民律 下卷	鄭永寧	ISBN978-4-7972-7107-2	60,000 円
813	訓點法國律例 民律指掌	鄭永寧	ISBN978-4-7972-7108-9	58,000 円
814	訓點法國律例 貿易定律・園林則律	鄭永寧	ISBN978-4-7972-7109-6	60,000 円
815	民事訴訟法 完	本多康直	ISBN978-4-7972-7111-9	65,000 円
816	物権法(第一部)完	西川一男	ISBN978-4-7972-7112-6	45,000 円
817	物権法(第二部)完	馬場愿治	ISBN978-4-7972-7113-3	35,000 円
818	商法五十課 全	アーサー・B・クラーク、本多孫四郎	ISBN978-4-7972-7115-7	38,000 円
819	英米商法律原論 契約之部及流通券之部	岡山兼吉、淺井勝	ISBN978-4-7972-7116-4	38,000 円
820	英國組合法 完	サー・フレデリック・ポロック、榊原幾久若	ISBN978-4-7972-7117-1	30,000 円
821	自治論 一名人民ノ自由 巻之上・巻之下	リーバー、林董	ISBN978-4-7972-7118-8	55,000 円
822	自治論纂 全一册	獨逸學協會	ISBN978-4-7972-7119-5	50,000 円
823	憲法彙纂	古屋宗作、鹿島秀麿	ISBN978-4-7972-7120-1	35,000 円
824	國會汎論	ブルンチュリー、石津可輔、讃井逸三	ISBN978-4-7972-7121-8	30,000 円
825	威氏法學通論	エスクバック、渡邊輝之助、神山亨太郎	ISBN978-4-7972-7122-5	35,000 円
826	萬國憲法 全	高田早苗、坪谷善四郎	ISBN978-4-7972-7123-2	50,000 円
827	綱目代議政體	J・S・ミル、上田充	ISBN978-4-7972-7124-9	40,000 円
828	法學通論	山田喜之助	ISBN978-4-7972-7125-6	30,000 円
829	法學通論 完	島田俊雄、溝上與三郎	ISBN978-4-7972-7126-3	35,000 円
830	自由之權利 一名自由之理 全	J・S・ミル、高橋正次郎	ISBN978-4-7972-7127-0	38,000 円
831	歐洲代議政體起原史 第一册・第二册／代議政體原論 完	ギゾー、漆間眞學、藤田四郎、アンドリー、山口松五郎	ISBN978-4-7972-7128-7	100,000 円
832	代議政體 全	J・S・ミル、前橋孝義	ISBN978-4-7972-7129-4	55,000 円
833	民約論	J・J・ルソー、田中弘義、服部德	ISBN978-4-7972-7130-0	40,000 円
834	歐米政黨沿革史總論	藤田四郎	ISBN978-4-7972-7131-7	30,000 円
835	内外政黨事情・日本政黨事情 完	中村義三、大久保常吉	ISBN978-4-7972-7132-4	35,000 円
836	議會及政黨論	菊池學而	ISBN978-4-7972-7133-1	35,000 円
837	各國之政黨 全〔第1分冊〕	外務省政務局	ISBN978-4-7972-7134-8	70,000 円
838	各國之政黨 全〔第2分冊〕	外務省政務局	ISBN978-4-7972-7135-5	60,000 円
839	大日本政黨史 全	若林淸、尾崎行雄、箕浦勝人、加藤恒忠	ISBN978-4-7972-7137-9	63,000 円
840	民約論	ルソー、藤田浪人	ISBN978-4-7972-7138-6	30,000 円
841	人權宣告辯妄・政治眞論一名主權辯妄	ベンサム、草野宣隆、藤田四郎	ISBN978-4-7972-7139-3	40,000 円
842	法制講義 全	赤司鷹一郎	ISBN978-4-7972-7140-9	30,000 円

別巻　巻数順一覧【776～809巻】

巻数	書　名	編・著者	ISBN	本体価格
776	改正 府県制郡制釈義〔第三版〕	坪谷善四郎	ISBN978-4-7972-6602-3	35,000円
777	新旧対照 市制町村制 及 理由〔第九版〕	荒川五郎	ISBN978-4-7972-6603-0	28,000円
778	改正 市町村制講義	法典研究会	ISBN978-4-7972-6604-7	38,000円
779	改正 市制町村制講義 附 施行諸規則 及 市町村事務摘要	樋山廣業	ISBN978-4-7972-6605-4	58,000円
780	改正 市制町村制義解	行政法研究会、藤田謙堂	ISBN978-4-7972-6606-1	60,000円
781	今時獨逸帝國要典 前篇	C・モレイン、今村有隣	ISBN978-4-7972-6425-8	45,000円
782	各國上院紀要	元老院	ISBN978-4-7972-6426-5	35,000円
783	泰西國法論	シモン・ヒッセリング、津田真一郎	ISBN978-4-7972-6427-2	40,000円
784	律例權衡便覽 自第一冊至第五冊	村田保	ISBN978-4-7972-6428-9	100,000円
785	檢察事務要件彙纂	平松照忠	ISBN978-4-7972-6429-6	45,000円
786	治罪法比鑑 完	福鎌芳隆	ISBN978-4-7972-6430-2	65,000円
787	治罪法註解	立野胤政	ISBN978-4-7972-6431-9	56,000円
788	佛國民法契約篇講義 全	玉乃世履、磯部四郎	ISBN978-4-7972-6432-6	40,000円
789	民法疏義 物權之部	鶴丈一郎、手塚太郎	ISBN978-4-7972-6433-3	90,000円
790	民法疏義 人權之部	鶴丈一郎	ISBN978-4-7972-6434-0	100,000円
791	民法疏義 取得篇	鶴丈一郎	ISBN978-4-7972-6435-7	80,000円
792	民法疏義 擔保篇	鶴丈一郎	ISBN978-4-7972-6436-4	90,000円
793	民法疏義 證據篇	鶴丈一郎	ISBN978-4-7972-6437-1	50,000円
794	法學通論	奥田義人	ISBN978-4-7972-6439-5	100,000円
795	法律ト宗教トノ關係	名尾玄乘	ISBN978-4-7972-6440-1	55,000円
796	英國國會政治	アルフユース・トッド、スペンサー・ヲルポール、林田龜太郎、岸清一	ISBN978-4-7972-6441-8	65,000円
797	比較國會論	齊藤隆夫	ISBN978-4-7972-6442-5	30,000円
798	改正衆議院議員選擧法論	島田俊雄	ISBN978-4-7972-6443-2	30,000円
799	改正衆議院議員選擧法釋義	林田龜太郎	ISBN978-4-7972-6444-9	50,000円
800	改正衆議院議員選擧法正解	武田貞之助、井上密	ISBN978-4-7972-6445-6	30,000円
801	佛國法律提要 全	箕作麟祥、大井憲太郎	ISBN978-4-7972-6446-3	100,000円
802	佛國政典	ドラクルチー、大井憲太郎、箕作麟祥	ISBN978-4-7972-6447-0	120,000円
803	社會行政法論 全	H・リョースレル、江木衷	ISBN978-4-7972-6448-7	100,000円
804	英國財産法講義	三宅恒徳	ISBN978-4-7972-6449-4	60,000円
805	國家論 全	ブルンチュリー、平田東助、平塚定二郎	ISBN978-4-7972-7100-3	50,000円
806	日本議會現法 完	増尾種時	ISBN978-4-7972-7101-0	45,000円
807	法學通論 一名法學初歩 全	P・ナミュール、河地金代、河村善益、薩埵正邦	ISBN978-4-7972-7102-7	53,000円
808	訓點法國律例 刑名定範 卷一卷二 完	鄭永寧	ISBN978-4-7972-7103-4	40,000円
809	訓點法國律例 刑律從卷 一至卷四 完	鄭永寧	ISBN978-4-7972-7104-1	30,000円

別巻　巻数順一覧【741～775巻】

巻数	書　名	編・著者	ISBN	本体価格
741	改正 市町村制詳解	相馬昌三、菊池武夫	ISBN978-4-7972-6491-3	38,000円
742	註釈の市制と町村制　附 普通選挙法	法律研究会	ISBN978-4-7972-6492-0	60,000円
743	新旧対照 市制町村制 並 附属法規〔改訂二十七版〕	良書普及会	ISBN978-4-7972-6493-7	36,000円
744	改訂増補 市制町村制実例総覧 第1分冊	田中廣太郎、良書普及会	ISBN978-4-7972-6494-4	60,000円
745	改訂増補 市制町村制実例総覧 第2分冊	田中廣太郎、良書普及会	ISBN978-4-7972-6495-1	68,000円
746	実例判例 市制町村制釈義〔昭和十年改正版〕	梶康郎	ISBN978-4-7972-6496-8	57,000円
747	市制町村制義解　附 理由〔第五版〕	櫻井一久	ISBN978-4-7972-6497-5	47,000円
748	実地応用町村制問答〔第二版〕	市町村雑誌社	ISBN978-4-7972-6498-2	46,000円
749	傍訓註釈 日本市制町村制 及 理由書	柳澤武運三	ISBN978-4-7972-6575-0	28,000円
750	鼇頭註釈 市町村制俗解　附 理由書〔増補第五版〕	清水亮三	ISBN978-4-7972-6576-7	28,000円
751	市町村制質問録	片貝正晉	ISBN978-4-7972-6577-4	28,000円
752	実用詳解町村制 全	夏目洗藏	ISBN978-4-7972-6578-1	28,000円
753	新旧対照 改正 市制町村制新釈　附 施行細則及執務條規	佐藤貞雄	ISBN978-4-7972-6579-8	42,000円
754	市制町村制講義	樋山廣業	ISBN978-4-7972-6580-4	46,000円
755	改正 市制町村制講義〔第十版〕	秋野沆	ISBN978-4-7972-6581-1	42,000円
756	註釈の市制と町村制 市制町村制施行令他関連法収録〔昭和4年4月版〕	法律研究会	ISBN978-4-7972-6582-8	58,000円
757	実例判例 市制町村制釈義〔第四版〕	梶康郎	ISBN978-4-7972-6583-5	48,000円
758	改正 市制町村制解説	狭間茂、土谷覺太郎	ISBN978-4-7972-6584-2	59,000円
759	市町村制註解 完	若林市太郎	ISBN978-4-7972-6585-9	22,000円
760	町村制実用 完	新田貞橘、鶴田嘉内	ISBN978-4-7972-6586-6	56,000円
761	町村制精解 完　附 理由 及 問答録	中目孝太郎、磯谷郡爾、高田早苗、両角彦六、高木守三郎	ISBN978-4-7972-6587-3	35,000円
762	改正 町村制詳解〔第十三版〕	長峰安三郎、三浦通太、野田千太郎	ISBN978-4-7972-6588-0	54,000円
763	加除自在 参照条文　附 市制町村制　附 関係法規	矢島和三郎	ISBN978-4-7972-6589-7	60,000円
764	改正版 市制町村制並ニ府県制及ビ重要関係法令	法制堂出版	ISBN978-4-7972-6590-3	39,000円
765	改正版 註釈の市制と町村制 最近の改正を含む	法制堂出版	ISBN978-4-7972-6591-0	58,000円
766	鼇頭註釈 市町村制俗解　附 理由書〔第二版〕	清水亮三	ISBN978-4-7972-6592-7	25,000円
767	理由挿入 市町村制俗解〔第三版増補訂正〕	上村秀昇	ISBN978-4-7972-6593-4	28,000円
768	府県制郡制註釈	田島彦四郎	ISBN978-4-7972-6594-1	40,000円
769	市制町村制傍訓 完　附 市制町村制理由〔第四版〕	内山正如	ISBN978-4-7972-6595-8	18,000円
770	市制町村制釈義	壁谷可六、上野太一郎	ISBN978-4-7972-6596-5	38,000円
771	市制町村制詳解 全　附 理由書	杉谷庸	ISBN978-4-7972-6597-2	21,000円
772	鼇頭傍訓 市制町村制註釈 及 理由書	山内正利	ISBN978-4-7972-6598-9	28,000円
773	町村制要覧 全	浅井元、古谷省三郎	ISBN978-4-7972-6599-6	38,000円
774	府県制郡制釈義 全〔第三版〕	栗本勇之助、森惣之祐	ISBN978-4-7972-6600-9	35,000円
775	市制町村制釈義	坪谷善四郎	ISBN978-4-7972-6601-6	39,000円